# 人民法院案例选

CHINA LAW REPORT

2019年 第8辑 总第138辑

最高人民法院中国应用法学研究所 / 编

人民法院出版社

**图书在版编目（CIP）数据**

人民法院案例选．总第138辑／最高人民法院中国应用法学研究所编．-- 北京：人民法院出版社，2019.11

ISBN 978-7-5109-2672-3

Ⅰ.①人… Ⅱ.①最… Ⅲ.①案例-汇编-中国 Ⅳ.①D920.5

中国版本图书馆 CIP 数据核字（2019）第249851号

**人民法院案例选 2019年第8辑（总第138辑）**

最高人民法院中国应用法学研究所 编

---

**责任编辑** 兰丽专　　**执行编辑** 白 鸽

**出版发行** 人民法院出版社

**地　　址** 北京市东城区东交民巷27号（100745）

**电　　话** （010）67550662（责任编辑） 67550558（发行部查询）
65223677（读者服务部）

**客服QQ** 2092078039

**网　　址** http：//www.courtbook.com.cn

**E-mail** courtpress@sohu.com

**印　　刷** 河北鸿祥信彩印刷有限公司

**经　　销** 新华书店

---

**开　　本** 787毫米×1092毫米 1/16

**字　　数** 266千字

**印　　张** 14.75

**版　　次** 2019年11月第1版 2019年11月第1次印刷

**书　　号** ISBN 978-7-5109-2672-3

**定　　价** 58.00元

---

# 《人民法院案例选》编审委员会

（按姓氏笔画为序）

# 《人民法院案例选》<br>编辑委员会

# 出版说明

《人民法院案例选》是最高人民法院最早创办的案例研究连续出版物，也是我国改革开放以后出版时间最早、延续时间最长、出版册数最多的案例研究书籍。创办二十多年来，《人民法院案例选》坚持“反映审判面貌，总结审判经验，研究审判理论，服务审判工作”的编选方针，突出“真实、全面、及时、说理”的编辑特色，从一个侧面记载了人民法院审判工作发展的轨迹，反映人民法院审判活动的面貌，展示了人民法院审判工作的成就，受到了学术界与实务界的普遍关注和喜爱，在全国法院、社会各界乃至国际上都产生了广泛的影响、取得了良好的声誉、得到了广泛的认可，成为法研所乃至最高人民法院的品牌性刊物。

随着法律界对案例分析和案例指导需求的增长，关于案例分析的书刊越来越多，竞争也越来越激烈。同时，也出现了很多问题。一是虽然平台增多，但缺乏集中性、系统性；二是虽然数量增大，但缺乏精选性、经济性；三是虽然来源多元化，但缺乏权威性，给法律工作者使用案例增加了难度。因此，《人民法院案例选》将作出符合读者期待的变化，改为月刊。

改版后的《人民法院案例选》将继续秉承“反映审判面貌、司法水平和指导审判工作并重”的编辑方针，形成“全面、及时、权威、开放”的编辑特色。考虑到最高人民法院发布、评析、编辑案例的权威性和说服力，改版后的《人民法院案例选》将全面收集最高人民法院以各种载体发布的各类典型案例，按照读者最普遍的阅读习惯重新编辑，按月集中展现在读者面前，形成“指导性案例”“公报案例”“审判指导与参考”“典型案例发布”等栏目。同时，《人民法院案例选》继续保留经典的“专题策划”“案例精析”栏目，展现各地法院的优秀案例和司法智慧。

此外，为增强互动性和可读性，《人民法院案例选》增设了“域外撷英”“专家关注”等栏目。为发挥《人民法院案例选》培育思想、褒奖学术的理念，特推出“案香浮动”栏目，刊登某位法官的三至五个优秀裁判案例，挖掘其中裁判精髓，充分展现专家型法官的个人风采、人生经历、著述思想及对司法事业的热爱与贡献。

为进一步适应案例工作发展的新形势、新要求，提高案例的质量、编写与报送效率，《人民法院案例选》对案例编写报送体例做了部分修改和完善，具体要求请参阅“中国应用法学网”刊载的《〈人民法院案例选〉案例编写体例与报送规范》。

由于水平所限，本书在编辑过程中存在的不当之处，敬祈读者批评、指正。

编　者

二〇一九年一月

# 目录 / CONTENTS

人民法院案例选
2019 年第 8 辑 · 总第 138 辑

## 一、专题策划·执行分配方案异议之诉

## 二、案例精析

### 刑 事



### 民 事

## 商　事



## 知识产权

## 行政及国家赔偿



## 海事海商

# 一、专题策划·执行分配方案异议之诉

【编者按】《民事案件案由规定》第四十三条规定的执行异议之诉项下包括：案外人执行异议之诉、申请执行人执行异议之诉和执行分配方案异议之诉三项。其中，“执行分配方案异议之诉”是我国司法解释确立的对多名债权人申请执行同一债务人以及申请参与分配程序中当事人的权利救济方式，旨在细化《民事诉讼法》相关规定的可操作性，规范和限制执行参与分配程序中法官的自由裁量权的行使，并建立相应的转化通道，将执行阶段经由形式审查难以认定的实体性争议通过某种程序的设置导入审判程序中，使针对被执行人财产分配方案的争议获得更加充分公正的判定。《最高人民法院关于适用〈中华人民共和国民事诉讼法〉执行程序若干问题的解释》第二十六条第一款、第二款规定：“债权人或者被执行人对分配方案提出书面异议的，执行法院应当通知未提出异议的债权人或被执行人。未提出异议的债权人、被执行人收到通知之日起十五日内未提出反对意见的，执行法院依异议人的意见对分配方案审查修正后进行分配；提出反对意见的，应当通知异议人。异议人可以自收到通知之日起十五日内，以提出反对意见的债权人、被执行人为被告，向执行法院提起诉讼；异议人逾期未提起诉讼的，执行法院依原分配方案进行分配。”作为执行救济制度中重要的组成部分，其充分发挥了及时、有效维护当事人合法权益的功能，在参与分配程序中具有不可替代的作用。

本期专题策划以“执行分配方案异议之诉”为主题，我们在各地报送的案例中挑选了5个典型案例，从不同角度反映了执行分配方案异议之诉的特点以及司法实践中裁判的思路和方法，供广大读者参考。

# 青岛华丽投资有限公司诉北京世宣泰典当有限公司执行分配方案异议之诉案

## ——执行分配方案异议之诉中调解书物权效力的审查

关键词：执行分配方案异议之诉　审理范围　裁判方式　物权变动　最高额抵押

### 【裁判要旨】

1. 执行分配方案异议之诉的审理范围应为执行分配方案中各债权之间的优先顺位等相互关系，而不应涉及实体债权本身的真实性、合法性；

2. 最高额抵押的担保范围应采“债权最高额说”，即债权本金、利息、迟延利息及违约金等全部款项之和不得超过登记的最高限额；

3. 只有形成之诉中的调解书才具有直接的物权效力，当事人在给付之诉中通过调解方式增设抵押担保的，不具有物权效力；

4. 执行分配方案异议之诉的判决书主文内容应当只包括对债权优先性的判断以及是否撤销原分配方案，而不应在判决书中确定分配方案。

### 【相关法条】

**《中华人民共和国物权法》第九条**　不动产物权的设立、变更、转让和消灭，经依法登记，发生效力；未经登记，不发生效力，但法律另有规定的除外。

依法属于国家所有的自然资源，所有权可以不登记。

**第二十八条**　因人民法院、仲裁委员会的法律文书或者人民政府的征收决定等，导致物权设立、变更、转让或者消灭的，自法律文书或者人民政府的征收决定等生效时发生效力。

**第一百八十七条** 以本法第一百八十条第一款第一项至第三项规定的财产或者第五项规定的正在建造的建筑物抵押的，应当办理抵押登记。抵押权自登记时设立。

**第二百零三条** 为担保债务的履行，债务人或者第三人对一定期间内将要发生的债权提供担保财产的，债务人不履行到期债务或者发生当事人约定的实现抵押权的情形，抵押权人有权在最高债权额限度内就该担保财产优先受偿。

最高额抵押权设立前已经存在的债权，经当事人同意，可以转入最高额抵押担保的债权范围。

**第二百零七条** 最高额抵押权除适用本节规定外，适用本章第一节一般抵押权的规定。

**《最高人民法院关于适用〈中华人民共和国物权法〉若干问题的解释（一）》第七条** 人民法院、仲裁委员会在分割共有不动产或者动产案件中作出并依法生效的改变原有物关系的判决书、裁决书、调解书，以及人民法院在执行程序中作出的拍卖成交裁定书、以物抵债裁定书，应当认定物权法第二十八条所称导致物权设立、变更、转让或者消灭的人民法院、仲裁委员会的法律文书。

**《最高人民法院关于适用〈中华人民共和国民事诉讼法〉的解释》第五百一十二条** 债权人或者被执行人对分配方案提出异议的，执行法院应当通知未提出异议的债权人、被执行人。

未提出异议的债权人、被执行人自收到通知之日起十五日内未提出反对意见的，执行法院依异议人的意见对分配方案审查修正后进行分配；提出反对意见的，应当通知异议人。异议人自收到通知之日内十五日内，以提出反对意见的债权人、被执行人为被告，向执行法院提起诉讼；异议人逾期未提起诉讼的，执行法院按照原分配方案进行分配。

诉讼期间进行分配的，执行法院应当提存与争议债权数额相应的款项。

## 【案件索引】

一审：北京市朝阳区人民法院（2016）京0105民初32291号（2017年2月10日）

二审：北京市第三中级人民法院（2017）京03民终6647号（2017年9月14日）

## 【基本案情】

原告青岛华丽投资有限公司（以下简称青岛华丽公司）诉称：青岛华丽公司2012年向青岛市市南区人民法院（以下简称青岛法院）申请查封李东伟名下位于北京市朝阳区林萃东路802室房屋（以下简称802房屋），后青岛法院作出民事判决，青岛华丽公司据此申请执行802房屋。2014年8月5日，北京市朝阳区人民法院（以下简称朝阳法院）出具民事调解书，在该调解书中，世宣泰公司与李东伟恶意串通达成调解协议，擅自扩大优先受偿范围。此后，朝阳法院依法对802房屋进行拍卖。2016年5月20日，法院出具财产分配方案，认定北京世宣泰典当有限公司（以下简称世宣泰公司）享有优先受偿权的金额为10397941元。然而，李东伟与世宣泰公司设立最高额抵押，世宣泰公司享有优先受偿权的最高债权额为500万元，该分配方案中由其分得10397941元明显超出最高债权限额，超过部分应作为普通债权按照比例受偿，故诉至法院，要求判令撤销朝阳区法院作出的财产分配方案，并依法重新作出财产分配方案。

被告世宣泰公司答辩称：财产分配方案系依据生效法律文书作出，民事调解书合法有效，不同意青岛华丽公司的诉讼请求。

法院经审理查明：2012年3月23日，世宣泰公司与李东伟签订《最高额房地产借款抵押合同》，约定：李东伟以其合法持有的802房屋抵押给世宣泰公司，为形成的一系列债权提供最高额担保；最高借款限额为500万元，月利率为0.5%，月综合费为2.7%；当物担保范围为本合同项下借款本金、复利、利息、综合费、罚息、违约金及损害赔偿金和代垫的费用及实现债权而发生的费用。同日，双方签署当票两份，金额分别为300万元、200万元。合同签订后，世宣泰公司支付了当金，李东伟办理了房屋抵押登记，他项权利种类为最高额抵押，债权数额为500万元。2014年6月23日，世宣泰公司将李东伟诉至法院。2014年8月5日，经双方当事人自愿达成协议，朝阳法院作出（2014）朝民（商）初字第26804号民事调解书，内容为：（1）李东伟于2014年8月16日之前向世宣泰公司偿还借款本金500万元、典当期内利息及综合费96万元、罚息48万元、违约金352万元、律师费43.7941万元；（2）世宣泰公司就前述债务对李东伟所有的位于朝阳区林翠东路802房产的拍卖变卖款按照抵押登记顺序享有优先受偿权；（3）双方别无其他争议。

2016年5月20日，朝阳法院执行一庭出具财产分配方案，内容为：……

涉案房产拍卖所得款为 1936 万元，其中海淀支行、世宜泰公司对上述房屋享有抵押权，海淀支行、世宜泰公司系被拍卖房屋的抵押权人，且抵押权金额已经生效法律文书予以确认，应优先予以实现，决定分配：海淀支行分得 7480761.84 元，世宜泰公司分得 10397941 元，在扣除评估费 32000 元后，剩余案款暂不予分配。

另查明，2012 年 10 月 22 日，青岛法院作出（2012）南民初字第 81030 号民事判决书，判决：一、青岛海卓公司于判决生效之日起 10 日内返还青岛华丽公司履约保证金 320 万元；二、青岛海卓公司于判决生效之日起 10 日内支付青岛华丽公司自 2012 年 10 月 9 日起至判决生效之日止的利息；三、青岛海卓公司于判决生效之日起 10 日内支付青岛华丽公司律师费 140400 元、差旅费 10602.1 元；四、李东伟对上述第一项、第二项、第三项债务的履行向青岛华丽公司承担共同还款责任。

2012 年 12 月 18 日，青岛华丽公司向法院申请强制执行，后青岛法院将案件委托至朝阳法院执行。2016 年 5 月 20 日，朝阳法院执行庭出具财产分配方案后，青岛华丽公司对此提出异议。

## 【裁判结果】

北京市朝阳区人民法院于 2017 年 2 月 10 日作出（2016）京 0105 民初 32291 号民事判决：驳回青岛华丽公司的全部诉讼请求。

宣判后，青岛华丽公司不服判决，提出上诉。北京市第三中级人民法院于 2017 年 9 月 14 日作出（2017）京 03 民终 6647 号民事判决：一、撤销北京市朝阳区人民法院（2016）京 0105 民初 32291 号民事判决；二、撤销北京市朝阳区人民法院于 2016 年 5 月 20 号作出的对位于朝阳区林萃东路 802 室房屋拍卖所得款的财产分配方案；三、确认世宜泰公司就被拍卖的位于朝阳区林萃东路 802 室房屋享有的优先受偿金额为 500 万元；四、驳回青岛华丽公司的其他上诉请求；五、驳回青岛华丽公司的其他诉讼请求。

## 【裁判理由】

法院生效裁判认为：

1. 关于本案作为执行分配方案异议之诉，审查范围应如何确定的问题。二审法院认为，执行分配方案异议之诉审理范围应为执行分配方案在各债权之间实体法关系方面之判断的正确性，即方案中各债权的清偿顺位、比例、数额等问题，重点是各债权的相互关系，而不应涉及当事人实体债权本身的真实性、合法性。本案中，法院仅审查涉案调解书所涉债权的优先受偿范围问题，不审查该调解书涉及的世宣泰公司与李东伟之间债权的真实性及合法性问题。

2. 关于世宣泰公司所享有的抵押权的范围如何确定，其与李东伟达成的调解协议是否扩大了优先受偿范围的问题。二审法院认为，世宣泰公司享有的抵押权的担保范围为500万元，其根据抵押登记而享有的优先受偿范围亦应为500万元。

3. 关于在世宣泰公司享有的抵押权范围仅限于500万元的情况下，调解书能否直接产生物权设立与变动的效力，使世宣泰公司的全部债权不经登记即可优先受偿的问题。本案中，双方调解约定了优先受偿事项。但在民法上，根据债权平等的原则，特定债权的优先受偿仅限于法定的权利类型，当事人不得创设。本案之争议焦点即在于涉案调解书是否具有直接的设定、变更物权的效力。二审法院认为，涉案调解书并不属于《物权法》第二十八条所指之法律文书，不能直接发生扩大抵押权的法律效力。二审法院认为，涉案之债权，在未经新的抵押登记的情况下，涉案调解书中明确的债权中，超出现有抵押登记所载明的债权数额500万元的部分应属于一般债权。

4. 本案的具体处理方式问题。本案中，青岛华丽公司针对执行分配方案提出异议，并请求法院重新制作分配方案。鉴于本诉讼解决执行分配方案制定过程中的实体性争议的制度目的，二审法院确认世宣泰公司享有优先受偿权的债权范围仅限于抵押登记之最高额抵押的债权数额500万元，调解书中所确定的其余债权为一般债权。就涉案债权的优先顺位与数额问题，涉案执行分配方案存在错误之处，应予撤销。关于青岛华丽公司请求法院重新制作财产分配方案，二审法院在本案中对其该项诉讼请求不予支持，该事项应由其在本案判决生效之后另行向执行法院主张。

## 【案例注解】

### 一、执行分配方案异议之诉的审理范围

执行分配方案异议之诉的基础是参与分配制度，参与分配制度是在多名债权人申请执行同一债务人，而债务人的被执行财产不足以清偿全部债务时，所有取得执行依据的债权人得对同一财产申请参与分配，以利用同一执行程序享

受法律上之平等保护，体现了执行分配从“优先主义”向“平等主义”的逐渐转变。①

多个债权参与分配，必然涉及顺位、比例等相互关系问题，由此产生的争议属于对债权优先性等实体法地位的争议，法院执行部门依据初步材料做出执行分配方案之后，当事人仍不服的，基于“有权利必有救济”的原则以及该争议之实体性质，应允许当事人提起诉讼解决。执行分配方案异议之诉作为参与分配制度中实体权利救济的重要渠道，为解决各权利人在参与分配过程中的实体性争议，而被司法解释所确立。②

关于执行分配方案异议之诉解决的实体性争议的具体内容，司法解释中没有进一步的明确规定。最高人民法院相关负责人在新闻发布会上对此进行了表述，明确该程序针对债权人认为分配方案所确定的债权及其数额多少、受偿顺序有问题的情况。③ 最高人民法院的裁判文书中也重申了这一观点，认为对分配方案中所确定的债权受偿顺序和分配数额等问题，应属于此类案件的实体审理范围。④ 实践中，多地法院也制定了规范性意见，明确了这一规定的具体掌握标准，如北京市高级人民法院即认为，执行分配方案异议之诉的审理范围包括以下事项：（1）执行依据确定的债权是否已经履行或部分履行及履行的数额；（2）执行依据确定的债权是否已经超过申请执行时效期间；（3）执行依据确定的建设工程价款是否享有优先受偿权及优先受偿的款项范围；（4）担保物权人以及其他有权请求实现担保物权的人申请执行法院作出的拍卖、变卖担保财产的裁定，该裁定未明确债权数额，该债权数额的多少；（5）其他应当通过分配方案异议及分配方案异议之诉处理的情形。⑤ 可见，司法实践中对此已经形成了一定的共识，将审理范围集中在各债权的基本情况与顺位关系等实体法上的争议。

对于执行分配方案异议之诉可否审查债权本身是否真实、合法的问题，实

---

① 杨与龄：《强制执行法论》，中国政法大学出版社 2002 年版，第 255 页。

② 杨柳：《比较与借鉴：中德执行分配方案异议之诉的制度架构分析》，载《法律适用》2011 年第 8 期。

③ 刘岚：《落实民诉法新规定，强化规范执行工作——最高人民法院执行局负责人解读“关于适用民诉法执行程序若干问题的解释”》，载 https：//www.chinacourt.org/article/detail/2008/11/id/330375.shtml，访问时间：2017 年 8 月 21 日。

④ 最高人民法院（2015）民提字第 65 号民事判决。

⑤ 《北京市法院执行案件办理流程与执行公开指南》第六十条、第六十一条。

践中有所争议。有的法院在案件中进行了审查并作出否定性的评价。① 也有法院认为，执行分配方案异议之诉提起的法定事由包括执行分配方案中债权是否存在、债权的数额和受偿顺序三种。生效法律文书已对债权数额、优先受偿权作出认定的，不得对该债权是否存在以及债权数额、优先受偿权是否存在提出执行分配方案异议之诉。② 还有观点认为应当区分执行依据的类型，对于生效裁判文书和生效调解书确认的债权，仅作形式上的真实性审查，对于其他形式的执行依据，尤其是具有强制执行效力的公证债权文书，应当进行实体审理。③

我们认为，执行分配方案异议之诉不应涉及对当事人实体债权本身真实性、合法性的审查，判决书的论理部分从分配方案的功能、生效法律文书的既判力、分配方案异议之诉的程序功能这三个层面论述了具体理由。另外需补充说明的是：第一，执行依据具有预设的确定性、终局性。执行依据，又称执行名义、债务名义，是指债权人据以请求执行机关实施强制执行之生效法律文书。《最高人民法院关于适用〈中华人民共和国民事诉讼法〉的解释》（以下简称民诉法解释）第四百六十三条中明确规定，作为执行依据的应当是已生效的法律文书，且应符合权利义务主体明确、给付内容明确两个条件。既然已经是内容明确、具体的生效法律文书，其内容自然具有终局性，分配方案的确定应当以此为前提。第二，执行依据本身的错误不是阻却执行的充足理由。在我国台湾地区，违法判决并非当然无效，判决一经确定，无论其判断是否违法，法院均应执行，债务人不得以判决违法为理由声明异议，但可以另行提起异议之诉。④ 第三，程序多元化与程序功能专门化是相辅相成的。进入二十一世纪以来，民事诉讼法经历多次修改，司法解释亦屡有变化，对执行中的生效法律文书的纠错问题，从最初单纯的审判监督程序，发展到审监程序、后期执行异议之诉、第三人撤销之诉、执行分配方案异议之诉的“程序群”。程序设计虽日渐繁琐，但由于区分了争议事项、裁判范围以及当事人身份，故程序设计上各有区别，有助于实现对不同权利主体的全面保护。故本类案由应以各执

---

① 李杨、刘建发、罗彬：《执行分配方案异议之诉中的虚假债权参与分配问题研究——以新〈民事诉讼法〉第三人撤销之诉为视角展开》，载 http：//cpfd. cnki. com. cn/Article/CPFDTOTAL - GJFG201504001089. htm，访问时间：2017 年 8 月 21 日。

② 《浙江省高级人民法院审理执行异议之诉案件疑难问题解答（二）》第十二条，载 http：//www. zjsfgkw. cn/TrialProcess/CourtGuideFileInfo/5180，访问时间：2018 年 4 月 23 日。

③ 徐宛效：《审理执行分配方案异议纠纷案件的若干实务探讨》，载 http：//cdfy. chinacourt. org/article/detail/2015/10/id/1723615. shtml，访问时间：2017 年 8 月 21 日。

④ 杨与龄：《强制执行法论》，中国政法大学出版社 2002 年版，第 53 页。

行依据的正确性、合法性为前提，解决各债权之间的优先顺位与比例等关系问题，而执行依据本身的错误问题，根据司法解释的规定，应由作出生效判决、裁定的原审人民法院或其上级人民法院按照审判监督程序审理。①

## 二、最高额抵押的担保范围

本案中，世宣泰公司与李东伟之间就802房屋约定了最高额抵押，限额为500万元，合同约定的担保范围为本合同项下借款本金、复利、利息、罚息、违约金等。在合同履行过程中，世宣泰公司实际支付的债权本金即已达到500万元，而双方办理抵押权登记时，登记担保类型为最高额抵押，登记限额为500万元，并未登记合同中担保范围的其他内容。故本案需讨论的问题为：第一，最高额抵押登记的500万元限额系对债权最高额的限定，还是仅对本金最高额的限定；第二，世宣泰公司实际享有最高额抵押担保权保障的债权是否能包括500万元本金之外的利息、罚息、违约金等内容。

第一个问题即所谓的“债权最高限额说”与“本金最高限额说”之争。②债权最高限额说认为，抵押登记的最高额为原本、利息、违约金等所有费用总和之限额，即所有债权总额在最高额内的，方享有优先受偿权；而本金最高限额说认为，抵押登记的最高额仅指原本之限额，即但凡原本金额在最高额内的，则由原本产生的利息、违约金等其他费用与原本相加即便超过抵押登记的最高额，债权人仍就原本、利息、违约金等其他费用享有优先受偿权。

在本案中，二审法院采用了债权最高限额的观点，理由在于：第一，此为文义解释的当然结论。关于“最高额”的规定，《物权法》及《担保法》均表述为“在最高债权额限度内”，对“在一定期间内（将要）连续发生的债权”。此中原文即为“债权”，而非“主债权”或本金，故按照一般文义之理解，则债权最高限额说更具有说服力；而本金最高限额说将其解释为“主债权”，系对文义进行了限缩。第二，债权最高限额说是理论界与实务界的主流观点。史尚宽先生即认为：最高额抵押的优先受清偿权，不得超过已登记之预定最高限额。就债权有利息之约定者，本利合计亦惟得于限度内优先受清偿。

---

① 《最高人民法院关于执行权合理配置和科学运行的若干意见》第12条第2款。

② 最高人民法院物权法研究小组：《〈中华人民共和国物权法〉条文理解与适用》，人民法院出版社2007年版，第608页。

其他违约金，亦得算入最高额。[①] 最高人民法院的同仁们也认为最高额抵押权应以最高额为限对全部债权提供价值担保。[②] 第三，这一观点亦契合比较法之经验。德国、日本等均采用债权最高限额说，《德国民法典》第1190条即规定：（1）抵押可通过如下方式创设：土地应负之担保责任最高额确定，除此之外则保留债权的确定。最高额必须登记于土地登记簿。（2）若债权包含利息，则利息包含于最高额中。《日本民法典》第398条第2款第1项规定，可经设立行为创设抵押，用以担保一定范围内的不特定债权，前述债权有最高限额，并在该条第3款第1项规定抵押权人就所有债权本金、利息及违约金在最高限额内行使抵押权。[③] 第四，利于抵押权人与第三人的利益平衡。物权法以公示公信为基本原则，以登记生效主义为基本理念，而如果最高额抵押中，登记的只是本金，抵押权担保范围却极大可能超出登记的限额，则物权法的基本原则与基本理念将受到损害。采纳本金最高限额说，更倾向于对抵押权人的债权保护，而对抵押财产上后顺位抵押权人以及抵押人的普通债权人不利，容易危害交易安全[④]。采纳债权最高额说，则可明确公示债务人的无优先权财产范围，有利于保护第三人，维护交易安全。再考虑到债权人在签订借款担保合同时的优势地位，其完全有能力、有可能在设定最高额抵押额时合理确定债权限额，充分保护自身权益，避免保护不周的风险。

基于此，对于第二个问题，本案双方合同中虽明确约定了担保范围包括本金、利息、罚息、违约金等全部内容，但由于抵押登记的最高限额仅为500万元，世宣泰公司的本金数额即已经溢出，故依据最高额抵押登记可享有优先受偿权的债权数额应以500万为限，利息、违约金等衍生债权虽可一并计入债权总额，但不能享有优先受偿权。

## 三、增设抵押担保调解书的物权效力

在明确了最高额抵押的优先受偿范围之后，本案之争议即体现为调解书内容与抵押登记内容的冲突的解决及其法律效力问题。在调解书赋予优先受偿权

---

① 史尚宽：《物权法论》，中国政法大学出版社2000年版，第324页；谢在权：《民法物权论》（下），中国政法大学出版社1999年版，第734页；曹士兵：《中国担保制度与担保方法——根据物权法修订》，中国法制出版社2008年版，第289页。

② 最高人民法院物权法研究小组：《〈中华人民共和国物权法〉条文理解与适用》，人民法院出版社2007年版，第608页。

③ 胡大展：《最高额抵押的法律沿革和特征》，载《台湾研究集刊》1997年第2期。

④ 程啸：《担保物权研究》，中国人民大学出版社2017年版，第453页。

保障的债权数额超出最高额抵押登记的最高债权额的情况下，该调解书能否直接产生物权变动效力，还是双方当事人也需要进行抵押登记才能产生物权变动效力？

就此问题，一审法院认为世宣泰公司提供了生效调解书，故青岛华丽公司的诉讼主张缺乏法律依据。笔者认为，一审法院的该论断过于简单化，将调解书效力与其物权效力直接划上了等号，这是不符合物权法之基本原则与具体规定的。二审判决书首先明确了调解书能否具有物权效力，生效是前提，但调解书的生效并不等同于具有物权效力，该问题需依据物权法具体判断。

（一）调解书的物权变动效力问题

我国《物权法》对不动产物权变动原因以登记生效主义为原则，辅之以若干例外情形，其第二十八条即规定了以法院的法律文书等形式变更物权的例外。该条文的具体理解与适用问题，特别是其中法律文书的范围界定问题，一直是物权法领域研究的热点，争议较大。

就该条文中是否包括调解书的问题，曾有部分学者认为调解书无物权变动的形成力。判决之形成力系指当事人间之某法律关系，因判决之确定而发生变更或消灭之效力。[①] 持"否定说"者的主要理由是认为调解以私法性为其主要属性，是当事人意思自治的结果，应当按法律行为导致物权变动处理，调解书仅仅是对调解协议的确认。[②] 一些论文中援引了我国台湾地区学者谢在全先生的观点，其认为和解与调解虽然依据诉讼法与确定判决具有同一之效力，但就不动产物权变动事项而言，尚无与形成判决同一之形成力，仍需当事人持和解或调解笔录办理登记后，始生物权变动之效力。[③] 这一观点在其民事诉讼法学界也是主流观点，如陈计男先生亦认为，诉讼上和解并无形成力，盖以判决为法院对于诉讼事件所为之公法上意思表示，与和解之本质系当事人之自治解决不同，故形成判决所生之形成力，自无由当事人以和解方式代之。调解系当事人双方就争执之法律关系或权利相互让步达成协议创设之结果，非当事人行使其形成权之结果，似难与判决之形成力相比。[④]

---

① 陈计男：《论诉讼上和解》，载杨建华主编《民事诉讼法论文选辑》（下），台湾地区五南图书出版公司1984年版，第684~688页。

② 王明华：《论〈物权法〉第28条中"法律文书"的涵义与类型》，载《法学论坛》2012年第5期。

③ 谢在全：《民法物权论》（上），中国政法大学出版社1999年版，第95页。

④ 陈计男等：《民事调解之效力（之一）——民诉法研究会第三十五次研讨记录》，载《民事诉讼法之研讨（三）》，台湾地区"民事诉讼法"研究基金会1990年版，第697页。

随着2016年《最高人民法院关于适用〈中华人民共和国物权法〉若干问题的解释（一）》（以下简称《物权法解释（一）》）第七条明确将调解书纳入《物权法》第二十八条所称的法律文书的范围，这一问题的讨论暂告一段落。笔者认同这一规定，理由是：其一，我国民事诉讼法明确规定调解书具有法律效力，我们在法律解释上不应擅自进行限缩性解释，将形成力排除在外；其二，我国台湾地区的调解一般指诉讼前的调解，当事人在诉讼中的协商一般称为“诉讼上和解”，通说认为其为当事人之间的协商处分行为，与我国大陆通说认为是当事人的协商行为与法院的审判行为的双重性①不同，故对于调解是否具有形成力的看法自然不同；其三，这一问题应当放在法律体系的整体协调性下加以考量，我国台湾地区学者的观点有其本地的实证法基础，依据台湾地区现行规范，诉讼上和解分割共有不动产者，仅生协议分割之效力，非经登记不生丧失共有权及取得单独所有权之效力。②

（二）形成性法律文书的界定

在《物权法解释（一）》出台之前，学界通说认为，《物权法》第二十八条所称之法院法律文书应当仅指形成性文书。③ 正式出台的《物权法解释（一）》也采纳了这一观点，其第七条将此中的法律文书限定为“在分割共有不动产或者动产等案件中作出并依法生效的改变原有物权关系”的判决书、调解书等。最高人民法院进一步认为，只有基于形成诉权，通过形成之诉来行使并获得的形成性文书才具有直接变动物权的法律效果。④

对于本案中涉诉调解书是否属于司法解释中所称之“形成性文书”，笔者持否定态度，并在判决书中分以下几点进行了论述：一是涉案调解书解决的是李东伟向世宣泰公司为给付的数额、期限以及相应的保障问题，是给付性文书，而非形成性文书；二是涉案调解书缺乏形成权之基础。形成权为依权利人

---

① 以上之论点可见，李春霖、潘永隆主编：《中国新民事诉讼法学通论》，北京出版社1991年版，第147页；杨荣新主编：《民事诉讼法学》，中央广播电视大学出版社1996年版，第157页；张晋红主编：《中国民事诉讼法》，中国政法大学出版社1997年版，第185页。

② 陈计男：《论诉讼上和解》，载杨建华主编：《民事诉讼法论文选辑》（下），台湾地区五南图书出版公司1984年版，第684~688页。

③ 参见房绍坤：《导致物权变动之法院判决类型》，载《法学研究》2015年第1期；程啸：《因法律文书导致的物权变动》，载《法学》2013年第1期；任重：《形成判决的效力——兼论我国物权法第28条》，载《政法论坛》2014年第1期；崔建远：《物权法》，中国人民大学出版社2011年版，第64页；尹田：《物权法》，北京大学出版社2013年版，第89页。

④ 最高人民法院民事审判第一庭：《最高人民法院物权法司法解释（一）理解与适用》，人民法院出版社2016年版，第217页。

的单方意思表示，即可使特定法律关系产生、变更、消灭的权利，形成权具有单方性，不存在对应的义务人。而涉案调解书中关于扩大抵押优先受偿范围的内容，是基于双方当事人扩大担保范围的新的合意而产生，显然不符合形成权的特点；三是涉案调解书是在一个给付之诉中产生的，该案原告的诉讼请求是为了请求法院判令对方偿债，即为一定之给付，而非请求法院变更特定法律关系。

（三）世宣泰公司所得权利的性质

既然涉案调解书并非形成性文书，其即不具有直接变动物权的效力，世宣泰公司因此不能直接享有抵押权，那么其有何效力？笔者认为，调解书赋予了世宣泰公司强制性要求李东伟配合抵押登记的请求权。在我国，调解书是法院对当事人之间的协商结果进行审查、确认，并赋予法律效力（包括既判力、形成力、执行力等）的结果，故其实体内容为当事人之间的合同。就诉讼法律行为的性质以及与私法行为之间的关系，在德国主要存在三种学说：两性说、并存说和吸收说，并以两性说为通说，故实体法上的行为，不因其于诉讼程序上为之而变更其实体法律的性质，此类行为的要件及效果仅依实体法的规定。① 故本案中，涉案调解书的双方达成合意，形成新的关于设定对物优先受偿权的合同，世宣泰公司因此享有要求对方配合进行此项抵押权登记的请求权。而此时，调解书区别于一般合同之处是，世宣泰公司对此可申请强制执行，但法院给予的司法保护也是针对请求权。

因此，本案中世宣泰公司的债权中享有优先顺位的金额仅限于登记的500万元最高限额，而非调解书中所载明的1000余万元，执行分配方案对此判断有误，应予纠正。

## 四、执行分配方案异议之诉的裁判方式

在执行分配方案异议之诉中，在当事人所提异议成立时如何裁判，实践中对确权以及撤销原分配方案的判项基本达成共识，但新的分配方案如何产生，争议极大，司法实践中处理方式也不统一。笔者在裁判文书网上进行搜索，结果发现司法实践中处理方式也不统一。如，北京市法院共有11篇文书，其中有9篇文书在判决主文部分仅对优先受偿权范围进行了表述，有2篇在判决主文中重新对整个案款进行了分配，但这两个案件的特殊之处是所有参与分配的

① 廖永安、崔峰：《当事人诉讼行为与民事法律行为关系考》，载《法律科学》2004年第1期。

债权人均是案件当事人。[①] 广东省的法院共有7篇文书，有3篇文书在主文部分直接对分配方案进行了调整，有1篇文书在判决主文中判定执行法院重新制作分配方案，有3篇文书在主文中仅对债权数额及优先受偿权进行了处理。[②]

综合实践情况，此问题的处理方式大体可分为以下三种模式：第一种方式是审判庭直接制定新的分配方案；第二种方式是审判庭在主文中判令相关执行机构重新制定方案；第三种方式是撤销原方案，但不责令执行机构重新制定方案。

笔者认为，在此类案件的原告主张能够成立的情况下，二审法院在判决撤销原方案的同时，不宜直接确定分配方案，也不宜在主文中直接判定由执行机构重新制作分配方案，理由在于：第一，依据现行规定，分配方案的异议人应当以提出反对意见的债权人、被执行人为被告，向执行法院提起诉讼，而不是全体债权人，参诉的诉讼主体范围有限，直接在诉讼中确定分配方案，无法保护未参与诉讼的债权人的实体权益，也无法提供充分的程序保障；第二，此诉讼的审理范围仅限于方案中有争议的部分，无争议部分仍可正常执行、发放，执行机构应当将与争议债权数额相应的款项予以提存，故审判机构无法统一制作分配方案；第三，由民事审判庭直接制作分配方案不符合"审执分离"的基本原则，即使是为了提高审判与执行效率，减少讼累，也不宜突破这一限制。制作分配方案为执行机构行使执行权，处理执行事务的工作事项之一，而分配方案异议之诉是审判庭在对各债权的实体情况及相互关系进行实体性判断的基础上，对方案的正确性、合法性进行监督、制约的审判程序，两者应各司其职，不宜跨界；第四，民事诉讼解决的是民事争议，我国《民事诉讼法》第三条明确规定，人民法院受理民事主体之间因财产关系、人身关系提起的民事诉讼，第二条规定民事诉讼法的任务是保护诉讼权利，确认民事权利义务关系，而是否制定、如何制定执行分配方案，是法院执行机构的执行权规制的范畴，故执行分配方案异议之诉的判决中亦不宜责令执行机构重新作出执行分配方案，该事项应由当事人持判决书在执行程序中另行向执行机构提出主张。

另需指出的是，有观点将这一问题与执行分配方案异议之诉的法律性质间

---

① 参见（2016）京01民初384号、（2014）一中民初字第3149号民事判决。

② 主文中直接确定分配方案的判决书的案号为（2012）阳中法民二初字第2号、（2016）粤20民终584号、（2015）佛南法民二初字第511号；判令执行部门制定方案的判决书的案号为（2014）佛中法民一终字第1201号；未判定方案事项的判决书的案号为（2015）中中法民一终字第307号、（2013）穗中法民二重字第3号、（2013）粤高法民四终字第59号。

题相关联，认为：如其为形成之诉，则原告基于其在分配程序上的异议权，可请求法院变更方案（在我国台湾地区称为分配表），法院可直接变更；如为确认之诉，则判决只确认分配额与顺位，然后执行机关据此重新制作；如为命令诉讼，则法院应命令执行机关更正或重新制作分配方案；如为救济诉讼，则该诉讼兼具确认债权及变更原方案的双重功能，主文也应当同时具备以上内容。[①] 就此，笔者认为，此类案件的判决不直接制定方案，亦不判定由执行机构制定方案，并不影响其形成之诉的属性，理由在于：其一，此类案件的原告以对分配方案的异议权为基础，以撤销错误分配方案为最终目标，故其应为形成之诉，这一观点亦为学界通说。其二，形成之诉一定意义上均包含确认之诉的功能。法律关系的变更本就以法律关系的存在为前提，如离婚应以确认双方存在婚姻关系为前提，否则无从判决解除。而本案中，债权数额及优先顺位等实体法律关系问题的解决是此类案件处理的基础，法院对此应予查明并确认，然后才能决定是否撤销原方案。其三，救济诉讼、命令诉讼的提法虽另辟蹊径，但不能融入诉讼类型的三大经典分类之中，其对司法实践的指导作用有所欠缺。其四，形成之诉的结果并不限于原法律关系的变更，还包括产生与消灭，故此类案件中原告主张执行程序中法定的异议权、撤销权，法院支持其异议而撤销原分配方案，亦符合形成之诉的特征。

综上所述，二审法院对本案的处理，符合执行分配方案异议之诉的制度目的，契合执行分配方案异议之诉的价值取向，对最高额抵押的担保范围和限额以及调解书的物权变动效力进行了详细论述，并对实践中争议较大的裁判方式问题进行了辨析，对今后处理类似案件具有参考借鉴意义。

（**一审法院合议庭成员** 李增辉 安永强 张淑云
**二审法院合议庭成员** 黄海涛 薛 妍 周艳雯
**编写人** 北京市第三中级人民法院 黄海涛 杨俊逸
**责任编辑** 杨 奕
**审稿人** 曹守晔）

---

① 杨与龄：《强制执行法论》，中国政法大学出版社2002年版，第302页。

# 肖犹彬诉周明森、黄炳生等执行分配方案异议之诉案

## ——抵押权优先受偿范围的认定

**关键词**：执行分配方案异议之诉　民间借贷　抵押权　优先受偿范围

### 【裁判要旨】

他项权证上记载的债权数额并不当然代表债权人即在该债权金额范围内对抵押物享有优先受偿权，而首先要审查债权人是否已经支付完毕他项权证上记载的债权金额，债权人只在已经实际支付完毕的金额范围内对抵押物享有优先受偿权。

### 【相关法条】

**《中华人民共和国物权法》第一百八十条**　债务人或者第三人有权处分的下列财产可以抵押：

（一）建筑物和其他土地附着物；

（二）建设用地使用权；

（三）以招标、拍卖、公开协商等方式取得的荒地等土地承包经营权；

（四）生产设备、原材料、半成品、产品；

（五）正在建造的建筑物、船舶、航空器；

（六）交通运输工具；

（七）法律、行政法规未禁止抵押的其他财产。

抵押人可以将前款所列财产一并抵押。

**第一百八十七条**　以本法第一百八十条第一款第一项至第三项规定的财

产或者第五项规定的正在建造的建筑物抵押的，应当办理抵押登记。抵押权自登记时设立。

**《最高人民法院关于适用〈中华人民共和国担保法〉若干问题的解释》第六十一条** 抵押物登记记载的内容与抵押合同约定的内容不一致的，以登记记载的内容为准。

## 【案件索引】

一审：广东省珠海市香洲区人民法院（2016）粤0402民初2023号（2016年6月13日）

二审：广东省珠海市中级人民法院（2016）粤04民终2091号（2016年9月29日）

## 【基本案情】

原告肖犹彬诉称：肖犹彬与黄炳生签订的《补充协议》和《借款抵押合同》合法、有效，肖犹彬向黄炳生提供的贷款200万元已经实际交付，贷款的先后交付不影响抵押权的成立，且抵押财产已办理抵押登记手续，肖犹彬依法享有抵押权。肖犹彬依据抵押权而享有的优先受偿权应当为已经登记的债权数额200万元。广东省珠海市香洲区人民法院作出的《财产分配方案》仅认定肖犹彬享有50万的优先受偿权，于法无据。故肖犹彬本案诉请：（1）撤销《财产分配方案》；（2）驳回周明森对肖犹彬提出的全部反对意见；（3）判令肖犹彬作为第二顺序抵押权人在200万元范围内享有优先受偿权。

被告周明森辩称：肖犹彬所主张的已支付借款中只有一笔款项是在抵押合同约定的借款期限内支付，周明森不认可肖犹彬对黄炳生的债权，不认可双方签订的补充协议，不同意肖犹彬主张的优先受偿。

第三人黄炳生述称：黄炳生向肖犹彬借款本金合计2055000元，向周明森的借款本金312万元，对于上述债务均予确认。

第三人黄秋云述称：黄秋云对黄炳生2014年8月向肖犹彬借款120万元提供保证担保，对于其他借款不知情。

法院经审理查明：周明森申请执行黄炳生、黄秋云民间借贷纠纷一案【（2015）珠香法执字第1979号】，广东省珠海市香洲区人民法院依法裁定拍卖了黄炳生所有的珠海市香洲区华发新城5期144栋2704房（以下简称2704房），所得拍卖款355万元。中国银行股份有限公司珠海分行及肖犹彬作为抵押权人申请参与分配。广东省珠海市香洲区人民法院审查后作出（2015）珠香法执字第1979号《关于对被执行人黄炳生、黄秋云执行案件的财产分配方案》，决定拍卖款扣除执行费用后首先由第一顺序抵押权人中国银行股份有限公司珠海分行优先受偿1099676.02元，肖犹彬作为第二顺序抵押权人优先受偿50万元，余下款项用于清偿周明森的债权。肖犹彬对该分配方案提出异议，认为其应在200万元本息范围内实现抵押权和优先受偿权。周明森对肖犹彬的异议持反对意见。肖犹彬在法定期限内提起本案诉讼，请求：（1）撤销（2015）珠香法执字第1979号《关于对被执行人黄炳生、黄秋云执行案件的财产分配方案》；（2）驳回周明森对肖犹彬《执行分配方案异议申请书》提出的全部反对意见；（3）判令肖犹彬作为第二顺序抵押权人对抵押财产在200万元本息范围内享有优先受偿权。

肖犹彬提供的证据显示：2014年6月7日，黄炳生出具《借款借据》，内容为黄炳生向肖犹彬借款10万元，借款期限6个月，按金额的5%支付利息。同日黄炳生出具《收据》，确认收到现金10万元。2014年8月19日，黄炳生出具《借款借据》，内容为向肖犹彬借款120万元，借款期限12个月，按照3%支付利息。黄秋云在借款借据保证人处签名。同日黄炳生出具《借款收据》确认收到120万元。肖犹彬提供转账记录显示8月19日向黄炳生转账105万元及159600元。2014年11月28日，黄炳生出具《借款借据》，内容为向肖犹彬借款155000元，借款期限3个月，按照3.5%支付利息，并在借据上确认收到现金。

2014年12月26日，黄炳生与肖犹彬签订《房地产借款抵押合同》，约定：黄炳生向肖犹彬借款200万元，借款期限自2014年12月26日至2016年12月26日，交付方式为通过银行转账至黄炳生在工行桂花支行尾号5412的银行账户，黄炳生以其名下的2704房作为抵押，担保范围包括主债权及其利息。同日，双方办理了上述合同的公证手续。2014年12月29日，肖犹彬向黄炳生名下尾号5412的工行账户转账支付50万元。2014年12月31日，肖犹彬办理了上述房屋的抵押登记手续，取得他项权证，注明债权数额为200万元。2014年12月29日，肖犹彬与黄炳生签署《借款抵押合同补充协议》（以下简称《补充协议》），约定：黄炳生向肖犹彬的借款金额为180万元，借款期限两年，借款利率为每月3%，黄炳生用2704房作为抵押，抵押担保范围为本合同项下的借款本金、利息、逾期的违约金和实现债权、抵押权的费用，并约定双方应在本合同签订后，本合同经公证后黄炳生配合肖犹彬到房管部门办理抵押登记手续，并将他项权利证书及抵押登记证明交于肖犹彬保管。补充条款处手写：黄炳生向肖犹彬借款金额实际为200万元整，黄炳生承诺于2015年1月30日前先归还肖犹彬20万元，协议合同第一条暂写金额为180万元整，如黄炳生未能按时归还20万元，则上述签订180万元变更为200万元且利息随变动为200万元来计算。合同所附《收款确认书》内容为：第一笔借款黄炳生（1050000＋159600＝1209600）其中9600已还，实欠120万元整。账户622700309062013××××，开户行建设银行。确认人黄炳生（签名），2014年8月19日。第二笔借款黄炳生（50万元整）账户622202200200583××××，开户行工商银行。确认人黄炳生（签名），2014年12月29日。第三笔借款现金10万元，整确认人黄炳生（签名），2014年12月29日。因二审中，肖犹彬与黄炳生均确认《补充协议》共签订两份，广东省珠海市中级人民法院经向广东省珠海市香洲区人民法院执行局核实，查明：肖犹彬向该院执行局提供的《补充协议》第四条借款利率、第十四条“补充条款”以及“收款确认书”中“第一笔借款”“第二笔借款”处除有指纹印迹之外，没有记载其他内容。

肖犹彬在广东省珠海市香洲区人民法院对本案作出一审判决之后，以黄炳生、黄秋云为被告向广东省揭阳市中级人民法院提起诉讼，请求判令：（1）黄炳生、黄秋云共同向肖犹彬偿还借款本金2055000元及利息；（2）肖犹彬对拍卖、变卖黄炳生提供的抵押物（2704房）的价款在抵押债权200万元的范围内优先受偿。广东省揭阳市中级人民法院的受理案号为（2016）粤52民初32号。该案在审理过程中，肖犹彬与黄炳生、黄秋云自愿达成和解协议，双方确认黄炳生、黄秋云尚欠肖犹彬借款本金2055000元，肖犹彬对抵押物（2704房）的所得价款在抵押债权200万元范围内享有优先受偿权。广东省揭阳市中级人民法院根据当事人的要求对上述和解协议予以确认，并于2016年8月2日作出（2016）粤52民初32号民事调解书。

## 【裁判结果】

广东省珠海市香洲区人民法院于2016年6月13日作出（2016）粤0402民初2023号民事判决：驳回肖犹彬的全部诉讼请求。

宣判后，肖犹彬不服，提起上诉。广东省珠海市中级人民法院于2016年9月29日作出（2016）粤04民终2091号民事判决：驳回上诉，维持原判。

## 【裁判理由】

法院生效判决认为：肖犹彬所主张的其在200万元本息范围内对涉案抵押物享有优先受偿权的理由均不成立，具体分析如下：

首先，肖犹彬称《房地产借款抵押合同》所约定的200万元借款其已全部支付，即：2014年6月7日现金支付10万元，2014年8月19日以肖犹彬的妹妹肖佩娜名义转账支付105万和15.96万元，2014年11月28日现金支付15.5万元，2014年12月29日转账支付50万元，现金支付10万元，并于当天签订补充协议。肖犹彬所称的上述借款总额为206.46万元，其中几笔款项的支付是在《房地产借款抵押合同》签订之前，分别为：（1）2014年6月7日的10万元，《借款借据》约定借款期限6个月，按金额的5%支付利息；（2）2014年8月19日的120万元，《借款借据》约定借款期限12个月，按照3%支付利息；（3）2014年11月28日的155000元，《借款借据》约定借款期限3个月，按照3.5%支付利息。肖犹彬所称的上述款项支付情况与《房地产借款抵押合同》所约定借款金额、借款期限、借款利息以及交付方式均不符，且上述《借款借据》亦没有关于黄炳生以案涉房产作抵押担保的任何约定，因此，不能确认肖犹彬在2014年12月26日之前向黄炳生出借的款项与《房地产借款抵押合同》约定借款之间的关联性，亦不能证明《房地产借款抵押合同》所约定的200万元借款已全部支付完毕的事实。

其次，肖犹彬称《补充协议》作为《房地产借款抵押合同》的补充，是为了与登记的200万元抵押债权相对应，是为迎合200万元的抵押权而重新约定的。从查明事实看，《补充协议》共签订两份，其中，当事人在本案诉讼之前向一审法院执行局提交的《补充协议》第四条借款利率、第十四条“补充条款”以及“收款确认书”中“第一笔借款”“第二笔借款”处只有指纹印记，没有任何内容，与肖犹彬在本案提交的《补充协议》内容不一致。肖犹彬本案提交的《补充协议》第十四条“补充条款”虽载明：黄炳生向肖犹彬借款金额实际为200万元整，黄炳生承诺于2015年1月30日前先归还肖犹彬20万元，协议第一条暂写金额为180万元整，如黄炳生未能按时归还20万元，则上述签订180万元变更为200万元且利息随变动为200万元来计算。但该《补充协议》所载“收款确认书”的内容显示：黄炳生确认共收到三笔借款，分别是2014年8月19日的120万元、2014年12月29日的50万元和10万元，共计180万元。由此可见，黄炳生确认收到的借款金额与“补充条款”

记载的借款金额以及抵押登记的债权金额也不相符。虽然《补充协议》与《房地产借款抵押合同》约定的抵押物为同一抵押物，两份合同所担保的主债权也都是肖犹彬向黄炳生出借的款项，但因《补充协议》约定的借款金额、借款利率、履行期限、交付方式、交付时间及抵押担保范围等均与《房地产借款抵押合同》的约定内容不同，该《补充协议》对已办理抵押登记手续的《房地产借款抵押合同》所担保的主债权已构成重大变更。抵押权为一种担保物权，以担保债权实现为目的，因而与其所担保的债权形成主从关系，抵押权所担保债权的数额既关系到抵押物上所负担的责任和债权人优先受偿的范围，也关系着第三人的利益，所以抵押权只能担保特定的债权。根据《物权法》第一百八十条“债务人或者第三人有权处分的下列财产可以抵押：（一）建筑物和其他地上附着物：……”及第一百八十七条“以本法第一百八十条第一款第一项至第三项规定的财产或者第五项规定的正在建造的建筑物抵押的，应当办理抵押登记。抵押权自登记时设立”的规定，以不动产物权设定抵押的，抵押权的生效必须以登记为必要条件，抵押合同的生效仅能发生债法上的效果，但不能够发生物权变动的效果。只有进行登记，才能使抵押权成立并生效。根据《城市房地产抵押管理办法》第三十五条的规定，抵押合同发生变更或者抵押关系终止时，抵押当事人应当在变更或者终止之日起 15 日内日，到原登记机关办理变更或者注销抵押登记。本案中，肖犹彬与黄炳生既以签订《补充协议》的形式变更了抵押物所担保的主债权的内容，其应当对变更后的抵押权履行相应的登记手续，且《补充协议》第九条也已明确约定肖犹彬与黄炳生应在补充协议签订后办理抵押登记手续。但从本案事实来看，肖犹彬与黄炳生在签订《补充协议》之后，并未办理相应的抵押权变更登记手续。故《补充协议》仅能发生债法上的效果，肖犹彬因该补充协议而享有的抵押权因未登记而未生效。此外，肖犹彬虽称其当时出借第一笔款项时就曾要求黄炳生提供财产作为抵押担保，但其本案提交的相关《借款借据》中并无关于抵押担保的任何内容，肖犹彬本案亦未提供其他证据予以佐证。如肖犹彬与黄炳生当初有约定以借款人名下的房产为借款作抵押担保，但因双方并未及时办理抵押财产登记手续，故应对此承担相应的不利后果。

最后，肖犹彬二审提交的民事调解书是否可以作为其享有优先受偿权债权金额的依据。从本案查明事实来看，肖犹彬在申请参与分配之前，其与黄炳生、黄秋云之间的债权债务关系并未经人民法院审查确认，肖犹彬是作为抵押权人申请参与分配，并非是作为生效判决确认的债权人参与分配。肖犹彬对执行分配方案提出异议，周明森对肖犹彬的异议持反对意见，肖犹彬遂在法定期限内提起了本案诉讼，请求撤销执行分配方案，并请求判令肖犹彬作为第二顺序抵押权人对抵押财产在200万元本息范围内依法享有优先受偿权，故肖犹彬享有优先受偿权的债权金额问题是本案审理的争议焦点问题，应在本案执行分配方案异议之诉中审查处理。然而，在一审法院作出判决之后，判决结果对肖犹彬不利的情况下，肖犹彬向揭阳市中级人民法院提起诉讼，再次请求判令其在200万元范围内优先受偿，明显存有规避“一事不再理”原则的故意，且其与黄炳生、黄秋云以调解方式对肖犹彬在200万元范围内享有优先受偿权的确认有可能会侵害其他债权人的合法权益。因此，肖犹彬二审提交的民事调解书不能作为其享有优先受偿权债权金额的依据。

综合上述分析，肖犹彬与黄炳生于2014年12月26日签订《房地产借款抵押合同》之后，办理了房地产抵押登记手续，房地产他项权证上记载的债权金额为200万元，该200万元债权对应的是《房地产借款抵押合同》所约定的借款。肖犹彬取得的他项权证上记载的债权数额虽然为200万元，但这并不当然代表肖犹彬即在200万元的范围内对抵押物享有优先受偿权，而是首先要看他项权证上记载的债权金额200万元是否已支付完毕。从《房地产借款抵押合同》的履行情况来看，肖犹彬只在2014年12月29日转账支付了50万元，没有证据证明其已付清该合同所约定的全部借款。因此，肖犹彬仅有权在50万元借款范围内行使优先受偿权。肖犹彬主张其在200万元本息范围内对涉案抵押物享有优先受偿权，理由均不成立。

## 【案例注解】

1. 房地产他项权证记载的债权数额并不当然代表债权人即在该债权金额范围内对抵押物享有优先受偿权，而首先要审查债权人是否已付清他项权证上记载的债权金额。本案中，肖犹彬虽与黄炳生签订了《房地产借款抵押合同》，并办理了抵押登记手续，他项权证记载的债权数额也为200万元。但在《房地产借款抵押合同》签订之后，肖犹彬仅在2014年12月29日转账支付了50万元，并未付清上述合同所约定的全部借款。因此，肖犹彬仅有权在其已实际出借的50万元范围内行使优先受偿权。

2. 抵押权为担保物权的一种，以担保债权实现为目的，因而与其所担保的债权形成主从关系，抵押权所担保债权的数额既关系到抵押物上所负担的责任和债权人优先受偿的范围，也关系着第三人的利益，所以抵押权只能担保特定的债权。本案中，虽然肖犹彬与黄炳生之后签订的《补充协议》与《房地产借款抵押合同》约定的抵押物为同一抵押物，两份合同所担保的主债权也都是肖犹彬向黄炳生出借的款项，但因《补充协议》所约定的借款金额、借款利率、履行期限、交付方式、交付时间及抵押担保范围等均与《房地产借款抵押合同》的约定内容不同，该《补充协议》对《房地产借款抵押合同》所担保的主债权已构成重大变更。肖犹彬与黄炳生既以签订《补充协议》的形式变更了抵押物所担保的主债权的内容，其应当对变更后的抵押权履行相应的登记手续。但肖犹彬与黄炳生并未办理抵押权变更登记手续。因此，《补充协议》仅能发生债法上的效果，肖犹彬因该《补充协议》而享有的抵押权因未登记而未生效。

3. 当事人以调解方式确认优先受偿权可能会侵害其他债权人的合法权益。债权人在债务人不履行到期债务或者发生当事人约定的实现抵押权的情形，债权人有权就抵押物优先受偿。优先受偿权是在债务人不足以清偿全部债务时，债权人权利能够得到保护的最好方式。如果当事人以调解方式确认优先受偿权的债权金额，可能会出现双方当事人恶意串通侵害其他债权人合法权利。本案中，肖犹彬以抵押权人的身份申请参与执行分配，因对执行分配方案有异议而提起本案诉讼，请求撤销执行分配方案，并主张其应作为第二顺序抵押权人对抵押物在200万元范围内享有优先受偿权。因此，肖犹彬享有优先受偿权的债权金额问题是本案审理的争议焦点问题，应在本案执行分配方案异议之诉中审查处理。然在一审判决作出后，判决结果对肖犹彬不利的情况下，肖犹彬以黄炳生、黄秋云为被告向广东省揭阳市中级人民法院另行提起民间借贷诉讼，再次请求判令其在200万元范围内优先受偿，故意规避“一事不再理”原则。且双方以调解方式确认的肖犹彬享有优先受偿权的债权金额与本案查明认定的不一致。因此，肖犹彬与黄炳生、黄秋云另案调解确认优先受偿权侵害了其他债权人的合法权益，肖犹彬二审提交的民事调解书不能作为其享有优先受偿权债权金额的依据。

（**一审法院合议庭成员** 吴 杰 崔少俊 徐媛媛
**二审法院合议庭成员** 郑伟民 王文娟 曹阳春
**编写人** 广东省珠海市中级人民法院 王文娟
**责任编辑** 杨 奕
**审稿人** 曹守晔）

# 上海浦东新区长江鼎立小额贷款有限公司诉中国民生银行股份有限公司上海分行、洪流等执行分配方案异议之诉案

——抵押财产变价款分配之优先范围

关键词：执行分配方案异议之诉　抵押登记　加倍部分债务利息　优先受偿范围

## 【裁判要旨】

抵押权的担保范围以当事人的约定为准，应及于主债权及其利息、违约金、损害赔偿金、保管担保财产和实现担保物权的费用，但迟延履行法院生效法律文书产生的加倍债务利息不在优先受偿范围之列。

## 【相关法条】

**《中华人民共和国物权法》第一百七十三条**　担保物权的担保范围包括主债权及其利息、违约金、损害赔偿金、保管担保财产和实现担保物权的费用。当事人另有约定的，按照约定。

**《最高人民法院关于适用〈中华人民共和国民事诉讼法〉的解释》第五百一十二条**　债权人或者被执行人对分配方案提出书面异议的，执行法院应当通知未提出异议的债权人、被执行人。

未提出异议的债权人、被执行人自收到通知之日起十五日内未提出反对意见的，执行法院依异议人的意见对分配方案审查修正后进行分配；提出反对意见的，应当通知异议人。异议人可以自收到通知之日起十五日内，以提出反对意见的债权人、被执行人为被告，向执行法院提起诉讼；异议人逾期未提起诉

讼的，执行法院按照原分配方案进行分配。

诉讼期间进行分配的，执行法院应当提存与争议债权数额相应的款项。

**《最高人民法院关于执行程序中计算迟延履行期间的债务利息适用法律若干问题的解释》第一条第一款** 根据民事诉讼法第二百五十三条规定加倍计算之后的迟延履行期间的债务利息，包括迟延履行期间的一般债务利息和加倍部分债务利息。

**第三条** 加倍部分债务利息计算至被执行人履行完毕之日；被执行人分次履行的，相应部分的加倍部分债务利息计算至每次履行完毕之日。

人民法院划拨、提取被执行人的存款、收入、股息、红利等财产的，相应部分的加倍部分债务利息计算至划拨、提取之日；人民法院对被执行人财产拍卖、变卖或者以物抵债的，计算至成交裁定或者抵债裁定生效之日；人民法院对被执行人财产通过其他方式变价的，计算至财产变价完成之日。

非因被执行人的申请，对生效法律文书审查而中止或者暂缓执行的期间及再审中止执行的期间，不计算加倍部分债务利息。

**第七条** 本解释施行时尚未执行完毕部分的金钱债务，本解释施行前的迟延履行期间债务利息按照之前的规定计算；施行后的迟延履行期间债务利息按照本解释计算。

本解释发布前本院发布的司法解释与本解释不一致的，以本解释为准。

## 【案件索引】

一审：上海市浦东新区人民法院（2016）沪0115民初83390号（2017年9月29日）

二审：上海市第一中级人民法院（2018）沪01民终344号（2018年3月30日）

## 【基本案情】

原告上海浦东新区长江鼎立小额贷款有限公司（以下简称长江鼎立公司）诉称：长江鼎立公司依据生效判决向法院申请执行被告洪流的财产，被执行的上海市黄浦区黄陂南路506弄6号301室房屋已经办理抵押登记，抵押登记信息显示，被告民生银行为第一顺位的抵押权人，债权金额为人民币2500万元；被告徐汇大众公司为第二、第三顺位的抵押权人，债权金额分别为1100万元、

900 万元；原告系第四、第五顺位的抵押权人，最高债权限额分别为 500 万元、500 万元。涉案房屋拍卖后，拟对拍卖所得款项进行分配。根据分配方案，被告民生银行作为第一顺位的抵押权人，将对其主债权及利息、违约金、损害赔偿金和实现抵押权的费用予以优先受偿，该金额远远超过其在房地产登记机构登记的债权金额 2500 万元。原告即提出书面异议，认为被告民生银行仅应当以其在登记机构登记的债权金额为限享有优先受偿的权利，对超出登记部分的债权金额无权优先受偿。因各方当事人无法就财产分配方案达成一致处理意见，故原告起诉，请求对案件执行款进行重新分配，被告民生银行仅以其办理抵押登记的 2500 万元债权金额为限在执行款中予以优先受偿，无权对超出部分的债权金额优先受偿。

被告中国民生银行股份有限公司上海分行（以下简称民生银行）辩称：不同意原告的诉讼请求。被告民生银行提出的债权申报方案是依据被告民生银行与被告洪流之间的民事调解书及法律规定作出的。

被告洪流辩称：同意原告的诉讼请求。

被告上海徐汇大众小额贷款股份有限公司（以下简称徐汇大众公司）辩称：对浦东法院执行局出具的执行分配方案没有异议，同意依此方案进行分配。

法院经审理查明：2012 年 11 月，浦东法院受理长江鼎立公司诉洪流等金融借款合同纠纷两案，判决如债务人未履行还款义务的，长江鼎立公司有权与债务人协商，以上海市黄浦区黄陂南路 506 弄 6 号 301 室的房产作为抵押物折价，或者申请以拍卖、变卖该抵押物所得价款优先受偿。

2014 年 1 月，浦东法院作出民事调解书确认：洪流应归还民生银行借款本金 22312359. 32 元，并支付截至 2013 年 10 月 31 日的利息 1487706. 90 元、逾期利息 20819. 46 元以及自 2013 年 11 月 1 日起至实际清偿日止的利息及逾期利息（按中国人民银行相关规定及本案合同约定计算，以民生银行提供的对账单为准）；律师费 10 万元；民生银行就上海市黄浦区黄陂南路 506 弄 6 号 301 室房产拍卖、变卖等处置所得的价款享有优先受偿权。

执行过程中，抵押房屋由浦东法院拍卖。2016 年 7 月 20 日，浦东法院作出执行裁定书，裁定："上海市黄浦区黄陂南路 506 弄 6 号 301 室的所有权归买受人所有。上述房地产所有权自本裁定送达买受人时起转移。……本裁定书送达后立即生效。"

2016 年 8 月 25 日，被告民生银行向浦东法院申请执行中对优先债权进行申报：截至 2016 年 8 月 31 日借款本金 22312359. 32 元、利息 4739225. 08 元、逾期利息 2820737. 21 元、迟延履行期间的加倍债务利息 3451721. 99 元（自

2014年1月15日计至2016年6月17日)、律师费10万元、案件受理费80702元,合计33504745.60元(如2016年8月31日前申请执行人未能领取到执行款的,则利息、逾期利息继续计算)。

2016年10月14日,本院作出执行款分配方案:对优先受偿的第一抵押权人,优先受偿部分包括本金(即借款总金额扣除还款部分);利息部分按照合同第四条、第五条,时间计算至拍卖成交日即2016年6月17日;逾期利息部分按合同第六条,在贷款利率基础上加收40%,时间计算至拍卖成交日;迟延履行期间的债务利息,按本金从判决生效之日算至拍卖成交日,另外包括律师费及诉讼费;对徐汇大众公司及长江鼎立公司也按上述标准进行计算。原告不同意此分配方案并提出执行异议。被告民生银行不同意原告的异议。原告遂起诉来院。

## 【裁判结果】

上海市浦东新区人民法院于2017年9月29日作出(2016)沪0115民初83390号民事判决:撤销本院于2016年10月14日作出的(2013)浦执字第13512号执行款分配方案。

宣判后,长江鼎立公司、民生银行不服判决,提出上诉。上海市第一中级人民法院于2018年3月30日作出(2018)沪01民终344号民事判决:驳回上诉,维持原判。

## 【裁判理由】

法院生效判决认为:(1)《物权法》第一百七十三条规定,担保物权的担保范围包括主债权及其利息、违约金、损害赔偿金、保管担保财产和实现担保物的费用。当事人另有约定的,按照约定。被告民生银行与被告洪流的《个人购房抵押借款合同》第33条约定的担保范围包括本合同约定的借款本金、利息、罚息、复利、违约金、损害赔偿金、实现债权和担保权利的费用(包括但不限于处分抵押财产的费用、律师费、差旅费等)和其他相关合理费用。合同签订后,被告民生银行亦进行抵押登记,系第一顺位抵押权人,均真实合法。本院作出的民事调解书基于法律和当事人的合同约定,确认被告洪流应支付被告民生银行本金、利息、逾期利息;不履行前述付款义务,被告民生银行有权以抵押物优先受偿。现该民事调解书已生效,且《个人购房抵押借款合同》明确了被告民生银行抵押担保优先受偿范围为本合同约定的借款本金、利息、罚息、复利等和其他相关合理费用，故执行程序中应依此对拍卖抵押物所得款项进行优先分配。对于抵押登记“债权数额25000000元”的认定，结合本案证据，该数额应为债权本金的记载，并不能就此否定当事人之间有关担保范围的约定。由于抵押权设立之时，除本金数额可以明确外，利息、逾期利息等是否会实际发生以及发生的实际金额均尚不可知，故应当根据双方当事人在合同中明确约定的抵押担保债权范围确定优先受偿的范围。因此，原告认为优先受偿范围以抵押登记债权金额为限的主张，无事实和法律依据。（2）就迟延履行期间的加倍债务利息争议。第一，迟延履行期间的加倍债务利息是法定的，其产生的基础是债务人不履行生效法律文书确定的金钱给付义务。作为法院主动实施的一种执行措施，具有惩戒和赔偿的性质，其目的在于督促被执行人及时履行义务，而不是弥补优先受偿权人的损失。故迟延履行期间的加倍债务利息不应当在抵押担保债权所确定的优先受偿的范围内。第二，根据2014年8月1日起施行的《最高人民法院关于执行程序中计算迟延履行期间的债务利息适用法律若干问题的解释》的规定，迟延履行期间的债务利息包括迟延履行期间的一般债务利息和加倍部分债务利息。迟延履行期间的一般债务利息，根据生效法律文书确定的方法计算。人民法院对被执行人财产拍卖、变卖或者以物抵债的，加倍部分债务利息计算至成交裁定或者抵债裁定生效之日。本解释施行前的迟延履行期间债务利息按照之前的规定计算，施行后的迟延履行期间债务利息按照本解释计算。故就本案中涉及的迟延履行期间的债务利息，其中2014年1月16日起至2014年7月31日，应按《民事诉讼法》关于迟延履行期间的债务利息的规定计算；2014年8月1日之后的一般债务利息，根据生效民事调解书计算，2014年8月1日起至成交裁定生效日止的加倍部分债务利息应按《最高人民法院关于执行程序中计算迟延履行期间的债务利息适用法律若干问题的解释》的规定计算。

## 【案例注解】

金钱之债案件中，如存在前后顺位物权人，后顺位物权人在发现被执行人的财产不能清偿债权的，则可在执行程序开始后向法院申请参与分配。[①] 参与

① 《最高人民法院关于适用〈中华人民共和国民事诉讼法〉的解释》第五百零八条第一款规定，被执行人为公民或者其他组织，在执行程序开始后，被执行人的其他已经取得执行依据的债权人发现被执行的财产不能清偿所有债权的，可以向人民法院申请参与分配。

分配作为一种特别执行程序，对后顺位物权人的权利提供了保障，执行法院在制作财产折价款分配方案时，应考虑相关债权是否具有法定优先受偿的担保物权确定清偿顺位、普通债权比例、数额等。本案的争议焦点为：（1）一般抵押与最高额抵押优先受偿之争议；（2）迟延履行期间的加倍部分债务利息是否属于优先受偿的范围。对此，笔者分析如下。

## 一、一般抵押与最高额抵押优先受偿范围的争议

当事人在抵押合同中一般就担保范围作出约定，包括如“合同项下贷款本金及其利息、罚息、逾期利息、复利、违约金、赔偿金、补偿金以及实现债权和担保权而发生的费用和所有其他应付的费用”等。而在不动产登记时，根据我国登记实践所使用的国土资源部发布的《不动产登记簿样式（试行）》，其中“抵押登记信息”中仅涉及了“被担保主债权数额”，没有其他担保范围的登记栏目。[①] 在最高额抵押中，因登记的金额即是最高限额，故对担保范围无争议。但在一般抵押中，主债权金额进行了登记，故就登记的主债权优先受偿并无争议，但就未登记的利息、逾期利息、违约金等是否属于优先受偿范围，目前裁判中确有分歧，并产生以下两种观点：

第一种观点认为，登记金额仅是主债权金额，应以当事人在抵押合同约定的担保范围为准。支持该观点的理由认为：“一般抵押权设定登记的，权利证书上记载的‘债权数额’仅是设定抵押时担保的主债权本金数额，与抵押担保范围是两个不同的条款。债权人主张按抵押合同约定的担保范围内的全部债务行使优先受偿权的，法院应当予以支持。”[②] “《最高人民法院关于适用〈中华人民共和国担保法〉若干问题的解释》（以下简称《担保法解释》）第六十一条的规定，在设立抵押及办理登记时，主债权及附随债权尚未能确定，但当事人对抵押物的抵押担保范围有预期和认知，并在主债权合同中已作约定，所以登记机关登记记载的是被担保的主债权数额，而非抵押担保范围，且这与合同约定的内容也并非不一致。”[③]

第二种观点认为，未登记担保范围情形下不动产抵押权优先受偿范围以登记为准。持该观点的理由认为，不动产抵押登记具有公示公信力，即使利息、

---

① 高圣平、罗帅：《不动产抵押权优先受偿范围研究——基于裁判分歧的分析和展开》，载《法律科学》（西北政法大学学报）2017 年第 6 期。

② 《一般抵押登记记载的“债权数额”并非担保的最高限额——郑某与甲银行金融借款合同纠纷案》（2014 年度上海法院金融商事审判十大典型案例之 4）。

③ 广西壮族自治区高级人民法院（2015）桂民四终字第 61 号民事判决。

逾期利息、罚息等金额无法确定，但可在“备注”栏中以文字形式进行描述的方式进予以公示，否则后顺位抵押权人的利益无法获得保障。① 本案原告亦以此观点提起执行异议之诉，认为应以不动产登记的债权数额为限优先受偿。

笔者同意第一种观点。第一，《物权法》第一百八十五条第二款规定：“抵押合同一般包括下列条款：（一）被担保债权的种类和数额；（二）债务人履行债务的期限；（三）抵押财产的名称、数量、质量、状况、所在地、所有权归属或者使用权归属；（四）担保的范围。”该条款中明确“被担保的数额”“担保的范围”，均是抵押合同中可约定的条款。通常，当事人在订立抵押合同时，就不动产抵押担保的范围在合同中作出了约定。另，《物权法》第一百七十三条规定：“担保物权的担保范围包括主债权及其利息、违约金、损害赔偿金、保管担保财产和实现担保物权的费用。当事人另有约定的，按照约定。”法定的担保范围已明确抵押权的效力及于利息、违约金等，但《物权法》《担保法》及相关解释中均未对利息、违约金等在权利证书上予以登记作为抵押权效力所及的必要条件，法律也未将利息等登记作为当事人必须履行的义务。第二，最高额抵押中，权利证书在附记中明确债权数额为“最高限额”，抵押权人仅能以记载的最高债权限额为限行使抵押权，抵押财产变价款超出登记限额部分的，抵押权人不得主张优先受偿。一般抵押中，记载的内容为“债权数额”“债务履行期限”，附记中并无“最高限额”的记载。从两种抵押方式的文义记载来看，不难理解权利证书上如无载明“最高限额”即是一般抵押的意思表示，而一般抵押的范围除本金外，法定的担保范围亦及于利息、违约金、损害赔偿金等。《担保法解释》第七十四条规定：“抵押物折价或者拍卖、变卖所得的价款，当事人没有约定的，按下列顺序清偿：（一）实现抵押权的费用；（二）主债权的利息；（三）主债权。”作为后顺位抵押权人，无论前顺位抵押权人与抵押人之间的抵押合同是否明确就抵押担保的范围作出包含利息、违约金、损害赔偿金等的约定，根据《物权法》及《担保法解释》的规定，优先受偿范围均及于利息、违约金、损害赔偿金等。法律、司法解释对抵押担保范围、抵充顺序有明确规定，且在金融借款合同中，利息存在系必然，笔者认为应当推定后顺位抵押权人在办理抵押时对于前顺位抵押债权之范围是明知且有预判的，后顺位抵押权人在办理抵押时更应当谨慎选择

---

① 朱志红、沈洁：《未登记担保范围情形下不动产抵押权优先受偿范围以登记为准》，载《人民司法·案例》2017年第2期。

与抵押人是否发生法律关系以及发生何种法律关系。[①] 第三，就本案而言，是执行分配方案异议之诉。执行法院的执行依据是生效的判决书、调解书，抵押权人可优先受偿本金、利息、逾期利息等，是按照生效裁判文书确定的优先受偿范围来执行。实践中，裁判文书主文的通常表述为："一、债务人应归还的本金；二、债务人应支付的利息、逾期利息；三、若债务人届期未履行上述第一、二项付款义务，抵押权人可与抵押人协商，以抵押的不动产拍卖、变卖所得价款优先受偿，超过部分归抵押人所有，不足部分由债务人继续清偿。"裁判文书主文对于抵押人应承担的抵押责任表述清晰明确，因此在执行过程中，无必要再审查抵押权人在权利证明上记载的债权数额，应依据生效裁判文书中的内容作出执行分配方案。综上，笔者认为，应当根据法律规定，尊重当事人的意思自治，还原权利的真实状态，优先受偿的范围应以抵押合同中约定的抵押担保的范围确定。

## 二、迟延履行期间的加倍部分债务利息的优先争议

《民事诉讼法》第二百五十三条规定，被执行人迟延履行的，应当支付迟延履行利息。《最高人民法院关于人民法院执行工作若干问题的规定（试行）》第24条规定，法院在执行前的准备过程中应向被执行人发出执行通知书，责令被执行人承担迟延履行利息或者迟延履行金。说明迟延履行期间产生的利息并不以当事人申请为前提，而是法院执行的措施之一。

2014年8月1日施行的《最高人民法院关于执行程序中计算迟延履行期间的债务利息适用法律若干问题的解释》（以下简称《解释》），对迟延履行期间的债务利息的内容作出了明确规定，即包括迟延履行期间的一般债务利息和加倍部分债务利息，并对两种类型利息的计算作出明确规定。[②] 一般债务利息是生效裁判文书中确定的利息，系法律规定的担保范围中的优先部分，并无争议。但就加倍部分债务利息是否应当纳入优先受偿的范围确有不同看法，亦各有主张。支持优先受偿的理由在于，我国法律规定抵押担保的范围包括主债权

---

① 徐国泉、高甜：《抵押权优先受偿范围的实证分析——基于对全市法院97份法律文书的样本分析》，载《强制执行的理论与制度创新"——"中国执行论坛"优秀论文集》（2017年2月）。

② 《最高人民法院关于执行程序中计算迟延履行期间的债务利息适用法律若干问题的解释》第一条规定：根据民事诉讼法第二百五十三条规定加倍计算之后的迟延履行期间的债务利息，包括迟延履行期间的一般债务利息和加倍部分债务利息。迟延履行期间的一般债务利息，根据生效法律文书确定的方法计算；生效法律文书未确定给付该利息的，不予计算。加倍部分债务利息的计算方法为：加倍部分债务利息 = 债务人尚未清偿的生效法律文书确定的除一般债务利息之外的金钱债务 × 日万分之一点七五 × 迟延履行期间。

及利息、违约金等费用，这里的利息并未排除迟延履行期间的加倍债务利息，加倍债务利息是法定的，是对债权的损失弥补，故应当受到优先受偿权的保护。[①] 虽然上述解释有其道理，但笔者有不同观点。

第一，迟延履行期间的加倍债务利息是法定的，其产生的基础是债务人不履行生效法律文书确定的金钱给付义务。迟延履行期间的加倍债务利息是一种无需当事人申请的利息计算，作为法院主动实施的一种执行措施，具有惩戒和赔偿的性质，其目的在于督促被执行人及时履行义务，而不是弥补优先受偿权人的损失。第二，我国法律确立的债的抵充顺序，已侧重于保护债权人的利益，在价值上有所偏移。优先受偿范围适用的是以约定为前提、法定为补充的原则，加倍债务利息并未存在于法定担保范围内，若在抵押合同中未明确约定其可优先受偿，则无理由在执行中予以优先。第三，本《解释》第四条规定了先本后息的清偿顺序，即不足以偿付全部债务的，先清偿生效法律文书确定的金钱债务，再清偿加倍部分的债务利息。该条款的设计主要适用于债务的分次履行，但参与分配案件执行过程中，因存在前后顺位债权人，参照该条款执行更能体现公平原则。综上，迟延履行期间的加倍债务利息不应当在抵押担保债权所确定的优先受偿的范围内。

## 三、争议解决的思考

围绕本案争议，其焦点最终落在优先受偿范围的价值判断上。分歧的产生，一方面，是不同利益方为维护己方利益作出有利于自身的价值判断；另一方面亦归因于法律法规的滞后、登记实践的不完善等原因。就现存争议的解决，笔者提出两点思考：

第一，将合同约定的抵押范围在权利证书的附记中予以登记。登记仍然是目前最主要的公示机制。不动产登记公示的本意，即是为了将前顺位抵押权人的信息以最直接、清晰的方式向第三人明示，担保范围虽在抵押合同中有约定，但这种约定如未体现在登记公示中，亦不符合不动产登记的精确性原则，从而使得权利证书丧失其公信力。然而，登记完善的过程并不是一蹴而就的，就现阶段的案件审理中，亦应结合时代的背景和案件的实际情况，如合同订立当时的政策规定、权利证书形式内容上的可操作性、当事人之间就抵押财产的真实意思内容，综合确定优先受偿的范围，使各方利益获得平衡。

---

① 江必新、刘贵祥：《最高人民法院关于执行程序中计算迟延履行期间的债务利息适用法律若干问题的解释理解与适用》，人民法院出版社2014年版，第127页。

第二，做好加倍部分债务利息的释法和统一。《最高人民法院关于在民事判决书中增加向当事人告知民事诉讼法第二百二十九条规定内容的通知》已明确在具有金钱给付内容的民事判决书中增加向当事人告知《民事诉讼法》第二百二十九条（《民事诉讼法》修改后为第二百五十三条）规定的内容。[①] 该条款虽起到了释明的作用，但执行过程中遇到的问题复杂多样，解决的方案可能互相排斥、矛盾。迟延履行期间利息的内容设计较为复杂，计算方式根据不同情形亦有不同。导致执行法院在作出执行分配方案时，未能就相关费用是否可列入优先受偿范围加以区分。笔者认为，加倍部分债务利息的制度设置，是通过对被执行人迟延履行的行为施以经济制裁，提高了法院强制执行的威慑力。[②] 但应当注意的是，在其发挥惩罚性效能的基础上，应确立统一的计算标准，适法统一、正当，兼顾各方利益，彰显法律的公平正义。

从当前执行改革措施所暴露出来的问题可以看出，虽然有《民事诉讼法》的修补和最高人民法院的司法解释查漏补缺，但终归缺乏系统的顶层设计，这就需要我们加大研究的力度，借鉴其他国家和地区的先进经验，并结合我国的国情，制定出切实可行的法律，以规范当前大力推进的执行改革，并在全社会形成守法、诚信风气，推进从源头上解决执行难的问题。

（**一审法院审判庭成员** 陆剑平 华文东 黄玉娟
**二审法院审判庭成员** 阮国平 吉顺祥 宋 赟
**编写人** 上海市浦东新区人民法院 丁娴静
**责任编辑** 杨 奕
**审稿人** 曹守晔）

---

① 《最高人民法院关于在民事判决书中增加向当事人告知民事诉讼法第二百二十九条规定内容的通知》规定："根据《中共中央关于构建社会主义和谐社会若干重大问题的决定》有关'落实当事人权利义务告知制度'的要求，为使胜诉的当事人及时获得诉讼成果，促使败诉的当事人及时履行义务，经研究决定，在具有金钱给付内容的民事判决书中增加向当事人告知民事诉讼法第二百二十九条规定的内容。现将在民事判决书中具体表述方式通知如下：一、一审判决中具有金钱给付义务的，应当在所有判项之后另起一行写明：如果未按本判决指定的期间履行给付金钱义务，应当依照《中华人民共和国民事诉讼法》第二百二十九条之规定，加倍支付迟延履行期间的债务利息。"

② 胡志超：《加倍支付迟延履行期间债务利息——从制度性质看制度完善》，载《强制执行的理论与制度创新——"中国执行论坛"优秀论文集》（2017 年 2 月）。

# 周鹭诉魏贵清、黄圣群执行分配方案异议之诉案

## ——多个当事人提出分配方案异议之诉的处理

关键词：执行分配方案异议之诉　多个当事人　冲突　法律漏洞　类推适用

## 【裁判要旨】

两个或两个以上当事人对分配方案提出书面异议但异议内容存在冲突的，执行法院应当首先通知未提出异议的当事人。未提出异议的当事人自收到通知之日起15日内未提出反对意见的，执行法院不再依原分配方案进行分配；提出反对意见的，应当通知异议人，其他异议人提出的内容与其异议相冲突的异议应当一并通知。异议人可以自收到通知之日起15日内，以提出反对意见及与其异议相冲突异议的当事人为被告，向执行法院提起诉讼；异议人逾期未提起诉讼的，视为放弃依其意见进行分配的权利。

## 【相关法条】

**《最高人民法院关于适用〈中华人民共和国民事诉讼法〉的解释》第五百一十一条**　多个债权人对执行财产申请参与分配的，执行法院应当制作财产分配方案，并送达各债权人和被执行人。债权人或者被执行人对分配方案有异议的，应当自收到分配方案之日起十五日内向执行法院提出书面异议。

**第五百一十二条**　债权人或者被执行人对分配方案提出书面异议的，执行法院应当通知未提出异议的债权人、被执行人。

未提出异议的债权人、被执行人自收到通知之日起十五日内未提出反对意

见的，执行法院依异议人的意见对分配方案审查修正后进行分配；提出反对意见的，应当通知异议人。异议人可以自收到通知之日起十五日内，以提出反对意见的债权人、被执行人为被告，向执行法院提起诉讼；异议人逾期未提起诉讼的，执行法院按照原分配方案进行分配。

诉讼期间进行分配的，执行法院应当提存与争议债权数额相应的款项。

## 【案件索引】

一审：福建省宁德市蕉城区人民法院（2018）闽 0902 民初 2780 号（2018 年 6 月 11 日）

二审：福建省宁德市中级人民法院（2018）闽 09 民终 1277 号（2018 年 9 月 10 日）

## 【基本案情】

原告周鹭诉称：2017 年 10 月 18 日，福建省宁德市蕉城区人民法院（以下简称蕉城法院、执行法院或一审法院）对其所有的坐落于上海市松江区广富林路 1188 弄 172 号 1704 室房产进行拍卖，后制定（2015）蕉执字第 455 号执行财产分配方案。其对分配方案不服，理由如下：首先，魏贵清、黄圣群债权本金 4785000 元，利息 4353916.89 元，合计 9138916.89 元，其中利息部分 4353916.89 元不应计算在执行范围之内；其次，分配给其的安置费用过低，不符合法律规定，也不符合其家庭生活的实际情况；再次，在拍卖房屋所得款项中，应提存与债权人袁娜债权数额相当的部分；最后，魏贵清支付的开锁、换锁费 350 元属于违法行为所产生的费用，不应从其房产拍卖款中扣除。据此，请求判令：（1）撤销蕉城法院（2015）蕉执字第 455 号执行财产分配方案中延迟履行利息部分的数额 4353916.89 元；（2）分配周鹭及其抚养的女儿周琳娜的安置费再增加 30 万元；（3）提存拍卖所得房款中的 100 万元；（4）魏贵清、黄圣群承担开锁、换锁费 350 元。诉讼过程中，周鹭放弃上述第（3）项诉讼请求。

被告魏贵清、黄圣群辩称：周鹭的诉求没有法律依据，请求予以驳回。

法院经审理查明：蕉城法院在执行申请执行人魏贵清、黄圣群，申请执行人杨振香与被执行人林婉生、周鹭民间借贷纠纷两个案件中，于 2018 年 1 月 17 日作出（2015）蕉执字第 455 号执行财产分配方案，主要内容如下：蕉城法院于2017年10月18日通过淘宝网司法拍卖网络平台将被执行人周鹭名下坐落于上海市松江区广富林路1188弄172号1704单元房产拍卖，成交价为395万元，扣除该房产在中国银行股份有限公司上海市松江支行抵押贷款502600.75元，评估费9800元，公告费304.3元，开锁换锁费350元，执行费36769.45元，被执行人周鹭的安置费18万元，本次实际可分配执行标的款为3220175.5元。被执行人周鹭名下的上述房产，法院已根据债权人魏贵清、黄圣群的财产保全申请依法予以首次查封，该二人对上述房产被拍卖的执行标的款可提高平均分配比例的30%，债权本金4785000元，利息4353916.89元，合计9138916.89元；债权人杨振香债权本金30万元，利息25844元，合计325844元。据此，债权人魏贵清、黄圣群、杨振香受偿如下：（1）债权人魏贵清、黄圣群受偿被执行人周鹭名下坐落于上海市松江区广富林路1188弄172号1704单元房产被拍卖后的执行标的款3144651.1元（内含魏贵清垫付的评估费9800元，公告费304.3元，开锁换锁费350元）；（2）债权人杨振香受偿被执行人周鹭名下坐落于上海市松江区广富林路1188弄172号1704单元房产被拍卖后的执行标的款85978.7元。

杨振香收到分配方案后，未向蕉城法院提出书面异议。2018年1月24日，魏贵清、黄圣群收到分配方案。2018年2月2日，魏贵清、黄圣群提出书面异议，主要意见如下：（1）为周鹭预留安置费18万元没有依据；（2）未将应加倍支付的迟延履行期间的债务利息计算在其债权本息内；（3）杨振香不能参与本案分配。2018年2月11日，周鹭收到分配方案以及魏贵清、黄圣群提出异议的通知。2018年2月26日，周鹭、林婉生提出书面异议，主要意见如下：（1）按照上海市松江区当地房屋租赁市场平均租金标准，从拍卖房屋的变价款中扣除8年租金，约48万元，安置周鹭及其所抚养的女儿周琳娜；（2）魏贵清垫付的开锁换锁费不能从房产拍卖款中扣除。2018年3月8日，魏贵清、黄圣群收到周鹭、林婉生提出异议的通知。2018年3月12日，魏贵清、黄圣群对周鹭、林婉生的异议提出反对意见。2018年3月16日，周鹭、林婉生收到魏贵清、黄圣群对其异议提出反对意见的通知。2018年3月20日，周鹭对魏贵清、黄圣群的异议提出反对意见。同日，魏贵清、黄圣群收到周鹭对其异议提出反对意见的通知。对于魏贵清、黄圣群、周鹭、林婉生的异议，杨振香均未提出反对意见。

2018年3月22日，魏贵清、黄圣群以周鹭为被告，向蕉城法院提起诉讼。2018年3月26日，周鹭以魏贵清、黄圣群为被告，向蕉城法院提起诉讼。2018年4月24日，蕉城法院就原告魏贵清、黄圣群与被告周鹭、第三人杨振香执行分配方案异议之诉一案作出（2018）闽0902民初2293号民事裁定，以“在收到魏贵清、黄圣群书面异议后的十五日内，杨振香、周鹭并未针对魏贵清、黄圣群的书面异议提出书面反对意见”“法院对此应当依魏贵清、黄圣群等异议人的意见对执行财产分配方案审查修正后进行分配”为由，驳回魏贵清、黄圣群的起诉。该裁定于2018年5月9日发生法律效力。

为帮助了解案情，列表梳理如下：

| 期日 \ 异议人 | 周鹭 | 魏贵清　黄圣群 |
|---|---|---|
| 分配方案送达 | 2018. 2. 11 | 2018. 1. 24 |
| 提出分配异议 | 2018. 2. 26 | 2018. 2. 2 |
| 收到对方提出异议的通知 | 2018. 2. 11 | 2018. 3. 8 |
| 对对方异议提出反对意见 | 2018. 3. 20 | 2018. 3. 12 |
| 收到对方反对意见的通知 | 2018. 3. 16 | 2018. 3. 20 |
| 提起分配异议之诉 | 2018. 3. 26 | 2018. 3. 22 |

## 【裁判结果】

福建省宁德市蕉城区人民法院于2018年6月11日作出（2018）闽0902民初2780号民事裁定：驳回周鹭的起诉。

宣判后，周鹭提出上诉。福建省宁德市中级人民法院于2018年9月10日作出（2018）闽09民终1277号民事裁定：驳回上诉，维持原裁定。

## 【裁判理由】

法院生效裁定认为：从查明的事实可知，魏贵清、黄圣群和周鹭双方在收到二审法院作出的（2015）蕉执字第455号《执行财产分配方案》后均提出异议，对该《执行财产分配方案》不服，并先后于2018年2月2日、2月26日向本院提出书面异议，但没有在法定期限内针对书面异议提出书面反对意见。在上述原告魏贵清、黄圣群与被告周鹭执行分配方案异议之诉一案中，二审法院已经告知法院对此应当依异议人的意见对（2015）蕉执字第455号执行财产分配方案审查修正后进行分配，而不应直接书面通知当事人提起执行分配方案异议之诉。且本案与该案构成重复起诉，故依法应当裁定驳回。综上，周鹭的起诉不符合受理条件，依法应予以驳回。

## 【案例注解】

### 一、背景：法解释下的规则缺位

在实现金钱债权的执行程序中，参与分配既是执行竞合的一种表现形式，又是执行竞合的一种解决办法。[①] 我国当前的参与分配制度及其救济措施系由两部司法解释所确立：2007 年《民事诉讼法》修改后，为了贯彻民事诉讼法保障当事人救济权利的精神，针对实践中多个债权人对同一被执行人申请执行或者对执行财产申请参与分配的情形，《最高人民法院关于适用〈中华人民共和国民事诉讼法〉执行程序若干问题的解释》（以下简称《执行解释》）创设了参与分配规则并首次规定了分配方案异议及分配方案异议之诉（以下简称分配异议及异议之诉）。[②]《最高人民法院关于适用〈中华人民共和国民事诉讼法〉的解释》（以下简称《民事诉讼法解释》）用两个条文（第五百一十一条、第五百一十二条）对分配异议及异议之诉进行了规定，条文内容来自于《执行解释》，唯独删除了多个债权人"对同一被执行人申请执行"这一条件项，限缩了执行法院应当制作财产分配方案的情形。根据条文内容，参与分配法律关系中的当事人提出（起）分配异议及异议之诉的处理程序如下：（1）对分配方案有异议的，15 日内向执行法院提出书面异议；（2）对分配方案提出书面异议的，执行法院应当通知未提出异议的当事人；（3）未提出异议的当事人 15 日内未提出反对意见的，执行法院依异议人的意见对分配方

---

① 参见谭秋桂：《民事执行法学》，北京大学出版社 2010 年版，第 252 页。转引自江必新、贺荣主编：《强制执行法的起草与论证（三）》，中国法制出版社 2014 年版，第 363 页。

② 《执行解释》第二十五条规定："多个债权人对同一被执行人申请执行或者对执行财产申请参与分配的，执行法院应当制作财产分配方案，并送达各债权人和被执行人。债权人或者被执行人对分配方案有异议的，应当自收到分配方案之日起十五日内向执行法院提出书面异议。"第二十六条规定："债权人或者被执行人对分配方案提出书面异议的，执行法院应当通知未提出异议的债权人或被执行人。未提出异议的债权人、被执行人收到通知之日起十五日内未提出反对意见的，执行法院依异议人的意见对分配方案审查修正后进行分配；提出反对意见的，应当通知异议人。异议人可以自收到通知之日起十五日内，以提出反对意见的债权人、被执行人为被告，向执行法院提起诉讼；异议人逾期未提起诉讼的，执行法院依原分配方案进行分配。诉讼期间进行分配的，执行法院应当将与争议债权数额相应的款项予以提存。"

案审查修正后进行分配；（4）未提出异议的当事人15日内提出反对意见的，执行法院应当通知异议人；（5）异议人可以在15日内向执行法院提起诉讼；（6）异议人逾期未提起诉讼的，执行法院按照原分配方案进行分配。依条文语词的通常意义解释，分配异议及异议之诉显然以解决异议人与未提出异议人之间的争议为主旨。

无论是多个债权人对同一被执行人申请执行，还是多个债权人对执行财产申请参与分配，参与分配法律关系中至少存在三个当事人：两个债权人和一个被执行人。三个当事人的最简案型中，按异议人数论，有无人、一人、两人、三人四种情况；按异议内容是否相互冲突论，有共存、竞存之分。整合两种分类标准，参与分配法律关系至少可以囊括以下七种争议类型：

类型1：无人提出异议（三人之间无争议）；

类型2：一人提出异议（异议人与未提出异议人之间的争议）；

类型3：两人提出异议且异议内容互不冲突（异议人与未提出异议人之间的争议）；

类型4：两人提出异议且异议内容互相冲突（异议人与未提出异议人之间的争议和异议人之间的争议）；

类型5：三人提出异议且异议内容互不冲突（三人之间无争议）；

类型6：三人提出异议且两人异议内容冲突（异议人之间的争议且与另一人之间无争议）；

类型7：三人提出异议且异议内容互相冲突（异议人之间的争议）。

上列七种类型中，类型1之当事人认同分配方案，无救济之需，当按分配方案进行分配；类型5之当事人就分配达成一致，应依“当事人主义”按其意见进行分配；类型2、类型3系异议人与未提出异议人之间的争议，为现有规则所容纳，当按法定程序处理；类型4既有异议人与未提出异议人之间的争议，又有异议人之间的争议，前者当按法定程序处理，后者无法归摄于现有规则之下；类型6除其中一人意见得直接采纳外，尚含无法归摄于现有规则之下的异议人之间的争议；类型7是异议人之间的争议，无法归摄于现有规则之下。类型4、类型6、类型7的争议均无法通过适用现有规则得到解决，究其原因，在于该三种类型有两个共通之处：一是多数（两个或两个以上）当事人提出分配异议及异议之诉；二是异议内容彼此排斥冲突竞争。按照法律适用的“三段论”逻辑模式，“一个完全的法条构成大前提，将某具体的案件事实视为一个‘事例’，而将之归属法条构成要件之下的过程，则是小前提。结论则意指：对此案件事实应赋予该法条所规定的法效果"。① 由于现有的分配异议及异议之诉规则（即大前提）指向的是异议人与未提出异议人之间的争议，当待决争议具备以上两个条件时，现有规则所指向的争议外延不能覆盖待决事实所包含的争议类型，小前提无法经涵摄而取得，大前提所蕴含的法律效果自然无承接之载体。

## 二、两难：法适用中的自发越位

参与分配规则下分配异议及异议之诉的救济机制设立后，此类案件呈逐年增多之势。相应地，对于分配异议及异议之诉程序构造的检讨近年来不时见诸文章著述。然而，即便论及异议之诉的被告资格问题，论者一般也只注意到"以提出反对意见的债权人、被执行人为被告"的文字而忽略了"未提出异议"的先决条件，对该要件的"集体忽视"直接导致对前述规则缺位的"集体无意识"。

本文涉及魏贵清、黄圣群诉周鹭和周鹭诉魏贵清、黄圣群执行分配方案异议之诉纠纷两个案件，涉案参与分配法律关系中有三方当事人：债权人魏贵清、黄圣群为一方，债权人杨振香为一方，被执行人林婉生、周鹭为一方，魏贵清、黄圣群一方（该方下文仅以魏贵清一人指代）和周鹭先后对分配方案提出异议，两方异议在周鹭的安置费、魏贵清的受偿数额两项内容上形成竞存局面，故而其争议类型可套用前已言及的类型4，由两重三组下位争议组成：一重为异议人与未提出异议人之间的争议，即魏贵清与杨振香之间和周鹭与杨振香之间的两组争议，可依现有规则处理；一重为异议人之间的争议，发生在魏贵清与周鹭之间，不被现有规则涵盖。对此，执行法院（一审法院）的处理（审理）思路如下：（1）将分配异议的通知对象和异议之诉的被告扩张到异议人；（2）将对异议提出反对意见的形式限缩至针对异议人及其异议提出；（3）将不符合形式要求提出反对意见的法律效果归于驳回异议人对其他异议人提起的分配异议之诉并依该异议人的意见进行分配；（4）将驳回异议人对其他异议人提起的分配异议之诉作为阻却其他异议人对该异议人提起分配异议之诉的事由。如此一来，执行法院（一审法院）在现行分配异议及异议之诉规则的适用中出现了"自发越位"的情状，具体表现在三个层面：首先，突破了现有规则的调整范围，执行中将分配异议通知异议人姑且无碍，然诉讼中"依一个异议人的意见进行分配"的法效果之归结违反了"三段论"逻辑；其

① ［德］卡尔·拉伦茨：《法学方法论》，陈爱娥译，商务印书馆2003年版，第150页。

次，拘泥于条文用语的字面意思，在魏贵清诉周鹭一案中，周鹭提出的分配异议虽在内容上构成对魏贵清异议的反对，仍因未严格具备针对魏贵清及其异议的形式而被判定为超期提出反对意见；再次，背离了民事诉讼的平等原则，异议人均有提起分配异议之诉的权利，以电路图作比，其诉讼构造相当于并联电路，此诉不存，彼诉尚在，“重复起诉”行串联电路式思维，在诉权平等保护上厚此薄彼。综上可见，一审法院在适用现有规则过程中，大处越位而无意识，小处严守却不自知，可知归根结底未摆脱“集体无意识”之窠臼。

受制于魏贵清诉周鹭一案的裁判结果，二审法院一度在“延续越位”和“复归本位”两种处理方案之间徘徊不定：

所谓“延续越位”，即从自发越位到自觉越位的进阶过程，目的是终局性地解决争议。反映到本案中，既然已经将分配异议的通知对象和异议之诉的被告扩张到异议人，对异议提出反对意见的概念也应当重新定义。站在争议内容的角度，异议人与未提出异议人之间的争议，亦为异议与方案之间的对抗；异议人之间的争议，亦为异议与异议之间的对抗。因此，未提出异议人对异议提出反对意见，系出于对方案的认同；异议人对他人异议提出反对意见，系出于对自己异议的认同。鉴于异议人提出分配异议亦出于对自己异议的认同，异议人提出分配异议与异议人对他人异议提出反对意见在原因、内容、目的上有共通之处，故而在多个当事人提出分配异议的场合，只要异议内容存在冲突，就可视为异议人对内容与其异议冲突的异议提出反对意见。就魏贵清诉周鹭一案而言，周鹭按期提出异议并与魏贵清的异议在内容上存在冲突，无论以收到周鹭提出异议的通知还是以收到周鹭针对魏贵清异议提出的反对意见的通知为起算之日，魏贵清起诉均未超期，符合起诉条件，依法应予审理。周鹭诉魏贵清一案亦同此理。实务中，经当事人同意两案可以合并审理，也可按起诉先后以周鹭为反诉原告、魏贵清为反诉被告在一个案件中处理。然而，魏贵清对周鹭的起诉被驳回，如继续审理周鹭诉魏贵清一案，即使最终周鹭的诉讼请求被驳回，充其量也是按照原方案进行分配，魏贵清的权利则无从获得救济。

所谓“复归本位”，即从自发越位到严守本位的回归过程，目的是平等保护当事人权利。前已论及“延续越位”会损及魏贵清的诉讼权利，从而打破平等双方之间的权利平衡，故而不宜作为解决本案争议的方案，唯有另觅它途以重置双方于平等地位。现有规则本无法涵盖两案案型，周鹭、魏贵清同为异议人，不属于分配异议之诉的适格被告，魏贵清起诉周鹭和周鹭起诉魏贵清均不符合起诉条件，依法应驳回起诉。这样一来，通过一体阻塞双方的救济途径，已进入审判程序的双方将被一道推回执行程序中的财产分配阶段，并且不受魏贵清诉周鹭一案裁定中"法院对此应当依魏贵清、黄圣群等异议人的意见对执行财产分配方案审查修正后进行分配"之说理的拘束。[①] 因杨振香既未提出异议，也未对他人异议提出反对意见，本案由三人案型转化为两人案型。实务中，执行法院可通过协商引导争议双方达成一致意见；若双方争执不下，则可按其中一方意见重新制作分配方案，[②] 以便开启新一轮的分配异议和异议之诉程序，因为后一轮异议内容不应超过前一轮异议内容的范围，此举能"逼出"一个未提出异议人并刺激另一人提出异议，至此，案件争议类型以异议人与未提出异议人之间的争议之面目呈现，正好落于现有规则的调整范围之内。

## 三、破解：法续造上的理性补位

个案方案不等同于一般规则，方案之拣选不能替代规则之提炼。碍于魏贵清诉周鹭一案处理结果制造的两难局面，二审法院采用"复归本位"方案是一种权宜之计，放弃"延续越位"方案是一个无奈之举。然而，面对多个当事人提出（起）分配异议及异议之诉的抽象事态，能够完成从个案方案到一般规则的"惊心动魄"的跳跃的究竟是"越位"主义还是"本位"主义，在经过方法论检验前尚未可知。

"越位"和"本位"的根本分别，在于是否承认法律漏洞的存在。所谓法律漏洞，是指"现行法体系上存在影响法律功能，且违反立法意图之不完全性"。[③] 与之对应，法律漏洞的认定自当立足于两个评价基准：一为立法意图之体现，事关法律价值体系的圆满和谐；一为法律功能之发挥，事关法律逻辑体系的严整自洽。解决异议人之间争议的"规则缺位"是否属于法律漏洞，本文已就其影响现有规则救济功能的充分发挥详加阐释，此处不再赘述；对于其是否违反立法意图，有必要通过梳理现行规定及有关草案来确认：2004 年最高人民法院公布的《关于执行程序中多个债权人参与分配问题的若干规定（征求意见稿）》（以下简称《参与分配征求意见稿》）用两个条文规定了对分

---

① 笔者认为，分配异议阶段是否依异议人的意见进行分配，属于执行机构的职权范围，不应通过民事诉讼确定。

② 出于执行程序更注重快速、高效地实现债权人之债权的考虑，笔者倾向于按债权人意见重新制作分配方案。

③ 梁慧星：《民法解释学》（第四版），法律出版社 2015 年版，第 253 页。

配方案的异议及异议的审查与裁定，[①] 确立了“异议—裁定—复议”的处理模式。在此之后，从2008年最高人民法院公布的《执行解释》开始，均采用“异议—异议之诉”的处理模式。2011年由最高人民法院主持起草的《民事强制执行法（草案）》第五稿在“分配表”的名目下用四个条文对异议及处理、异议之诉及审理与裁判进行了规定；同年形成的《民事强制执行法（草案）》第六稿用三个条文规定了分配异议及异议之诉、异议之诉的审理与裁判。两稿均未将异议的通知对象及异议之诉的适格被告限定为未提出异议人。2015年公布的《民事诉讼法解释》与《执行解释》遥相呼应，明确规定异议的通知对象及异议之诉的适格被告限定为未提出异议人。由此可知，“异议—异议之诉”已成为参与分配救济机制的主流模式，至少可以说，在“异议—异议之诉”处理模式之外，目前尚无救济参与分配当事人权益的更优路径，要是连该种模式都无法规范异议人之间的争议，岂敢言其优越？“规则缺位”与否，取决于规则程式中构成要件的设计，即异议通知对象及异议之诉适格被告是否囊括其他异议人。立法意向中已出现异议人之间争议的情形，将来立法亦不能排除规则再度离开原点的可能。综上分析，确认法律漏洞存在的理由是较为充分的。

当法律被认定为存在漏洞时，即须对法律漏洞进行填补。漏洞填补，又称法律内的法的续造，方法可区别为三：其一，依习惯填补；其二，依法理填补；其三，依判例填补。[②] 漏洞性质决定填补方法，依参与分配救济机制的目的，分配异议及异议之诉本应包含异议人之间争议的适用规则，故此处有“开放的”漏洞存在。填补“开放的”漏洞，通常采用依法理填补的下位方法类推适用。[③] 所谓类推适用，指对于法无明文规定之系争事件，比附援引与其具类似性的案型之规定。[④] 依前文所述，“延续越位”方案的核心内容在于重

---

① 《参与分配征求意见稿》第十四条规定：“参与分配的债权人或者被执行人，对分配方案中所列的债权数额及其利息的计算方法、计算结果有异议，或者对分配方案涉及的无执行依据的债权是否存在及其数额多少、无执行依据的担保物权或者其他优先权是否成立及有效、分配的顺序是否合法等有异议的，应当在收到分配方案后七日内向主持分配的法院提出。”第十五条规定：“对前条异议由执行机关内设的裁判机构进行审查。经审查认为异议不成立的，应当裁定驳回其异议；认为异议成立的，应当裁定对分配方案进行调整。异议人对前款裁定不服的，可以于收到裁定书后10日内向上一级人民法院申请复议一次。上一级人民法院应当组成合议庭进行审查，并在60日内作出复议裁定。在对异议的审查及复议期间，不得依分配方案进行分配。但对异议人无异议的部分，可以先行分配。”

② 参见［德］卡尔·拉伦茨：《法学方法论》，陈爱娥译，商务印书馆2003年版，第246页；梁慧星：《民法解释学》（第四版），法律出版社2015年版，第271页。

③ 参见［德］卡尔·拉伦茨：《法学方法论》，陈爱娥译，商务印书馆2003年版，第254、258页。

④ ［日］石田穰：《法解释学的方法》，青林书院新社，第36页。转引自梁慧星：《民法解释学》（第四版），法律出版社2015年版，第274页。

新定义“对异议提出反对意见”的概念，通过原因、内容、目的的比较，断定“提出分配异议”近似于“对异议提出反对意见”；根据现有规则，如果未提出异议人在法定期限内对异议提出反对意见，就不能依异议内容进行分配；基于异议人“提出分配异议”与未提出异议人“对异议提出反对意见”两者之间的“类似性”，可得出具有某种程度盖然性和妥当性的一般推论，即如果多个当事人提出内容相互冲突的异议，那么在分配异议阶段，执行法院不能依其中一个异议人的意见进行分配，此争议只有留待分配异议之诉解决。可见，“越位”主义正是通过采用类推适用的漏洞填补方法，实现了由个案方案到一般规则的关键一跃。

也许有人要问，既然“复归本位”方案能够解决本案争议，“本位”主义能否从权宜之计升级为一般规则？答案应该是否定的。首先，“本位”主义将对当事人实体权利的判定过分寄托于执行程序，不利于争议的公平解决。其次，执行程序本应及时、迅速、连续推进，然而，分配方案反复推倒重来，不止迁延时日，甚至会在执行程序和审判程序之间来回穿梭；执行法院疲于方案制定和送达、通知等繁琐事务，争议当事人维权之路曲折难行，债权人债权未得及时清偿，易滋生不满情绪；为“消灭”异议人而故意按该异议人的意见制定分配方案，不仅对其他异议人不公平，而且使执行权的行使儿戏化，有损司法公正公信；“越位”主义虽然也存在因多头通知、多头诉讼导致的效率不高问题，但在实务中，通过“三个一揽子”（即一揽子送达、一揽子通知、一揽子审理）的操作，[①] 效率将得到提升。第三，“本位”主义得以适用的原因在于本案的特殊性——三个当事人的最简案型，两人提出异议、一人未提出异议且未对异议提出反对意见，争议可在两个异议人之间解决，只要再增加一个异议人或未提出异议人对异议提出反对意见，“本位”主义将不适用，其调整领域失之过窄，难以协调各类争议，不具备一般规则的普遍意义。

（**一审法院合议庭成员** 戴志雄 黄 芳 巫明东
**二审法院合议庭成员** 彭祖斌 林 斌 孙 雯
**编写人** 福建省宁德市中级人民法院 孙 雯
**责任编辑** 杨 奕
**审稿人** 曹守晔）

① 例如，未提出异议人对异议人的异议提出反对意见，执行法院将此反对意见通知该异议人时，可连同其他异议人提出的内容冲突的异议一并通知。

# 赵梦、焦鹏等十三人诉龚宇俊执行分配方案异议之诉案

## ——被执行人刑事责任、民事责任竞合时刑事被害人与民事债权人清偿顺序的确定

**关键词：** 执行分配方案异议之诉　退赔　被害人损失　民事债务　优先受偿权

## 【裁判要旨】

1.《最高人民法院关于刑事裁判涉财产部分执行的若干规定》（以下简称《刑事涉财规定》）第十三条第二项规定“退赔被害人的损失”并不限于物权损失或人身损失，还包括债权损失。对于刑事被害人的实际损失，除以追缴所得退还外，不足部分还应从被执行人的财产中予以赔偿。因此，无论刑事案件中查封的赃物是否尚有其他资金来源，均不影响依照《刑事涉财规定》第十三条规定先退赔被害人的损失，再清偿其他民事债务。非法集资受害人据此要求就刑事案件中查封的赃物优先于同一被执行人的民事债权人受偿的，应予支持。

2. 刑事被害人与民事债权人选择救济途径的不同，决定了其对刑事案件中查封的赃物清偿顺序的不同。

## 【相关法条】

**《最高人民法院关于刑事裁判涉财产部分执行的若干规定》第十条**　对赃款赃物及其收益，人民法院应当一并追缴。

被执行人将赃款赃物投资或者置业，对因此形成的财产及其收益，人民法

院应予追缴。

被执行人将赃款赃物与其他合法财产共同投资或者置业，对因此形成的财产中与赃款赃物对应的份额及其收益，人民法院应予追缴。

对于被害人的损失，应当按照刑事裁判认定的实际损失予以发还或者赔偿。

**第十三条** 被执行人在执行中同时承担刑事责任、民事责任，其财产不足以支付的，按照下列顺序执行：

（一）人身损害赔偿中的医疗费用；

（二）退赔被害人的损失；

（三）其他民事债务；

（四）罚金；

（五）没收财产。

债权人对执行标的依法享有优先受偿权，其主张优先受偿的，人民法院应当在前款第（一）规定的医疗费用受偿后，予以支持。

## 【案件索引】

一审：安徽省芜湖市中级人民法院（2016）皖02民初136号（2017年6月7日）

二审：安徽省高级人民法院（2017）皖民终645号（2018年1月29日）

## 【基本案情】

原告赵梦、焦鹏、柯军、赖木英、王凌、杨敏、胡骏、谢清泉、朱如芳、姚清、刘绮、过帮胜、袁旭霞（以下简称赵梦等十三人）诉称：2015年11月，芜湖市中级人民法院就（2015）芜中执字第00241号执行案件下达《谢道群案执行分配原则方案》，该方案采取“按比例平等清偿”，即将追回的款项按比例平等分配给刑事受害人和民事申请人。赵梦等十三人对此提出书面异议，龚宇俊对赵梦等十三人的异议提出反对意见，龚宇俊主张刑事退赔和其民事赔偿应按照同一比例平等清偿，对双方的分歧，执行法院坚持上述分配方案。按执行法院要求，赵梦等十三人特提起本案诉讼。赵梦等十三人认为，依据最高人民法院2014年11月6日发布并施行的《刑事涉财规定》第十三条规定，刑事案件退赔被害人的损失，应优先于其他民事债务执行。请求法院判令：（1）赵梦等十三人对（2015）芜中执字第00241号执行案件享有优先于龚宇俊的赔偿权利。(2)本案诉讼费由龚宇俊承担。

被告龚宇俊答辩称:(1)芜湖市中级人民法院(2015)芜中执字第00241号执行案件执行分配方案合法有据,依法应当支持。(2)根据2015年6月3日《安徽省高级人民法院、安徽省人民检察院关于办理非法集资刑事案件若干问题的意见》第六条第二款规定,民事债权人和刑事案件受害人应当平等受偿。

法院经审理查明:2014年7月14日、2015年3月19日,安徽省芜湖市中级人民法院(以下简称芜湖中院)分别作出(2013)芜中刑初字第00028号、(2015)芜中刑初字第00001号刑事判决书,判决查明被告人谢道群先后与他人合伙成立芜湖泰来物资有限公司、泰来投资咨询有限公司、泰来小额贷款有限责任公司。谢道群先后向包括本案13名上诉人在内的26名被害人非法集资4593万元,造成被害人实际损失3419.03万元。2011年5月至9月,谢道群通过芜湖泰来投资咨询有限公司会计张布祺等人的个人账户向六安市博祥置业有限公司(以下简称博祥公司)投入3300万元,购置了132套预售商品房。2014年7月14日,芜湖市公安局镜湖分局(以下简称镜湖公安分局)依法查封了博祥公司132套预售商品房。2015年11月20日,安徽华审正大会计师事务所出具《关于泰莱(来)公司张布祺等人银行卡实际汇出3300万元款项的资金来源情况的说明》(以下简称《资金来源说明》),证明泰莱(来)公司张布祺等人银行卡实际汇出3300万元款项中,有1200万元来自本案被上诉人龚宇俊的汇款。

龚宇俊与谢道群民间借贷纠纷一案于2012年5月17日在芜湖中院立案,案件审理过程中镜湖公安分局于2013年1月14日向芜湖中院民事审判庭出具一份《关于谢道群的说明》:谢道群因涉嫌非法吸收公众存款罪(后芜湖市检察院起诉改为集资诈骗罪)于2012年9月5日被刑事拘留,2013年1月5日侦查终结,移送芜湖市镜湖区人民检察院。该案经芜湖中院审理,于2013年1月31日作出(2012)芜中民一初字第00122号判决,判决谢道群归还龚宇俊借款1600万元及利息,芜湖泰来物资有限公司对谢道群借款本息承担连带清偿责任。该1600万元债权形成的基础法律关系是股权转让,龚宇俊打算购买泰来小额贷款有限责任公司20%的股权,因故未能转让而转化为借款。另,该1600万元债权与《资金来源说明》中提到的龚宇俊汇款1200万元不是同一笔款项。

2014年2月21日,芜湖中院受理了龚宇俊申请执行与谢道群民间借贷纠纷一案,执行依据为(2012)芜中民一初字第00122号民事判决。2015年4

月 15 日，芜湖中院刑一庭向执行局移送执行谢道群犯集资诈骗罪追缴犯罪所得一案，执行依据为（2013）芜中刑初字第 00028 号及（2015）芜中刑初字第 00001 号刑事判决。进入执行程序后，芜湖中院执行局根据随案移送的财产线索对博祥公司开发的 132 套预售商品房进行了查封，并进行了公开拍卖，三次拍卖均流拍，最后流拍价为 36033347.008 元。2015 年 11 月 26 日，经芜湖中院审判委员会讨论决定作出《谢道群案执行分配原则方案》，内容为：（1）关于追回资产范围。谢道群刑事案件追缴犯罪所得及收益，数额以公安机关委托审计机构审计的 3300 万元赃款及四年收益 2300 万元，合计数额 5600 万元为准。（2）关于参与分配的范围。因谢道群刑事案件的涉案赃款与民事案件的借款出现混同，公安机关在办案过程中，委托审计机构对博祥公司财务进行审计，也发现谢道群案汇往博祥公司的款项中，包含了民事案件申请人龚宇俊的部分借款。故采取“按比例平等清偿”，即将追回的款项按比例平等分配给刑事被害人和民事申请人。赵梦等十三人对该执行分配方案提出异议，龚宇俊对赵梦等十三人的异议意见提出了反驳意见，赵梦等十三人遂于 2016 年 1 月 5 日诉至芜湖中院，请求对 132 套预售商品房的分配享有优先于龚宇俊的受偿权利。

## 【裁判结果】

安徽省芜湖市中级人民法院于 2017 年 6 月 7 日作出（2016）皖 02 民初 136 号民事判决：驳回赵梦、焦鹏、柯军、赖木英、王凌、杨敏、胡骏、谢清泉、朱如芳、姚清、刘绮、过帮胜、袁旭霞的诉讼请求。

宣判后，赵梦等十三人不服提起上诉。安徽省高级人民法院于 2018 年 1 月 29 作出（2017）皖民终 645 号民事判决：一、撤销安徽省芜湖市中级人民法院（2016）皖 02 民初 136 号民事判决；二、赵梦、焦鹏、柯军、赖木英、王凌、杨敏、胡骏、谢清泉、朱如芳、姚清、刘绮、过帮胜、袁旭霞对位于六安市经济开发区皖西大道以南、经二路以东地块六和城项目 132 套预售商品房在执行中享有优先于龚宇俊的受偿权利。

## 【裁判理由】

法院生效裁判认为：本案争议焦点为赵梦等十三人对案涉执行标的是否应优先于龚宇俊受偿。（1）赵梦等十三人通过（2013）芜中刑初字第 00028 号刑事判决、（2015）芜中刑初字第00001号刑事判决确定的退赔损失，与（2012）芜中民一初字第00122号民事判决确定的龚宇俊民事债权，在案涉标的分配中的执行顺序，应结合《刑事涉财规定》进行理解。《刑事涉财规定》第十条第二款规定，被执行人将赃款赃物投资或者置业，对因此形成的财产及其收益，人民法院应予追缴。关于3300万元是否完全属于赃款进而置业物化为芜湖中院执行中查封的132套预售商品房问题，（2015）芜中刑初字第00001号刑事判决表明：谢道群投入博祥公司的3300万元投资款中是否含有通过其他途径获得的钱款，无法查清。镜湖公安分局将博祥公司132套预售商品房作为赃物查封，芜湖中院虽认为该132套预售商品房并非全部系赃物，但未作出区分，而是将其作为（2013）芜中刑初字第00028号刑事判决、（2015）芜中刑初字第00001号刑事判决追缴的犯罪所得移送执行。即使因3300万元的资金来源致132套预售商品房不能全部认定为赃物，结合《刑事涉财规定》第十条第四款和第十三条的规定，对于刑事被害人的实际损失，除以追缴所得退还外，不足部分还应从被执行人的财产中予以赔偿。因此无论该3300万元中是否尚有其他资金来源，均不影响依照《刑事涉财规定》第十三条规定先退赔赵梦等十三人的损失，再清偿其他民事债务。另外，《刑事涉财规定》第十三条第一款第二项规定的“退赔被害人的损失”，并不仅限于物权损失或人身损失，“退赔”不能只理解成返还原物。（2）虽然赵梦等十三人与谢道群以及龚宇俊与谢道群之间的借款表现形式相似，但龚宇俊借款的基础法律关系为股权转让，因股权转让不能转化为借款时，谢道群并无集资诈骗的故意。且龚宇俊与赵梦等十三人选择救济途径也不同，龚宇俊在谢道群涉嫌集资诈骗一案立案后并未选择向镜湖公安分局报案，而是仍坚持选择民事诉讼救济其权利。因此，本案不存在适用“相同事实、相同处理”原则的前提。

综上，赵梦等十三人上诉理由成立。赵梦等十三人对位于六安市经济开发区皖西大道以南、经二路以东地块六和城项目132套预售商品房在执行中享有优先于龚宇俊的受偿权利。

## 【案例注解】

### 一、对于刑事被害人的实际损失，除以追缴所得退还外，不足部分还应从被执行人的财产中予以赔偿

1. 无论刑事案件中查封的赃物是否尚有其他资金来源，均不影响依照

《刑事涉财规定》第十三条规定先退赔被害人的损失，再清偿其他民事债务。虽然本案中谢道群投入博祥公司的3300万元投资款即刑事案件中被查封的赃物132套房屋并非仅仅来源于刑事被害人被诈骗的钱款，但退赔被害人的损失是否仅限于3300万元完全属于赃款进而置业物化为132套房屋的情况，对此还应结合《刑事涉财规定》其他条文进行理解。《刑事涉财规定》第一条将责令退赔与处置随案移送的赃款赃物相并列作为执行的内容，第十条第二款、第三款规定，在追缴的赃款赃物不足以赔偿被害人实际损失的情况下，还应执行被执行人的合法财产，第十三条则进一步予以明确，“被执行人在执行中同时承担刑事责任、民事责任，其财产不足以支付的，按照下列顺序执行”，此处的财产既包括赃款赃物也包括合法财产。

2. “退赔被害人的损失”，“退”和“赔”是并列的，既包括返还原物，也包括损害赔偿。一审法院认为，“退赔”二字的司法语义在于：(1) 如果属于物权，根据“物权优先于债权”的原则，“退”的顺位应优先于“其他民事债务”。(2) 如果属于侵权，被害人对被非法占有、处置的财产主张权利只能通过追缴或者退赔予以解决，在赃款赃物追缴不能或不具有原物返还的可期待性的情况下，被执行人在赃款赃物等值范围内予以赔偿，该赔偿作为侵权请求权优先于其他民事债务具有合理性。(3) 如果被害人的损失是债，则应当是清偿。本案中，赵梦等十三人所受集资诈骗而造成的财产损失本质上仍属于“债权”，与龚宇俊的民事案件中所确认的债权并无实质区别。二者均应适用“清偿”原理，不属于《刑事涉财规定》的“退赔”范畴。其实，“物权损失”或者“侵权损失”并没有这么泾渭分明的界限，侵害物权产生的未必都是物权请求权，例如《物权法》第三十七条的规定“侵害物权，造成权利人损害的，权利人可以请求损害赔偿，也可以请求承担其他民事责任”，就不是物权请求权，而是侵权损害赔偿责任。同理刑事案件被害人被非法占有、处置的财产在不能返还原物的情况下，要求被告人恢复原状，亦是赔偿损失的一种表现形态。何况“侵权损失”既包括因侵害人身权产生的债务，也包括因侵害财产权产生的债务。非法集资受害人据此要求就刑事案件中查封的赃物优先于同一被执行人的民事债权人受偿的，属于“退赔被害人的损失”的范畴，应予支持。

3. 法官在法律适用过程中，必须严格遵守法律语词意义的界限，不能违背立法者的意图进行扩张解释或限缩解释，否则会有“造法”之嫌。限缩解释指的是，按照法律规定的文义进行解释，其适用的范围过于宽泛，遂限缩法律规定的文义的范围，使其局限于核心含义部分，以此达到立法的本来意图。

本案一审法院将“退”解释为物权请求权，“赔”解释为除债权之外的损害赔偿，无论是从“退赔”一词的含义，《刑事涉财规定》的立法旨意，还是民法原理来看（债权作为损害赔偿的请求权基础之一，又怎可能被排除在侵权损失之外），都属于限缩解释的误用。

## 二、刑事被害人与民事债权人选择救济途径的不同，决定了其对刑事案件中查封的赃物清偿顺序的不同，在此情况下并不适用“相同事实、相同处理”原则

1.“相同事实、相同处理”原则的理解。安徽省高级人民法院及安徽省人民检察院曾作出规定，对于集资参与者先行提起民事诉讼，且人民法院已作出生效民事判决的，该部分事实原则上不再作为刑事案件处理，但对于通过民事诉讼所确定的赔偿数额，与刑事诉讼所确定的赃物返还数额，在统一执行、分配时，应遵循“相同事实、相同处理”的原则。本案的情况是龚宇俊借款的基础法律关系为股权转让，因股权转让不能转化为借款时，谢道群并无集资诈骗的故意。且龚宇俊与赵梦等十三人选择救济途径也不同，龚宇俊在谢道群涉嫌集资诈骗一案立案后并未选择向镜湖公安分局报案，而是仍坚持选择民事诉讼救济其权利。因此，本案不存在适用“相同事实、相同处理”原则的前提。

2. 民事债权人与刑事被害人选择救济途径的不同，决定了其对刑事案件中查封的赃物清偿顺序的不同。

（1）涉嫌犯罪的民间借贷纠纷被害人是否能提起附带民事诉讼或另行提起民事诉讼？这其中有一个法律变迁的过程，2000 年《最高人民法院关于刑事附带民事诉讼范围问题的规定》第五条规定：犯罪分子非法占有、处置被害人财产而使其遭受物质损失的，人民法院应当依法予以追缴，或者责令退赔。被追缴、退赔的情况，人民法院可以作为量刑情节予以考虑。经过追缴、退赔仍不能弥补损失，被害人向人民法院民事审判庭另行提起民事诉讼的，人民法院可以受理。该规定肯定了受害人另行提起民事诉讼的权利，但已于 2015 年被废止。2012 年《最高人民法院关于适用〈中华人民共和国刑事诉讼法〉的解释》第一百三十九条规定：被告人非法占有、处置被害人财产的，应当依法予以追缴或者责令退赔。被害人提起附带民事诉讼的，人民法院不予受理。追缴、退赔的情况，可以作为量刑情节考虑。该解释明确不能提起附带民事诉讼，对是否能另行提起民事诉讼并未表态。2013 年《最高人民法院关于适用刑法第六十四条有关问题的批复》中指出，被告人非法占有、处置被

害人财产的，应当依法予以追缴或者责令退赔。被害人提起附带民事诉讼，或者另行提起民事诉讼请求返还被非法占有、处置的财产的，人民法院不予受理。该批复明确被害人另行提起民事诉讼请求返还被非法占有、处置的财产的，人民法院不予受理，但对主张本金以外的利息和损失赔偿并未作出规定。司法实践中的做法是被害人对本金以外的利息和损失不得另行提起民事诉讼，即使在还有其他共同债务人及担保人另行提起民事诉讼的情况下，法院也会以被告人已经过刑事判决为由不再对其作出民事判决。不能提起附带民事诉讼，另行提起民事诉讼的理由在于：①由于已经在刑事判决中判决继续追缴或者责令退赔，任何时候，只要发现被告人有财产，司法机关均可依法追缴或者强制执行。②被害人另行提起民事诉讼的，就会造成刑事判决和民事判决的重复、冲突。

（2）刑事案件被害人与民事债权人得到的救济不同。刑事案件中只支持被害人的本金，民事案件则支持合法限度内的利息和损失，且民事案件可采取财产保全等手段，有担保的债权人可优先受偿，而刑事案件除追缴赃款赃物外，并无其他财产保全手段，虽然司法解释规定可以执行被告人的合法财产，但到了刑事阶段被告人的合法财产已所剩无几，这正是司法解释规定刑事被害人优先于普通民事债权人受偿的立法原意之所在。本案民事债权人在有条件选择救济途径的情况下，放弃追究债务人的刑事责任，那么在其与刑事被害人同时申请执行债务人财产时，就要劣后顺序受偿。

## 【审稿述评】

本案是一个刑事与民事案件合并执行之后的执行异议之诉：刑事案件的13个受害人以一个持有执行依据的民事债权人为被告，对执行程序中财产分配方案提出异议，是一个执行程序当中州事案件财产受害人与民事案件债权人权利冲突的案件。

涉案财物处置执行涉及不同的诉讼领域、不同的执法司法环节，情况较为复杂，政策性、操作性要求都很高。《最高人民法院关于刑事裁判涉财产部分执行的若干规定》（以下简称《刑事涉财规定》），规范了执行中的追缴、执行顺序和执行中的异议处理等问题。其中的执行异议制度有所创新，其中债权人的参与限于执行异议，属于事后个别性的参与。中共中央办公厅、国务院办公厅2015年印发了《关于进一步规范刑事诉讼涉案财物处置工作的意见》（以下简称《意见》），要求在刑事诉讼的框架下规范涉案财产处置程序，要求对权属明确的被害人合法财产，凡返还不损害其他被害人或者利害关系人的利益、不影响诉讼正常进行的，都应当及时返还。《意见》进一步规范刑事诉讼涉案财物处置工作，对于促进依法惩治犯罪和切实保障人权的协调统一，保障执法办案工作的顺利进行，保证公正司法、提高司法公信力，具有重要意义。行政处置程序往往没有界定涉案财产、没有债权人参与制度、缺乏利害关系人回避制度，对涉案财产的确定具有随意性，而刑事诉讼程序涉案财产分配程序常常被诟病缺乏公平性。

《刑事涉财规定》第十三条规定，被执行人在执行中同时承担刑事责任、民事责任，其财产不足以支付的，按照人身损害赔偿中的医疗费用、退赔被害人的损失、其他民事债务、罚金、没收财产的顺序执行；债权人对执行标的依法享有优先受偿权，在医疗费用受偿后行使。该规定设置了与我国《企业破产法》不同的清偿顺序，特点突出，同时被批评漏洞也明显：人身伤害之债其实不止医疗费用。根据我国《侵权责任法》第十六条的列举情形，残疾生活辅助用具费、残疾赔偿金、丧葬费和死亡赔偿金等几种费用与医疗费用应当是一样重要的。对于上述规定，值得讨论的问题是：被害人的损失若确应由刑事被告人承担，其中属于民事责任的部分，分配财产是否应当区分物权债权，是先刑后民还是应当遵守民法的债权平等原则，刑事退赔有没有理由优先于其他民事债权？

刑民交叉法律问题，是司法实践中的哥德巴赫猜想。学者和实务专家也常常仁者见仁智者见智。陈兴良（北京大学法学院教授）认为：刑民交叉案件的处理，已经成为当前司法实践中的一个特别疑难的问题。刑民交叉案件涉及极为复杂的民事法律关系，这就给犯罪认定带来极大的难度。在刑民交叉案件中，刑事犯罪与民事不法两者之间具有某种重合性。对于刑民交叉案件，既不能仅仅从实体法进行考察，也不能仅仅从程序法进行考察，而是应当坚持实体法和程序法的双重视角。1998 年《最高人民法院关于在审理经济纠纷案件中涉及经济犯罪嫌疑若干问题的规定》第十条规定，在对基于同一事实的刑民交叉案件坚持刑事优先原则的基础上，对于审理非基于同一事实的刑民交叉案件应当坚持民刑并立原则。要从行为主体、相对人以及行为本身三个方面认定是否属于‘同一事实’”。具体说，从行为实施主体的角度看，“同一事实”指的是同一主体实施的行为，不同主体实施的行为不属于同一事实；从法律关系的角度看，刑事案件的受害人同时也是民事法律关系的相对人的，可以认定为“同一事实”；从要件事实的角度看，只有民事案件争议的事实，同时也是构成刑事犯罪的要件事实的情况下，才属于“同一事实”。“同一事实”是一个原则性的判断标准。规定中“先刑后民”只是一个原则，不能过于机械地、绝对地理解，否则就容易出现不公平问题。如果同时存在民事诉讼和刑事追诉的话，“民刑合并”（财产执行）、“民刑并行”甚至“先民后刑”，并不是完全不可行，这样也有利于在打击犯罪的同时，及时公平维护民事相对人的合法权益。

黄金龙（最高人民法院执行局副局长）认为：《刑事涉财规定》本意确实是先刑后民。但是，如果仅仅因为刑事被害人与民事债权人选择不同的救济途径，从而不适用相同事实相同处理原则，对刑事案件中查封的赃物实行不同的清偿顺序，则超出了规定的本意，对民事债权人过于苛刻。

于同志（最高人民法院刑庭高级法官）指出：不宜不分情况地搞“一刀切”。在处理刑民交叉案件时，要选择更有利于保护当事人合法权利、更为公正有效解决问题的思路与机制。与其在“同一事实”的判断上纠缠不清，不如立足于更佳保护当事人利益的立场，实事求是处理。

张卫平（清华大学法学院教授）指出：在民刑交叉诉讼关系的处理上，先刑后民一直被视为一项原则，但是从审判权独立行使的原理以及法律的规定来看，先刑后民都不应作为一项处理民刑交叉诉讼的原则，在具体处理民刑交叉诉讼时，应当首先考虑彼此之间是否有先决关系。但先决关系不是绝对的，诉讼效率也是民事诉讼所追求的重要价值之一，不可以因为具有先决关系的前提诉讼的迟延，而使另一诉讼受到过分迟延。

李玉萍（中国应用法学研究所副所长）认为：除人身损害的医疗费属于绝对优先受偿外，一般债权人对执行标的依法享有优先受偿权的，法院也要支持。按照现有司法解释，刑事部分的赔偿一般优于民事，但并不绝对。

石佳友（中国人民大学法学院教授）提出：民事主体因同一行为应当承担民事责任、行政责任和刑事责任的，承担行政责任或者刑事责任不影响承担民事责任；民事主体的财产不足以支付的，优先用于承担民事责任。刑事被害人与民事债权人是否要给予不同的救济值得讨论。程序上的不同是否必然要求实体结果上的差异？不好说。

王文胜（湖南大学副教授）认为：刑事程序中的退赔，不属于刑法规定的刑事责任，本质上仍属于民事责任，即返还财产、赔偿损失。根据《民法总则》第一百八十七条，承担刑事责任不影响承担民事责任。因此，在实体处理上，退赔仍应遵循民法的规则。

朱晓喆（上海财经大学教授）认为：上述问题应当具体分析。如果赃物是物，则受害人享有物权返还请求权，应该优先于普通债权人。如果原物不存在，转换为债权，或者受害人被害后即发生侵权、不当得利请求权等，则上述债权原则上应与其他债权人平等。但刑事被害人发生的债权情有可原，而一般债权人通常是自愿与债务人交易。所以如果刑事被害人通过追赃而优先受偿，也不是不可接受的结果。还有个理由，其他债权人不能从债务人处受偿的风险，不应该由债务人以犯罪所得来进行分摊。

王文胜认为：这个理由可能有一点点问题。同一逻辑推理下去，在纯民事案件中，侵权之债要优先于合同之债得到清偿？

瞿灵敏（重庆大学法学院讲师）认为：这需要兼顾权利人的权利与该财产的联系、债权发生的事由（自愿发生的合同债权还是非自愿的侵权之债）、以及权利对于权利人的重要性（是否为生存保障之必须）。域外破产法上确实有侵权之债优先于合同之债的立法例。

曹相见（山东农业大学泰山法治研究院研究员）认为：刑事违法性不同于侵权违法性，对刑法上的受害人进行照顾未尝不可。

陈醇（浙江师范大学教授）认为：涉案财产的处置程序一直受到垢病。非法集资刑事案件涉案财产的处置有三套可供选择的程序，即行政处置程序、刑事诉讼程序、商法清算程序。相应地，在上述处置程序的选择上，也有三种不同的观点。行政处置程序缺陷众多，同时，它既不应当处置私人债权债务，也不应当以部际联席会议制度建立行政机关与法院之间的主导甚至领导关系。刑事诉讼程序难以承担此类涉案财产清算的大任，也不宜在刑事诉讼中大量援引民商事实体法并对民商事纠纷作出判决。这种涉案财产的清算应当适用商法清算程序。商法应当尽快建立自然人破产制度以便于依法进行涉案财产的清算，刑事诉讼法也应当对商法清算程序予以尊重。

瞿灵敏认为：根据现行法的规定，确实侵权之债和合同之债并无顺位差异。石佳友认为：讨论针对的是意见中的"债权损失"。此种情况下，优先与劣后需要有法律规定。如犯罪人有非法所得，无论对刑事被害人还是对同案中的民事债权人，应都可主张不当得利返还。谁遭受的损失更大，也不是他有优先受偿权的依据。债权的平等性并不考虑金额的大小。瞿灵敏认为：合同之债等自愿债权，债权人在发生债权债务（进行交易）时对风险应有所预见，具体此种预见他可以采取一些风险防范措施；侵权之债的债权人对来自犯罪行为的侵害往往缺乏这种预见，难以采取有效的防范。故而主张侵权之债优先于合同之债在价值判断上有一定的道理。石佳友提出：要按这个逻辑，竞合时是不是都应该侵权优先？瞿灵敏提出：以前看破产法的文献见到过此类观点。这里只是说如果采取这种顺位，这是一种论证理由。但这种顺位是否合理，还需要考虑，没有依据，法院判决肯定不行。民刑交叉问题以前一直被“先刑后民”这一过于简单化的说法掩盖了，甚至把它作为一个原则。民刑交叉包括实体交叉（比如犯罪行为是否影响合同效力）和程序交叉（比如诉讼程序怎么设置）等等。民刑交叉可能只是一种事实描述，个案中一个案子肯定要么是民事案件，要么是刑事案件。所谓民刑交叉，只不过是在刑事案件处理中考虑民事行为对犯罪构成、量刑的影响，在民事案件中考虑犯罪行为对民事法律行为效力的影响等。二者均应遵循各自的逻辑。

执行异议之诉案件是人民法院目前受理的案件中增长最快的案件类型，也是审理难度较大的案件类型。民刑合并执行财产案件，刑事案件受害人财产权绝对优先于已经取得执行依据的民事债权人清偿，未必合理。退赔是指当犯罪分子因挥霍或者其他原因无法追回违法所得财物的情形下，要求其按照相应的折算价格进行退赔。因此，责令退赔中的赔偿与财产刑，均是执行被执行人的个人财产，两者执行并无实质性区别，并且与民事赔偿的执行相类似，应当由执行机构负责执行。其中“退”的部分，应当以赃款赃物的追缴为前提，与处置赃款赃物重合，应适用《刑事涉财规定》第一条第一款第三项的规定。这个执行异议案例中，如果说刑事案件被害人财产权绝对优先于已经取得执行依据的民事债权人的债权，未必适当，那么根据物权优先于债权的原则，赃款赃物确定无疑属于受害人，当然应当原物退还物归原主。这里的“原物”包括将赃款赃物投资或置业而形成的财产及其收益——本案中查封的楼房。

执行异议之诉案件审理中实体与程序交错，执行与审判并存，公平与效率纠缠。在实践中，要正确审理执行异议之诉，要把握好以下原则：第一，利益平衡原则。民事执行的基本功能是实现生效法律文书确定的权利。案外人的执行异议能否阻却执行，关键在于对权利甄别。权利甄别，应准确把握执行异议之诉的实体审查标准，核心审查内容是案外人是否享有阻止执行标的转让、交付的实体权利，涉及物权法、合同法、公司法、知识产权法、婚姻法等多个实体法。针对案外人实体权利与申请执行人债权实现发生冲突时的权利实现顺位，应当妥善平衡案外人和申请执行人的利益关系。同一执行标的物上存在的不同性质的权利发生冲突时，应当坚持物权优先于债权、法律规定的特殊债权优先于普通债权的原则。这里的物权包括物上请求权。第二，生存利益优先原则。生存利益与经营利益发生冲突需要权衡时，应当正视我国现阶段房屋交易市场不完善和部分当事人法律意识尚有待提高的现实，在依法的前提下坚持消费者的生存利益优先于银行、企业的经营利益的原则，在兼顾双方利益的前提下向相对弱势方适度倾斜。《最高人民法院关于人民法院办理执行异议和复议案件若干问题的规定》第二十九条的规定是基于生存权优先的考虑。第三，物归原主原则。刑民交叉的案件，对赃款赃物的处理，应当物权优先，退还财物原主。《刑事涉财规定》对赃款赃物的处置就体现了这个原则。

民间借贷案件与非法吸收公众存款、集资诈骗案件交织在一起的案件，出借人能否提起民事诉讼请求借款人还款？最高人民法院确立审理这类案件的重点在于判断借贷行为本身是否涉嫌犯罪，即如果民间借贷行为本身涉嫌非法集资犯罪，裁定驳回起诉；如果民间借贷行为本身不涉嫌非法集资犯罪，不应裁定驳回起诉。因此，本案有关法院在刑事立案以前单独受理民事起诉是符合规定的，依法审理先行作出裁决也是人民法院的职责所在，胜诉的当事人手持生效裁决向有关法院申请强制执行合理合法，只是受阻于与刑事案件所根据的并非同一事实。根据《最高人民法院、最高人民检察院、公安部关于办理非法集资刑事案件适用法律若干问题的意见》的规定，非法集资刑事案件查封、扣押、冻结的涉案财物，一般应在诉讼终结后，返还集资参与人。从裁判文书看，本案最终处理符合上述意见。

本案争议焦点为：赵梦等十三人对案涉执行标的是否应优先于龚宇俊受偿。一、二审法院都抓住了这个焦点。本案一审法院分析认定：“本案中，赵梦等十三人所受集资诈骗而造成的财产损失本质上仍属于‘债权’，与龚宇俊的民事案件中所确认的债权并无实质区别。二者均应适用‘清偿’原理，不属于《刑事涉财规定》的‘退赔’范畴。故赵梦等十三人不能根据《刑事涉财规定》第十三条主张优先权。”这样分析不无道理，但是不够全面，问题在于本案“赵梦等十三人所受集资诈骗”没有止于“财产损失”，而是资金损失之后被骗资金用于建设了楼房——赃物。正如本案一审法院所作正确分析，根据“物权优先于债权”的原则，“退”的顺位应优先于“其他民事债务”。特别是二审法院认定的事实：“龚宇俊借款的基础法律关系为股权转让，因股权转让不能转化为借款时，谢道群并无集资诈骗的故意，并且没有得到刑事判决认定。”因此，本案不是不适用“相同事实、相同处理”原则，而是二审法院认为不存在适用“相同事实、相同处理”原则的前提，从而只能个案认定、具体案件具体分析，“不同事实、不同处理”。

刑民交叉法律问题，原则上，刑事案件与民事案件涉及“同一事实”的，应通过刑事诉讼方式解决，涉案财产民刑统筹兼顾统一处理。方法上，刑民交叉泛泛而论很难达成一致形成共识，运用具体案例来分析，比较容易聚焦讨论问题。具体分析如下：

一是刑民并行分别审理。同一当事人因不同事实分别发生民商事纠纷和涉嫌刑事犯罪，民商事案件与刑事案件应当分别审理，主要有下列情形：（1）主合同的债务人涉嫌刑事犯罪或者刑事裁判认定其构成犯罪，债权人请求担保人承担民事责任的；（2）行为人以法人、非法人组织或者他人名义订立合同的行为涉嫌刑事犯罪或者刑事裁判认定其构成犯罪，合同相对人请求该法人、非法人组织或者他人承担民事责任的；（3）法人或者非法人组织的法定代表人、负责人或者其他工作人员的职务行为涉嫌刑事犯罪或者刑事裁判认定其构成犯罪，受害人请求该法人或者非法人组织承担民事责任的；（4）侵权行为人涉嫌刑事犯罪或者刑事裁判认定其构成犯罪，被保险人、受益人或者其他赔偿权利人请求保险人支付保险金的；（5）受害人请求涉嫌刑事犯罪的行为人之外的其他主体承担民事责任的。在上述情形下，有的法院仍然以民商事案件涉嫌刑事犯罪为由不予受理，已经受理的，裁定驳回起诉。对此，应予纠正。

二是民刑交叉案件中民商事案件的受理。第一，涉众型经济犯罪刑事统一退赃退赔。2014 年颁布实施的《最高人民法院、最高人民检察院、公安部关于办理非法集资刑事案件适用法律若干问题的意见》和 2019 年 1 月颁布实施的《最高人民法院、最高人民检察院、公安部关于办理非法集资刑事案件若干问题的意见》规定的涉嫌集资诈骗、非法吸收公众存款等涉众型经济犯罪，所涉人数众多、当事人分布地域广、标的额特别巨大、影响范围广，严重影响社会稳定，对于受害人就同一事实提起的以犯罪嫌疑人或者刑事被告人为被告的民事诉讼，人民法院应当裁定不予受理，并将有关材料移送侦查机关、检察机关或者正在审理该刑事案件的人民法院。受害人的民事权利保护应当通过刑事追赃、退赔的方式解决。正在审理民商事案件的人民法院发现有上述涉众型经济犯罪线索的，应当及时将犯罪线索和有关材料移送侦查机关。侦查机关作出立案决定前，人民法院应当中止审理；作出立案决定后，应当裁定驳回起诉；侦查机关未及时立案的，人民法院必要时可以将案件报请党委政法委协调处理。第二，要防止通过刑事手段干预民商事审判，搞地方保护，影响营商环境。除上述情形人民法院不予受理外，当事人因租赁、买卖、金融借款等与上述涉众型经济犯罪无关的民事纠纷，请求上述主体承担民事责任的，人民法院应予受理。

三是民刑交叉案件中民商事案件的中止。人民法院在审理民商事案件时，如果民商事案件必须以相关刑事案件的审理结果为依据，而刑事案件尚未审结的，应当根据《民事诉讼法》第一百五十条第五项的规定裁定中止诉讼。待刑事案件审结后，再恢复民商事案件的审理。如果不是必须以相关的刑事案件的审理结果为依据，则民商事案件应当继续审理。①

总之，民刑交叉案件在审理时，应当依照《最高人民法院关于在审理经济纠纷案件中涉及经济犯罪嫌疑若干问题的规定》《最高人民法院关于审理非法集资刑事案件具体应用法律若干问题的解释》《最高人民法院、最高人民检察院、公安部关于办理非法集资刑事案件适用法律若干问题的意见》以及《最高人民法院关于审理民间借贷案件适用法律若干问题的规定》等规定，处理好民刑交叉案件之间的程序关系。刑事与民事案件合并执行财产的，应当严格依照相关法律和《刑事涉财规定》分配财产。被害人的损失若确应由刑事被告人承担，其中属于民事责任的部分，分配财产时应当甄别赃款赃物，应当区分物权债权；处置赃款赃物应当是先刑先退，清偿债务除了人身债权优先以外，应当遵守民法的债权平等原则。对于司法实践中的此类难题，还有待于法学同仁知难而进深入研究。

（**一审法院合议庭成员**　国廷斌　齐晶晶　彭广峰
**二审法院合议庭成员**　余思民　胡小恒　王惠玲
**编写人**　安徽省高级人民法院　王惠玲
**责任编辑**　杨　奕
**审稿人**　曹守晔）

① 参见最高人民法院2019年11月14日发布的《全国法院民商事审判工作会议纪要》。

# 二、案例精析

**【编者按】** 各级人民法院坚持“反映审判全貌，总结审判经验，服务审判工作”的编辑方针，突出“真实、全面、及时、说理”的编辑特色，报送了一批具有典型性、新类型、重大疑难复杂案例，对指导审判业务、宣传国家法制、预防和化解社会矛盾纠纷，促进法学教育与理论研究作出了积极努力。《人民法院案例选》将继续坚持这一优良传统，并通过中国应用法学研究所责任编辑撰写编后补评等方式，对判决和评析中虽未提及但比较重要的或评析不充分的问题，进行补充评析，以期达到总结经验教训、指导审判业务、促进理论研究的目的。

# 刑　事

## 李某、姜某、涂某敲诈勒索案

### ——基于婚外情先因条件下敲诈勒索罪的认定

**关键词：刑事　婚外情　敲诈勒索未遂**

#### 【裁判要旨】

在敲诈勒索犯罪中，被告人因怀疑他人与配偶之间存在不正当男女关系，纠集他人使用暴力殴打、言语威胁等手段，迫使被害人当场写下数额巨大的借条，且造成被害人身体损伤轻微伤的，其行为构成敲诈勒索罪。

#### 【相关法条】

**《中华人民共和国刑法》第二百七十四条**　敲诈勒索公私财物，数额较大或者多次敲诈勒索的，处三年以下有期徒刑、拘役或者管制，并处或者单处罚金；数额巨大或者有其他严重情节的，处三年以上十年以下有期徒刑，并处罚金；数额特别巨大或者有其他特别严重情节的，处十年以上有期徒刑，并处罚金。

#### 【案件索引】

一审：湖北省武汉市江汉区人民法院（2017）鄂 0103 刑初 1178 号（2017 年 11 月 25 日）

二审：湖北省武汉市中级人民法院（2018）鄂 01 刑终 308 号（2018 年 3 月 22 日）

## 【基本案情】

湖北省武汉市江汉区人民检察院指控：2017 年 6 月 5 日 23 时许，被告人姜某意外发现其妻子黄某与被害人兰某存在不正当关系后，于 2017 年 6 月 6 日凌晨零时许用妻子黄某的手机与被害人兰某通过微信约定在本市江汉区中山公园见面，同时被告人姜某邀约被告人李某、涂某到中山公园为其帮忙。2017 年 6 月 6 日凌晨零时 30 分许，被告人姜某、李某与被害人兰某在中山公园喷泉处相遇后，对被害人兰某进行殴打、辱骂；被告人涂某来后负责看守，并在案发现场录制视频，以证明兰某与黄某早存在婚外情。从当日零时许至 3 时许，被告人姜某、李某对被害人兰某进行殴打、辱骂、威逼长达 3 小时左右。后被告人姜某、李某、涂某在离开时扣押了被害人兰某驾驶的一辆车牌为鄂 A ×××××的 3008 款灰色标致汽车。当日 12 时许，被告人姜某、李某、涂某驾驶被害人兰某的汽车，在本市江汉区菱角湖公园门口，与事先约好的被害人兰某再次见面，见面后被告人姜某、李某、涂某再次对被害人兰某进行恐吓、威逼，让兰某承认与黄某有婚外情并发生性关系的事实并再次录制视频，被害人兰某在殴打、恐吓、威逼的情形下，向被告人姜某打了一张 50 万元人民币的借条，被告人姜某承诺扣押保管的被害人兰某的汽车，在被害人兰某还钱之后予以归还。经鉴定，被害人兰某的损伤程度为轻微伤。被告人姜某于 2017 年 6 月 10 日被公安机关抓获，被告人李某于 2017 年 6 月 12 日被公安机关抓获，后协助公安机关规劝被告人涂某投案，被告人涂某于同日至公安机关投案。被告人姜某已对被害人兰某予以赔偿，并取得被害人兰某谅解。公诉机关认为，被告人姜某、李某、涂某的行为构成敲诈勒索罪，且系犯罪未遂，李某有立功表现，涂某有自首情节。

被告人姜某及其辩护人均辩称：事发后姜某将欠条交予其妻子黄某，要黄某退还兰某，系犯罪中止，且被害人兰某与被告人姜某的妻子保持不正当男女关系，具有过错，姜某赔偿被害人兰某经济损失并取得谅解。被告人李某、涂某对指控的事实和罪名均不持异议。被告人李某的辩护人辩称：本案系犯罪未遂，被告人李某系从犯，具有立功表现，认罪态度较好。被告人涂某的辩护人辩称：本案系犯罪未遂，被告人涂某系从犯，具有自首情节。

法院经审理查明：2017 年 6 月 5 日 23 时许，被告人姜某怀疑妻子黄某与被害人兰某存在不正当男女关系，使用黄某的手机，假冒黄某名义约被害人兰某在本市江汉区中山公园见面。随后被告人姜某电话联系被告人李某，并驾车接上被告人李某赶至中山公园大门附近，在此处，又电话联系被告人涂某要他过来帮忙。在中山公园门前，被告人姜某、李某与被害人兰某相遇，被告人姜某持事先准备好的甩棍对被害人兰某进行殴打，并不断逼问兰某与妻子的关系，被告人李某亦使用拳脚对被害人兰某殴打了几下。被告人涂某来到中山公园后，负责看守被害人兰某，并用手机录制证明兰某与黄某存在婚外情的视频证据。凌晨 3 时许，被告人姜某、李某、涂某驾驶被害人兰某的标致牌汽车将被害人兰某带至其家附近，放其离开，并将兰某的汽车开走，要兰某之后打电话给被告人姜某。

当日 12 时许，被告人姜某、李某、涂某驾驶被害人兰某的汽车，在本市江汉区菱角湖公园门口与被害人兰某碰面，在被害人兰某的汽车内，被告人姜某、李某、涂某再次对被害人兰某进行恐吓、威逼和殴打，让兰某承认与黄某有婚外情并发生性关系，逼迫被害人兰某支付人民币 50 万元解决此事，在兰某表示无法立即支付后，让其在被告人姜某打印好的一张金额为人民币 50 万元的欠条上签字，随后让其离开。接被害人报案，公安机关于 2017 年 6 月 10 日、12 日分别将被告人姜某、李某抓获。被告人李某归案后，规劝被告人涂某投案，被告人涂某在李某的规劝下于同日投案。被害人兰某的损伤经鉴定，属轻微伤。

另查明，案发后，被告人姜某赔偿被害人兰某人民币 3 万元、被告人李某赔偿被害人兰某人民币 1 万元，均取得被害人兰某的谅解。

## 【裁判结果】

湖北省武汉市江汉区人民法院于 2017 年 11 月 25 日作出（2017）鄂 0103 刑初 1178 号刑事判决：认定被告人姜某犯敲诈勒索罪，判处有期徒刑三年六个月，并处罚金人民币 5000 元；被告人李某犯敲诈勒索罪，判处有期徒刑三年，并处罚金人民币 3000 元；被告人涂某犯敲诈勒索罪，判处有期徒刑三年，并处罚金人民币 3000 元。

宣判后，被告人涂某、李某不服原审判决，提起上诉。湖北省武汉市中级人民法院于 2018 年 3 月 22 日作出（2018）鄂 01 刑终 308 号刑事裁定：驳回上诉，维持原判。

## 【裁判理由】

法院生效裁判认为：上诉人李某、涂某、原审被告人姜某以非法占有为目的，采取暴力殴打及言语威胁等方式，向他人强行索要钱财人民币 50 万元，数额特别巨大，其行为均已构成敲诈勒索罪，因意志以外的原因而未得逞，系犯罪未遂。原审认定事实清楚，证据确实、充分，定罪准确，审判程序合法。原审鉴于上诉人李某系从犯，其归案后如实供述了犯罪事实，赔偿了被害人的经济损失并取得谅解，且有立功表现；上诉人涂某系从犯，具有自首情节；原审被告人姜某系主犯，其归案后如实供述了自己的罪行，赔偿了被害人的经济损失并取得谅解等情节，对上诉人李某、涂某、原审被告人姜某在法定刑幅度以下减轻处罚均无不当。上诉人李某、涂某提出原审量刑过重的上诉理由及其辩护人相同的辩护意见，本院均不予采纳。

## 【案例注解】

配偶权是在合法婚姻关系存续期间，夫妻双方之间发生的、由夫妻双方平等专属享有的要求对方陪伴生活、钟爱、帮助的基本身份权利，贞操忠实义务（又称配偶性生活排他专属义务）是配偶权派生出的夫妻间权利义务内容。本案中姜某的妻子出轨侵犯了姜某的配偶权，但是婚姻关系中两性感情的约束属道德范畴，姜某等人实施违法手段威胁兰某，超出了维护自身配偶权的正当方法和程度，迫使兰某基于内心恐惧而默许交付钱财，行为人的行为本身具有违法性和危害性，可能构成敲诈勒索罪。

### 一、敲诈勒索罪的认定

敲诈勒索罪，是指以非法占有为目的，对被害人使用威胁或要挟的方法，强行索要公私财物的行为。被告人姜某在主观上具有以兰某与妻子之间可能存在不正当男女关系为由向兰某索要巨额财物的非法占有目的，客观上实施了威胁、要挟等手段迫使兰某写下事先准备好的欠条，其行为构成敲诈勒索罪。

1. 在司法实践中，威胁内容的种类没有限制，对被害人身体健康、名誉等内容进行威胁，只要达到足以使被害人产生恐惧心理的程度即可；威胁的结果，是使被害人基于恐惧心理而处分自己数额较大的财产，被害人处分财产，并不限于被害人直接交付财产，也可以是因为恐惧而默许行为人取得财产。威胁对方的内容本身是否是合法的、合道德的并不影响敲诈勒索罪的成立。在界分敲诈勒索犯罪与维权行为时，需要综合考虑权利行使的正当性，手段行为与权利内容的关联性、维权手段的必要性与相当性等因素，在司法实践中，考察行为人权利的正当性以及维权手段，通常能够印证其非法占有目的的有无。在本案中，假如兰某确实与姜某的妻子之间存在被道德规范所谴责的不正当男女关系，姜某应该以合法的手段维护自身合法权益，“但是这也不能成为姜某据此威胁对方索要钱财的出罪事由”。其维权行为侵犯了刑法保护的法益，兰某基于内心恐惧填写欠条，即意味着默许姜某等获得50万元财物，姜某等人的行为符合敲诈勒索罪的构成要件。

2. 敲诈勒索罪可能包含轻微的暴力手段，如果行为人的暴力行为尚未造成被害人严重伤情或者死亡结果，这一犯罪事实仍在敲诈勒索罪的涵射范畴之内，假如造成了被害人严重伤情或死亡结果，则可能构成敲诈勒索与故意伤害罪或故意杀人罪的数罪并罚。在本案中，行为人索要财物过程中对被害人进行了殴打，被害人兰某的伤情经鉴定只构成轻微伤，尚达不到故意伤害罪的入罪标准，故被告人的行为只构成敲诈勒索罪。

3. 敲诈勒索罪与抢劫罪的行为人在主观上均具有非法占有财物的目的，客观上都使用威胁方法，敲诈勒索罪的行为人也可以使用暴力手段相威胁，但是二种罪名的暴力程度相差较大。在敲诈勒索罪的实施过程中，行为人非法获取财物或者获得财物允诺有可能当场、即时发生，但是威胁内容的实现通常不是即时性的，所以即便是行为人在事发当场对行为人实施了暴力行为相威胁，但是该暴力行为不是非法占有他人财物的主要手段，只是为了使对方产生恐惧心理，尚未达到足以压制他人反抗的程度，在这种情况下不应该认定为抢劫罪。

## 二、犯罪停止形态的认定

主观上，行为人实行犯罪的意志已经通过客观的实行行为开始表现出来；客观上，行为人已经开始直接实施具体犯罪构成要件的行为。

敲诈勒索罪是结果犯，如果行为人使用威胁或者要挟的手段，非法获取了他人财物即达到犯罪既遂状态。在本案中，因被害人兰某不能当场给付50万元财物，其填写了姜某等人事先准备写好金额的欠条，意味着允诺姜某等可以获取其相应金额的钱款。欠条是一种债务凭证，但是根据我国《民法通则》的相关规定，以合法形式掩盖非法目的的欠条凭据是无效的。因此，在认定姜某等人的行为构成犯罪的前提下，欠条无效，姜某等不能获取欠条允诺的50万元钱款。本案中的行为人虽然使用了威胁或要挟手段，强迫被害人处分财产，但是由于意志以外的原因未能占有财物，在尚未拿到50万元就被警方抓获，属犯罪未遂。

（**一审法院合议庭成员** 谢 春 颜冬萍 祝新发
**二审法院合议庭成员** 徐正武 郑雄文 施 茜
**编写人** 北京市西城区人民法院 冀 敏
**责任编辑** 周维明
**审稿人** 李玉萍）

# 郭艳锋组织考试作弊、龚习林等代替考试案

## ——组织考试作弊罪、代替考试罪的认定

关键词：刑事　考试作弊　代替考试　犯罪既遂　情节严重

## 【裁判要旨】

在法律规定的国家考试中，组织美术培训学校老师或在校大学生代替考生考试作弊的行为构成组织考试作弊罪；代替他人参加上述考试的行为构成代替考试罪。

## 【相关法条】

**《中华人民共和国刑法》第二百八十四条之一**　在法律规定的国家考试中，组织作弊的，处三年以下有期徒刑或者拘役，并处或者单处罚金；情节严重的，处三年以上七年以下有期徒刑，并处罚金。

为他人实施前款犯罪提供作弊器材或者其他帮助的，依照前款的规定处罚。

为实施考试作弊行为，向他人非法出售或者提供第一款规定的考试的试题、答案的，依照第一款的规定处罚。

代替他人或者让他人代替自己参加第一款规定的考试的，处拘役或者管制，并处或者单处罚金。

## 【案例索引】

陕西省西安市雁塔区人民法院（2018）陕0113刑初450号（2018年5月25日）

## 【基本案情】

西安市雁塔区人民检察院指控：2017 年 11 月，被告人郭艳锋在西安菁华美术培训学校担任副校长期间，为获取非法利益，分别向本校三名学生欧立银、谢小宝、石逸帆的家长承诺帮助三名学生以高分通过 2018 年陕西省普通高等学校艺术类专业考试，并分别收取三名家长 145000 元、10 万元、15 万元。后郭艳锋分别联系被告人西安菁华美术培训学校老师龚习林、河南零翔文化传媒有限公司老师陆骄阳、西安美术学院建筑环境艺术系学生邱胜禄，代替上述三名学生参加 2018 年陕西省普通高等学校艺术类专业考试，并于同年 12 月 8 日晚上将三名学生的准考证、身份证交给龚习林、陆骄阳、邱胜禄。次日下午，龚习林、陆骄阳、邱胜禄在西安市高新区绿地笔克会展中心考点替考过程中被考务人员发现并报警，公安机关接报至现场将三人抓获，并在龚习林的带领下将郭艳锋抓获。公诉机关认为，被告人郭艳锋的行为已构成组织考试作弊罪，被告人龚习林、陆骄阳、邱胜禄的行为已构成代替考试罪，依法应予惩处。公诉机关建议对被告人郭艳锋判处一年又六个月左右有期徒刑，并处罚金，对被告人龚习林、陆骄阳、邱胜禄单处罚金。

被告人郭艳锋、龚习林、陆骄阳、邱胜禄对起诉书指控的事实和罪名均无异议，庭审中均表示认罪。被告人郭艳锋的辩护人辩称：郭艳锋犯罪情节较轻，认罪态度好，有坦白情节，积极退赃，系初犯，建议对郭艳锋从轻处罚。被告人龚习林的辩护人辩称：龚习林犯罪情节较轻，有立功表现，认罪态度好，系初犯，建议对龚习林从轻处罚。被告人陆骄阳的辩护人辩称：陆骄阳犯罪情节较轻，认罪态度好，社会表现一贯良好，建议对陆骄阳从轻处罚。被告人邱胜禄的辩护人辩称：邱胜禄系犯罪未遂，主观恶性不深，社会危害后果尚未产生，认罪态度好，系初犯，建议对邱胜禄从轻处罚。

法院经审理查明：2017 年 11 月，被告人郭艳锋在西安菁华美术培训学校担任副校长期间，为获取非法利益，分别向在该培训学校参加培训的三名学生欧立银、谢小宝、石逸帆的家长承诺帮助三名学生以高分通过 2018 年陕西省普通高等学校艺术类招生美术类专业课统考，并分别收取三名学生家长 145000 元、10 万元、15 万元。后被告人郭艳锋联系被告人西安菁华美术培训学校老师龚习林、河南零翔文化传媒有限公司老师陆骄阳、西安美术学院建筑环境艺术系学生邱胜禄，由三被告人分别代替上述三名学生参加 2018 年陕西省普通高等学校艺术类招生美术类专业课统考（考试科目为速写、素描、色彩)，并约定高分通过后给付三被告人一定报酬（其中被告人邱胜禄已收到1000元订金)。开考前一天晚上，被告人郭艳锋将三名学生的身份证、准考证分别交给三被告人。2017年12月9日上午，被告人龚习林、陆骄阳、邱胜禄在西安市高新区唐延南路4号西安绿地笔克会展中心考点参加考试。当日上午，被告人龚习林、陆骄阳、邱胜禄分别代替欧立银、谢小宝、石逸帆参加了速写和素描两门科目考试；当日下午，三被告人在代替三名学生参加色彩科目考试过程中被考务人员发现并报警，公安机关接报警赶至现场将三被告人抓获，并在龚习林的带领下将郭艳锋抓获。破案后，追回赃款396000万元。

## 【裁判结果】

陕西省西安市雁塔区人民法院于2018年5月25日作出（2018）陕0113刑初450号刑事判决：对被告人郭艳锋以组织考试作弊罪，判处有期徒刑一年零三个月，并处罚金8万元；对被告人龚习林、陆骄阳、邱胜禄以代替考试罪，分别判处罚金1万元；涉案赃款396000万元依法予以没收。

宣判后，检察机关未提出抗诉，被告人未提出上诉，判决已发生法律效力。

## 【裁判理由】

法院生效裁判认为：被告人郭艳锋在法律规定的国家考试中组织作弊，其行为已构成组织考试作弊罪；被告人龚习林、陆骄阳、邱胜禄在法律规定的国家考试中，代替他人考试，其行为均已构成代替考试罪。西安市雁塔区人民检察院指控四被告人所犯罪名成立。被告人郭艳锋、龚习林、陆骄阳的辩护人辩称二被告人犯罪情节较轻及被告人邱胜禄的辩护人辩称邱胜禄主观恶性不深，社会危害后果尚未产生的意见，经查，陕西省普通高等学校艺术类招生美术类专业课统考属法律规定的国家考试，被告人郭艳锋组织被告人龚习林、陆骄阳、邱胜禄在上述考试过程中代替他人考试并收取高额报酬，四被告人的行为不仅破坏了国家对考试组织的管理秩序，也破坏了社会诚信体系，侵害了其他考生的合法权益，社会危害性较大，故对上述辩护意见不予采纳。被告人邱胜禄的辩护人辩称本案系犯罪未遂的意见，经查，代替考试属行为犯，行为人只要实施了在法律规定的国家考试中代替他人考试的行为即可成立犯罪既遂，被告人邱胜禄已经代替学生石逸帆参加完两门科目考试，在参加第三门科目考试过程中被查获，故本案属犯罪既遂，对该辩护意见不予采纳。四被告人的辩护人均辩称四被告人认罪态度好、系初犯、积极退赃的意见以及被告人龚习林的辩护人辩称龚习林协助公安机关抓获同案犯、有立功表现的意见，经查属实，予以采纳，对四被告人依法可从轻处罚。根据四被告人犯罪的事实、犯罪的性质、情节和对社会的危害程度，综合后予以量刑，作出以上判决。

## 【案例注解】

近些年在高考、研究生入学考试、国家公务员考试等重大考试中存在的作弊案件屡禁不止，尤其是团伙性质组织的作弊案件引起了社会的极大关注，同时暴露出我国法律在惩治考试作弊行为方面的不足。2015 年 11 月 1 日《刑法修正案（九）》正式实施，对组织考试作弊、代替考试违法犯罪行为予以刑法规制，以维护国家考试管理秩序和考生的切身利益。《刑法》第二百八十四条之一第一款规定："在法律规定的国家考试中，组织作弊的，处三年以下有期徒刑或者拘役，并处或者单处罚金；情节严重的，处三年以上七年以下有期徒刑，并处罚金。"第四款规定："代替他人或者让他人代替自己参加第一款规定的考试的，处拘役或者管制，并处或者单处罚金。"

### 一、组织考试作弊罪、代替考试罪的犯罪构成

（一）犯罪主体

该两罪主体为一般主体，即年满 16 周岁，具备刑事责任能力的自然人。需要注意的是一些特殊主体的认定，如明知存在作弊行为而不作为或积极促成作弊的考试主管部门工作人员；未能履行监考职责而为作弊提供帮助的监考老师等，该类主体亦可构成组织考试作弊罪。

（二）主观方面

该两罪的主观方面为故意，即明知自己组织考生作弊或者代替考试行为会损害国家的考试管理秩序及他人公平参与考试的权利，仍希望这种危害结果的发生。行为人为了追逐自身利益，助考者获得了金钱或其他利益，作弊考生获得的是考试准入资格，他们对实施作弊行为是明知的，并且极力希望作弊行为结果的发生，有故意犯罪的心理动机。

（三）犯罪客体

在法律规定的国家考试中作弊，违反了考试公平、公正原则，对于其他考生的合法权益和国家考试制度造成了严重侵害，故该两罪侵犯的客体为复杂客

体，侵犯了国家对考试组织的管理秩序和他人公平参与考试的权利。

（四）客观方面

组织考试作弊罪的客观方面表现为在法律规定的国家考试中组织作弊的行为，组织性具体表现为行为人采用欺骗的方式实施组织、策划、直接参与作弊行为，且行为人在整个考试及与其相关的活动中都有可能实施作弊行为。代替考试罪的客观方面表现为代替他人或者让他人代替自己参加法律所规定的国家考试的行为。

## 二、"法律规定的国家考试"的范围认定

对于"法律规定的国家考试"应从以下两个方面把握：一是所涉考试必须是法律作出明确规定的。这里的法律应作广义上的理解，不仅指全国人民代表大会及其常委会制定的法律，还应包括行政法规、部门规章、地方性法规等规范性法律文件。就国家考试而言，由全国人大及其常委会直接规定的考试很少，大多散见于各考试主管部门制定出台的相关考试法律规章制度中，如《国家教育考试违规处理办法》《高等学校招生全国统一考试管理处罚暂行规定》《国家司法考试违纪行为处理办法（试行）》等。二是国家考试并不要求是"统一由国家一级组织的考试"。有些法律规定的考试，不是由国家一级统一组织，而是由地方根据法律规定组织实施，这些考试也属于"法律规定的国家考试"。如根据《公务员法》的规定，公务员录用考试属于国家考试，既包括国家统一组织的招录中央及其直属机构公务员的考试，也包括各省市等地方组织的录用地方各级公务员的考试；高考既有全国统一考试，也有各省依照法律规定组织的考试。因此，"国家考试"不仅包括高考、硕士研究生考试等国家教育考试，还应包括国家司法考试、注册会计师考试等职业资格考试、全国大学英语四、六级以及普通话水平测试、公务员考试等面向社会、统一举行，并具有较大社会影响的考试。对此，为了准确适用本罪，仍然需要相应的司法解释，明确"法律规定的国家考试"的具体范围，以便于司法操作。

## 三、组织考试作弊罪、代替考试罪的犯罪形态

犯罪形态是指故意犯罪在其发生、发展和完成的过程中的各个阶段，因主客观原因而停止下来的各种犯罪形态，包括犯罪预备、犯罪未遂、犯罪中止、犯罪既遂四种形态，一般把前三种形态称为未完成形态，把第四种形态称为完

成形态。①

（一）犯罪预备形态

为在考试中作弊，提前准备相关工具，创造条件，由于意志以外原因，致使行为人未能着手实行组织考试作弊、代替考试的实行行为的停止形态，是犯罪预备形态。实践中这些行为主要表现为：购买作弊工具、寻找替考者（枪手）、广告宣传、发帖找考生或家长（被替考者）、寻找犯罪办公场所等为实施作弊而创造条件的行为。

（二）犯罪未遂形态

犯罪未遂，是指行为人已经着手实行作弊行为但由于意志以外原因，致使犯罪未能完成的犯罪停止形态。着手行为主要是指双方已经达成作弊合意，开始实施作弊行为。如果作弊的犯意仅存于思想中或者是提前准备作弊工具、找枪手、在网上发帖找考生等，这些行为虽是违法行为，但不具有侵害法益的紧迫性，不宜被认定为本罪的着手实行行为，否则刑法的打击面过大，有违刑法的谦抑性原则。

（三）犯罪中止形态

在组织考试作弊、代替考试行为中，犯罪实施的任一个环节都有可能成立犯罪中止。只要行为人出于自己的意志及时中止犯罪作弊行为，或采取的措施有效地避免了犯罪结果发生的，都可以认定为犯罪中止。

（四）犯罪既遂形态

从该两罪的法律规定来看，该两罪是行为犯，即只要行为人实施了在法律规定的国家考试中作弊的行为或代替考试的行为即可成立犯罪既遂，并不要求出现国家正常的考试秩序、考生公平竞争的权利受到实际侵害的结果，即不以实际损害结果的发生为既遂标准。是否达到既遂状态，还要看其是否完全达到了犯罪的构成要件要素。如果要素齐备，就构成了本罪的既遂状态，缺少其中任一个就不是既遂状态，有可能不构成犯罪，也有可能是未遂状态。如进入考场后在开始答题前被发现的，就构成犯罪未遂；在考场开始答题后被发现的不属于未得逞，而是属于犯罪既遂。

具体到本案，被告人郭艳锋作为组织者，负责事先联络考生、家长和替考者并收取费用，在开考前将考生的准考证、身份证交给替考者，在考场周围为替考者安排好食宿。考试当天，替考者即被告人龚习林、陆骄阳、邱胜禄已经分别代替三名考试参加完上午的速写和素描两门科目考试，在参加下午色彩科

① 何素军、鲁海军：《组织考试作弊的司法认定》，载《人民司法》2016年第19期。

目考试过程中被查获。本案组织者和替考者参与了考前、考中两个阶段，替考者只要蒙混过关进入考场，国家考试的正常秩序以及他人公平参与考试的权益就处在现实的严重危险之中。代替考试的行为无需考虑替考者具体考试作答的情况，即考试的成绩优劣不在要求之列，只要其已经开始答题就属于代替考试的行为完成，故本案均属犯罪既遂。

## 四、立法建议

### （一）组织考试作弊“情节一般”与“情节严重”的认定

对于“情节严重”的具体情形，目前尚无司法解释作相应规定。认定行为人的行为是否属于情节严重，需要综合判断，但是没有标准会造成裁判的不统一，导致各地法院的量刑差异较大。司法实践中，对“情节严重”的认定，主要考虑以下因素：第一，组织考试作弊的人次。组织少数人次实施考试作弊行为，较之组织多人次考试作弊的行为，社会危害程度有明显差异；同一场考试中组织多人作弊，原则上可认定为“情节严重”。第二，行为人组织考试作弊所涉及的具体考试类型。在高考、研究生入学考试、国家公务员考试等社会影响面大的考试中组织作弊的，较之在法律规定的其他考试中组织作弊的社会危害性更大。第三，组织考试作弊的形式。如果组织考试作弊已经形成团伙化或者集团化操作，行为人明确分工、互相协作，较之一般的组织考试作弊行为危害更大，可以认定为“情节严重”。第四，组织考试作弊的手段和后果。行为人使用信息技术手段、特别是专用的作弊器材，并且顺利实现作弊，较未使用信息技术手段，或者由于现场无线电干扰未实现作弊目的的，在认定时也应当有所区分。① 尽管最高人民法院研究室对“情节严重”作出了上述解释，但还是比较笼统，实务中不好把握，如组织人次中几人为“多人”、几次为“多次”，何种类型的考试为社会影响大或者比较重要的考试，何种作弊的手段危害后果更严重，这些情形均需要司法解释予以明确。

本案涉及的考试是2018年陕西省普通高等学校艺术类招生美术类专业课统考，被告人郭艳锋组织三名“枪手”为三名学生替考，共收取三名家长395000元，但相比规模较大的集团组织、使用信息手段作弊的情形，本案的社会危害程度相对较小，且被告人认罪态度好，到案后如实供述了涉案事实，涉案赃款全部追回，被告人郭艳锋曾是西安美术学院的优秀毕业生，也是家里

---

① 沈德咏：《〈刑法修正案〉（九）条文及配套司法解释理解与适用》，人民法院出版社2015年版，第249~250页。

的顶梁柱，考虑到上述情节，对被告人郭艳锋按照“情节一般”从轻处罚。

（二）单位可否成为本罪的犯罪主体

本案被告人郭艳锋是西安菁华美术培训学校的副校长（其他一名校长、一名副校长均已到案，另案处理），三名被替考的学生是该美术培训学校的在校学生，该美术培训学校是否构成组织考试作弊罪？但《刑法修正案（九）》并未将单位列入本罪的主体范围。近年来，各种教育培训机构、考试辅导机构泛滥，开设各种“包过班”，向考生及家长承诺保证考试过关，学校校长、老师共同组织、策划、参与考试作弊，该种行为应该是单位行为。从刑法理论上讲，单位可以成为本罪的犯罪主体，对于单位领导人以单位名义实施的犯罪，其受益的是单位，应按照单位犯罪处理，策划者、参与人与单位同罚。单位犯本罪的，可对其判处罚金，并对直接负责的主管人员和其他责任人员判处相应刑罚。因此，建议在立法时予以考虑。

（**一审法院合议庭成员** 郭晓瑞　肖　英　张居仁
**编写人** 陕西省西安市雁塔区人民法院　郭晓瑞　张宏军
**责任编辑** 周维明
**审稿人** 李玉萍）

# 罗望、屠德宽等聚众斗殴、故意伤害案

## ——介入因素是否引起因果关系中断、聚众斗殴罪主从犯和转化犯的司法认定

关键词：刑事　介入因素　因果关系　主从犯　转化犯

### 【裁判要旨】

刑事犯罪过程中，介入因素不必然引起因果关系中断；聚众斗殴罪一般不区分主从犯，但可以根据各首要分子和积极参加者在实施犯罪过程中的各种情节，在法定刑幅度内确定相应的基准刑，以体现罪责刑相适应原则；聚众斗殴致人伤亡时，只对致害方有关责任人员转化定罪，以体现罪责自负原则。

### 【相关法条】

**《中华人民共和国刑法》第九十七条**　本法所称首要分子，是指在犯罪集团或者聚众犯罪中起组织、策划、指挥作用的犯罪分子。

**第二百九十二条**　聚众斗殴的，对首要分子和其他积极参加的，处三年以下有期徒刑、拘役或者管制；有下列情形之一的，对首要分子和其他积极参加的，处三年以上十年以下有期徒刑：

（一）多次聚众斗殴的；

（二）聚众斗殴人数多，规模大，社会影响恶劣的；

（三）在公共场所或者交通要道聚众斗殴，造成社会秩序严重混乱的；

（四）持械聚众斗殴的。

聚众斗殴，致人重伤、死亡的，依照本法第二百三十四条、第二百三十二条的规定定罪处罚。

**第二百三十四条** 故意伤害他人身体，处三年以下有期徒刑、拘役或者管制。

犯前款罪，致人重伤的，处三年以上十年以下有期徒刑；致人死亡或者以特别残忍手段致人重伤造成严重残疾的，处十年以上有期徒刑、无期徒刑或者死刑。本法另有规定的，依照规定。

**第二十五条** 共同犯罪是指二人以上共同故意犯罪。

二人以上共同过失犯罪，不以共同犯罪论处；应当负刑事责任的，按照他们所犯的罪分别处罚。

## 【案件索引】

一审：福建省晋江市人民法院（2015）晋刑初字第4115号（2016年10月11日）

二审：福建省泉州市中级人民法院（2016）闽05刑终1774号（2017年3月27日）

## 【基本案情】

法院经审理查明：2015年5月3日23时许，被告人罗望向被告人屠德宽索讨因打台球欠下的赌债，导致双方在电话中发生争吵并相互威胁、挑衅。当日23时44分左右，罗望身背内藏刀具、双节棍的背包，纠集吴德燃、赵清、黄俊、“阿杜”“波仔”“大蛇”等人（另案处理）到屠德宽的租房楼下并与许某等人聚合。后罗望与吴德燃一同到屠德宽的宿舍讨债，但因屠德宽没有还债意愿，罗望愤懑地下楼。随后，屠德宽与被告人邹润冬要求被告人曾学平、封秀强等人一旦楼下发生斗殴要下楼帮忙打架。当屠德宽下楼后再次与罗望发生争吵，封秀强、曾学平听到屠德宽、邹润冬的叫唤陆续冲下楼，封秀强捡起砖头欲砸罗望，罗望遂从背包中掏出一把刀追砍封秀强，封秀强往回跑至现场小卖部附近被吴德燃绊倒在地，罗望遂与吴德燃、许某、“大蛇”等人围殴封秀强，曾学平、邹润冬各持一钢管、被告人危敏持一木条板紧随其后与罗望、许某、“大蛇”等人进行斗殴。厮打过程中，被告人曾学平持钢管抡打许某头部，致右颞部硬膜外血肿、右颞部硬膜下血肿、双侧脑疝、右颞骨骨折、继发性脑梗塞。当日，被害人许某被送往晋江市中医院救治，经医院行“开颅血肿清除术+去骨瓣减压术”并转入急诊、住院ICU病房监护及对症治疗后，右颞部颅骨缺损，右颞顶叶、双基底节区、双丘脑见多发陈旧性梗死灶，呈植物生存状态，在病情稳定先后于2015年11月18日、12月18日被转入普通病房三、四病区，并自2015年12月1日起改由家属自雇护工护理，2016年3月1日因未能续付护工工资，被害人许某家属将其留置在医院，没有前往护理或继续雇请护工护理，医院为许某提供基本生命支持用药、营养和基础护理、生活护理。2015年8月9日经法医鉴定，被害人许某右额颞顶部损伤程度为重伤二级。经福建明鉴司法鉴定所鉴定，被害人许某的伤残等级评定为一级伤残。2016年4月15日，被害人许某在晋江市中医院因突发呼吸、心跳骤停，经抢救无效被宣布临床死亡。后经晋江市公安局物证鉴定室法医鉴定，被害人许某因重度颅脑损伤致昏迷终因多器官衰竭死亡。案发后，晋江市公安局罗山派出所民警例行巡逻发现多人聚集并有人受伤，疑似打群架，遂将现场案件关系人吴德燃、屠德宽带至派出所审查。2015年5月4日，被告人邹润冬、曾学平、封秀强、危敏先后被公安机关抓获归案；被告人罗望于案发当日自行到晋江市公安局罗山派出所接受调查。

## 【裁判结果】

福建省晋江市人民法院于2016年10月11日作出（2015）晋刑初字第4115号刑事附带民事判决：一、被告人屠德宽犯故意伤害罪，判处有期徒刑十二年，剥夺政治权利一年；二、被告人曾学平犯故意伤害罪，判处有期徒刑十二年，剥夺政治权利一年；三、被告人罗望犯聚众斗殴罪，判处有期徒刑五年六个月；四、被告人邹润冬犯聚众斗殴罪，判处有期徒刑四年六个月；五、被告人封秀强犯聚众斗殴罪，判处有期徒刑四年六个月；六、被告人危敏犯聚众斗殴罪，判处有期徒州三年。

一审宣判后，被告人屠德宽、曾学平、罗望、邹润冬、封秀强均对刑事判决不服，提出上诉，要求改判。福建省泉州市中级人民法院于2017年3月27日作出（2016）闽05刑终1774号刑事裁定：驳回上诉，维持原判。

## 【裁判理由】

法院生效裁判认为：被告人罗望与被告人屠德宽因赌债纠纷，为逞强斗狠，发泄私愤，公然藐视国家法纪和社会公德，双方分别纠集许某、吴德燃等人及被告人邹润冬、曾学平、封秀强、危敏等人，持械聚众斗殴，扰乱公共秩序，其中被告人屠德宽纠集、组织多人持械聚众斗殴，是聚众斗殴一方的首要分子，且致对方一人死亡，应对其组织、指挥的全部罪行承担刑事责任，被告人曾学平在被告人屠德宽的纠集下积极参与持械聚众斗殴，直接实施加害行为，致一人死亡，其行为均依法构成故意伤害罪（致人死亡）；被告人罗望纠集、组织本方多人持械参与斗殴，系聚众斗殴一方的首要分子，因其纠集、组织行为只是本方人员伤亡的条件而非直接原因，其犯罪行为与本方斗殴参加者许某死亡之间不具有刑法上的直接因果关系，其不应对许某之死承担刑事责任，其行为构成聚众斗殴罪；被告人邹润冬、封秀强、危敏积极参与持械聚众斗殴，其行为均已构成聚众斗殴罪。公诉机关指控被告人曾学平犯故意伤害罪（致人死亡）、被告人罗望、邹润冬、封秀强、危敏犯聚众斗殴罪的罪名均成立。

在本案聚众斗殴过程中，被告人屠德宽虽没有持械，也没有实施具体的殴斗行为，但其组织、纠集本方斗殴人员到现场，并亲眼目睹本方其他积极参加者曾学平、邹润冬、封秀强、危敏持械参与殴斗，其明知上述共犯的行为可能致人伤亡，却没有要求不能造成他人伤亡或采取有效措施阻止致人伤亡结果产生的行为表现，仍采取默认、不加以制止等放任态度，因而对于被告人曾学平致人伤亡的行为，屠德宽有明显的概括故意，被告人曾学平对被害人许某的加害行为没有超出屠德宽的故意范围和犯罪目的，不存在实行过限，被告人屠德宽作为聚众斗殴一方的首要分子应对本方人员的全部犯罪承担责任，对曾学平造成对方人员伤亡的后果承担责任，并应依法以故意伤害罪转化定罪处罚。公诉机关指控被告人屠德宽的罪名、适用法律不当。

被告人曾学平的致害行为是导致被害人许某死亡的根本原因，被害人许某家属消极配合治疗、护理这一介入因素不足以阻断被告人曾学平的犯罪行为致被害人死亡结果的因果关系，被告人曾学平的犯罪行为与被害人许某死亡之间具有刑法意义上的直接因果关系。被告人曾学平及其辩护人有关刑法因果关系的抗辩意见不符合法律规定，不予采纳，但考虑到本案伤害后果存在其他因素介入，可酌情从轻处罚。

在共同犯罪中，被告人曾学平虽受人纠集，但其行为积极，并直接持械实施加害行为致人死亡，作用与屠德宽基本相当；被告人邹润冬、封秀强、危敏受他人纠集积极参与持械聚众斗殴，均属积极参加者，但被告人危敏在斗殴中实际发挥的作用不大，应有别于邹润冬、封秀强进行差别量刑。被告人罗望作为聚众斗殴一方的首要分子并造成本方一人在斗殴中被对方殴打致死，且有犯罪前科，应酌情从重处罚。

被告人罗望虽主动投案、被告人危敏虽当庭表示认罪，但二被告人归案后均对起诉书指控的犯罪事实避重就轻，未能如实供述自己和他人的罪行，不能认定为自首或坦白；被告人屠德宽于案发后在现场因形迹可疑被巡警当场带回派出所进行一般性排查询问，且归案后虽当庭表示认罪，但对起诉书指控的犯罪事实避重就轻，未能如实供述自己的主要罪行，不能认定为自首或坦白。被告人邹润冬、封秀强、曾学平归案后均能如实供述罪行，当庭自愿认罪，均具有坦白情节，依法均可从轻处罚。被告人屠德宽、邹润冬、曾学平、封秀强、危敏均主动赔偿被害人部分经济损失，可酌情从轻处罚。鉴于本案参与聚众斗殴犯罪的双方行为人，无论首要分子、积极参加者，都是为了侵害对方，双方对斗殴事件的起因均有责任，双方均有过错，应当在量刑时酌情对双方过错大小予以考虑。被告人罗望有关其没有聚众斗殴，控罪不能成立且有自首情节的辩解，与事实不符，且有悖法律规定，不予采纳。被告人屠德宽的辩护人认为屠德宽主动赔偿被害人部分经济损失，可酌情从轻处罚的意见，与事实和法律相符，予以采纳，但有关本案定性、持械实行过限、自首情节、斗殴对方也有严重过错等辩护意见与查明的事实不符或不符合法律规定，不予采纳。被告人曾学平的辩护人认为曾学平有坦白情节，斗殴对方也有责任且主动赔偿被害人部分经济损失的意见，与事实和法律相符，予以采纳，但有关防卫过当并建议减轻处罚的辩护意见不符合事实和法律规定，不予采纳。公诉机关基于本案的犯罪性质、情节和各被告人在共同犯罪的地位、作用以及法定、酌定轻重情节，对被告人邹润冬、封秀强、危敏在有期徒刑三年至五年幅度内求刑的意见适当并符合法律规定，上述三被告人认为量刑过重的辩解不予采纳。

## 【案例注解】

本案在审理过程中，因出现诸如刑法因果关系、聚众斗殴罪转化犯认定等刑法适用上的难点，导致各方在以下三个问题出现重大争议：（1）被害人被殴致重伤，治疗一段时间后呈植物人状态，后因家属消极护理等因素介入出现死亡后果，如何判定行为人的犯罪行为与被害人死亡结果间的因果关系。（2）聚众斗殴犯罪是否存在主从犯之分。（3）对于聚众斗殴致人伤亡适用转化犯的行为人范围及刑事责任的确定问题。

本案在审理过程中，对上述争议问题存在两种不同意见：

第一种意见认为：首先，被告人曾学平等人在将被害人许某殴打致重伤并住院治疗后，许某经积极治疗后病情稳定，并未立即死亡。虽然被告人曾学平等人的行为有可能导致许某死亡，具有致许某死亡的危险性，但它也仅仅是停留在可能性和危险性而已，并没有合乎规律地引起许某死亡后果的发生，况且如果经过科学、精心护理也许许某不会较快死亡，且从一般常理来看，作为被害人家属，对于亲属呈植物人状态，理应对其尽力维持其生命。相反，在继续治疗过程中，被害人家属却实施了独立于伤害行为之外的一系列消极治疗护理行为，从无奈接受将许某由重症监护室转出到普通病房，到不再探望、不陪护，最后放弃护理等，从这个方面来看，被害人亲属的这一放弃护理治疗行为是异乎寻常的，是足以单独引起被害人许某死亡这一结果的。本案中正是由于介入了被害人家属放弃治疗的积极因素，才最终导致许某死亡。综上所述，由于在被告人曾学平等人的致害行为之后，又介入了独立于先前的致害行为之外的被害人家属因担心花费巨额医疗费而放弃积极治疗这一独立于伤害行为的积极因素，并最终导致被害人许某死亡。因此被告人曾学平等人的伤害行为与被害人许某死亡之间的因果关系，因被害人家属放弃治疗护理行为的介入而阻断，即被告人曾学平等人的行为仅与许某的重伤具有刑法意义上的因果关系，而与被害人许某之死不具有刑法意义上的因果关系，被告人仅对被害人的重伤结果负责，就被害人死亡的后果，被告人无需负侵权赔偿责任与刑事责任。其次，在必要的共同犯罪中，并不能完全排除刑法总则关于共同犯罪一般规定的适用。不区分主从犯，本案无法体现罪责刑相适应的原则，也不符合宽严相济原则。对于本案在区分首要分子和积极参加者基础上，还应当区分主从犯。被告人罗望、屠德宽因是首要分子属当然主犯；被告人曾学平虽是积极参加者，但其直接致伤被害人，应认定是主犯；被告人危敏尾随追赶，作用较小，可认定为从犯；被告人邹润冬、封秀强在聚众斗殴中主动、积极参与并发挥重要作用，应认定为聚众斗殴罪的主犯。最后，认为直接致伤亡的实施者的行为超出了本方的共同故意范围，应当单独对其行为进行转化定罪。

第二种意见认为：首先，被告人曾学平等一方的致害行为是导致被害人许某死亡的根本原因，被害人许某家属消极治疗护理这一介入因素不足以阻断被告人曾学平等一方的犯罪行为致被害人死亡的结果。即被告人曾学平等一方的危害行为造成被害人身体严重伤害，死亡不可避免，外力因素介入后虽加速了被害人死亡，但介入因素不中断被告人曾学平等一方致害行为与被害人死亡之间的因果关系，被告人仍然应当对被害人死亡的结果承担刑事责任。其次，聚众斗殴处罚的是首要分子和积极参加者，只需划分首要分子和积极参加者，不应再划分主从犯。最后，在聚众斗殴致人伤亡的情况下，只须对致害方有关责任人员转化定罪即可，对另一方构成聚众斗殴罪的责任主体毋须进行转化定罪，以体现罪责自负的原则。

笔者同意第二种意见，具体理由如下：

## 一、曾学平等人的故意伤害行为与被害人许某死亡之间存在刑法上的因果关系

刑法意义上的因果关系是指危害行为与危害后果间引起与被引起的合乎规律的联系。一般而言，在存在介入因素的情况下，判断先前行为与危害后果之间的因果关系是否被切断而导致不存在刑法意义上的因果关系，主要考虑介入因素的异常性以及同先前行为之间的关系，即介入因素的出现是异常还是正常的，介入因素是独立于先前行为还是从属于先前行为。如果介入因素异常、介入因素本身独立于先前行为、先前行为导致结果发生的可能性较小，则应当肯定先前行为与结果之间不存在刑法意义上的因果关系，或者说因果关系已经断绝。反之，如果介入因素的出现是正常的、介入因素本身从属于先前行为、先前行为导致结果发生的可能性较大，则应当认为先前行为与结果之间存在刑法意义上的因果关系，或者说因果关系并未被切断。本案而言，曾学平等人的致害行为是导致被害人许某死亡的根本原因，被害人许某家属消极不配合治疗护理这一介入因素不足以阻断被告人曾学平等人的犯罪行为致被害人死亡的结果。即曾学平等人的危害行为造成被害人身体严重伤害，死亡不可避免，外力因素介入后加速了被害人死亡，那么，介入因素不中断曾学平等一方致害行为与被害人死亡之间的因果关系，曾学平仍然应当对被害人死亡的结果承担刑事责任。理由如下：

1. 曾学平等人的致伤行为与被害人许某重型颅脑损伤之间具有必然因果关系，其违法原因与损害后果间的因果关系简单明了。

2. 曾学平等人的致伤行为是被害人许某死亡的根据。因为曾学平等人的致伤行为造成被害人许某死亡，结合相关主治医生等证人证言的意见，曾学平的致伤行为与许某的死亡间是一种特殊但又必然的因果关系，即曾学平的致伤行为并不是一定要导致被害人许某死亡的后果发生，而是由于故意伤害行为与死亡后果间介入了其他因素，通过这些因素的作用造成许某死亡。从本案案情看，许某受伤伤情严重，医生的意见是住院治疗只能维持生命的延续，如果按正常的方式治疗，许某也难免死亡，故曾学平等人的行为与许某死亡有必然因

果关系。

3. 被害人许某家属消极护理的行为相对于许某死亡后果来说，没有必然因果关系，是偶然因果关系。因为被害人许某经诊断为右额颞部硬膜外血肿、右颞骨骨折、右颞部头皮裂伤等，伤势严重，住院治疗也只能推迟死亡时间。从这个角度来说，被害人家属消极治疗护理行为并不是异常的介入因素，并不能中断先前的因果关系，而是一种可预见的因素。况且期间收治医院基于人道考虑仍为许某提供基本生命支持用药、营养和基础护理、生活护理。

4. 从刑法一般原理来看，犯罪行为人负有防止更严重结果发生的义务，而在本案中，当许某家属消极护理时，涉案犯罪行为人并没有继续采取垫付医疗费等必要的挽救措施，没有尽自己的义务，但不可能接受行为人以“如果继续实施抢救就可能避免死亡结果的发生”的理由对指控进行抗辩，因此不能以被害人家属消极护理为借口逃避对许某死亡的责任。

综上，根据刑法因果关系中断一般理论，只有在介入的因素是异乎寻常的，且能独立引起损害结果发生时，先前的因果关系才会中断，而在本案中许某的家属不配合护理既不是异乎寻常的，也不能独立引起损害结果发生，所以许某家属不配合治疗和护理与其死亡后果没有刑法意义上的因果关系。曾学平等人实施的故意伤害行为致被害人许某身受重伤、深度昏迷，伤情极其严重，根本无望治愈，继续治疗徒劳无益，即使没有被害人家属不配合护理等因素的介入，死亡结果同样会发生。因此，应认定曾学平等人的故意伤害行为与许某的死亡具有刑法意义上的因果关系，曾学平以及聚众斗殴同方首要分子的屠德宽应对被害人许某的死亡结果承担刑事责任和民事赔偿责任，如此处理合乎常理和情理，又经得起实践的检验，实现了法律效果和社会效果的有机统一。

## 二、聚众斗殴罪不应区分主从犯

首先，由于聚众斗殴罪的特殊性，刑法出于打击少数，争取、教育、改造多数，不扩大打击面的刑事政策需要，规定只处罚首要分子和积极参加者。

其次，聚众斗殴犯罪不应当再适用刑法总则关于共同犯罪的一般规定，对各被告人区分主从犯。因为刑法总则关于共同犯罪的一般规定是针对任意的共同犯罪而言。刑法分则各罪除了必要的共同犯罪外，都是以个人单独犯罪为标准，而刑事立法没有必要在刑法分则每一个条文中对每个犯罪都在规定个人单独犯罪的同时还规定共同犯罪，因而有必要在刑法总则中规定共同犯罪的构成，为处理共同犯罪案件提供法律依据。而对必要的共同犯罪，刑法已经在分则相应的条款中对行为人的犯罪地位作出了特别规定，对必要的共同犯罪的处理不能适用对于任意的共同犯罪的处理原则，应按特别规定优于一般规定的原则处理。《刑法》第二百九十二条规定，首要分子聚集包括积极参加者在内的多人进行斗殴，是聚众斗殴犯罪的必要条件，法条已经直接对各被告人的犯罪地位作出了明确的界定，即斗殴双方的首要分子和积极参加者应追究刑事责任，其他一般参加者不构成犯罪。因此，对聚众斗殴犯罪在确定首要分子和其他积极参加者的前提下，不再区分主从犯，更符合立法原意。如果为了解决可能造成各被告人量刑普通偏重的问题而任意适用从犯的规定，有违法律精神。

再次，根据各首要分子和积极参加者在实施犯罪过程中的各种情节，在法定刑幅度内确定相应的基准刑，更能体现罪责刑相适应的原则。

最后，根据《福建省高级人民法院修改〈关于常见犯罪的量刑指导意见〉实施细则的通知》精神，由于有关司法解释对部分罪名的定罪处刑标准作出新规定，需要对《福建省高级人民法院〈关于常见犯罪的量行指导意见〉实施细则》（以下简称《实施细则》）的有关内容进行相应调整修改。为此，根据最高人民法院的授权，福建省人民法院对《实施细则》进行了再次修改完善，涉及聚众斗殴罪的量刑评议表中仍未单列出从犯情节的调整刑幅。由此可见，上级法院对此罪是否有从犯情节并非有意疏漏，而是没有认同主从犯之分。

## 三、聚众斗殴致人伤亡只对致害方有关责任人员转化定罪

在聚众斗殴致人伤亡的情况下，只须对致害方有关责任人员转化定罪即可，对另一方构成聚众斗殴罪的责任主体毋须进行转化定罪，以体现罪责自负的原则。理由如下：（1）不存在受害方承担转化犯罪的事实基础。相对于致害方，当只有一方受害方人员中出现伤亡结果时，受害方人员只有聚众斗殴的实行行为，而没有致同犯伤亡的实行行为。（2）也不存在使受害方承担转化犯罪刑事责任的理论基础。斗殴双方都可能构成犯罪，不过敌我的双方人员间并非刑法意义上的共犯。而共犯是要求对共同犯罪行为和共同犯罪结果存在追求或放任的心理。所以说聚众斗殴极易导致双方人员互有伤亡，其中任何一方都是致害者又是受害方，双方人员均不应对属于自己一方人员的伤亡结果承担刑事责任，但应对他方人员的伤亡结果视情况承担刑事责任。（3）刑法分则中规定的转化条件之出现伤亡结果，应指对受害方或相对方造成的结果，不包括对行为人自身或本方人员的伤亡结果。由于刑事责任的承担基础是以犯罪行

为与危害后果之间具有刑法意义上的因果关系，而决定民事责任构成的基本要件也是取决于损害后果与加害行为间是否具有因果关系。

对于本案来说，首先，作为受害方首要分子的被告人罗望实施的聚众斗殴行为只是为本方聚众斗殴参与者许某伤亡后果的形成提供一定条件，但并不是造成许某伤亡后果的直接原因。被告人罗望的犯罪行为所侵害的法益不应当包括在实施犯罪过程中本方所遭受的损害，因其没有致本方参与者伤亡的故意，其聚众斗殴的目的是泄愤报复殴打对方，主观故意内容明确不包括造成本方人员伤亡，而许某伤亡结果显然已超出其主观故意，因而不能对其进行转化定罪。

其次，本案被告人屠德宽、邹润冬、封秀强、危敏、曾学平作为聚众斗殴中的致害方人员，除了被告人曾学平是直接致害人理当转化定罪外，被告人屠德宽也应转化定罪处罚。因为被告人屠德宽作为聚众斗殴一方的纠集者，应认定首要分子，其在主观上不仅应认识到积极参加者的斗殴故意和行为，还应认识到行为可能产生的严重危害后果，因此应对全部犯罪后果负总责，而现没有证据表明屠德宽事先对聚众斗殴的危害后果有明确的限制或要求本方参加者不得致对方人员伤亡，因此直接行为人的实行行为不存在实行过限的问题，仍应转化定罪。

在共同犯罪中，被告人屠德宽虽没有持械，也没有实施具体的斗殴行为，但公诉机关提供的相关证人证言、被告人邹润冬、曾学平、封秀强等人的供述、现场实时监控视频及截图等证据证明屠德宽除了作为首要分子组织、纠集本方斗殴人员到现场外，其本人在斗殴现场亲眼目睹本方其他共犯曾学平、邹润冬、封秀强、危敏持械参与殴斗，明知可能致人伤亡，仍持默认、不加以制止等放任态度，也没有证据证明屠德宽在组织聚众斗殴犯罪过程中，有要求其他积极参加者不能造成他人伤亡或采取有效措施阻止致人伤亡结果产生的行为表现，因而对于被告人曾学平致人伤亡的行为，屠德宽有明显的概括故意。而曾学平对对方参与斗殴人员许某的加害行为没有超出屠德宽的故意范围和犯罪目的，不存在实行过限，屠德宽应对曾学平致许某死亡的后果承担责任，并应依法以故意伤害罪转化定罪处罚。

其他积极参加者是否转化定罪？从现有证据来看，无法证明致害方的各行为人在对被害人许某实施加害行为过程中，存在与直接加害人曾学平间有协调配合，共同加害的行为，因而致害方各行为人，除首要分子屠德宽转化定罪外，其他行为人因实质上具有持械聚众斗殴的故意，其个人行为已融入持械斗殴的整体行为中，对其各自行为理应认定为持械聚众斗殴的积极参加者，只对自己的行为承担刑事责任，即被告人邹润冬、封秀强、危敏以聚众斗殴罪论处。

综上，一、二审法院在认定被害人死亡不因家属消极护理而中断与曾学平等人殴打行为间所具有刑法上的因果关系，聚众斗殴致人伤亡适用转化犯的行为人范围及具体刑事责任确定以及聚众斗殴罪不区分主从犯等疑难问题的处理方法是正确的。

（**一审法院合议庭成员** 刘向阳 许逢其 赖建来
**二审法院合议庭成员** 黄仲谋 吴飞普 黄 霖
**编写人** 福建省晋江市人民法院 刘向阳
**责任编辑** 周维明
**审稿人** 李玉萍）

# 何况、赵振华等非法制造、买卖枪支、弹药案

——对购买散件组装枪支的定性以及非法制造枪支散件犯罪形态的把握

关键词：刑事　枪支散件　买卖　制造　未遂

## 【裁判要旨】

行为人购买成套散件后组装成枪支的，一般应认定为非法买卖枪支罪；如果组装行为在实质意义上具有加工创造性质的，则应认定为非法制造枪支罪。行为人购进设备、原材料并开始着手制造，但尚未制造出具备枪支零部件功能的散件的，应认定为非法制造枪支罪的未遂。

## 【相关法条】

**《中华人民共和国刑法》第一百二十五条第一款**　非法制造、买卖、运输、邮寄、储存枪支、弹药、爆炸物的，处三年以上十年以下有期徒刑；情节严重的，处十年以上有期徒刑、无期徒刑或者死刑。

**《最高人民法院关于审理非法制造、买卖、运输枪支、弹药、爆炸物等刑事案件具体应用法律若干问题的解释》第七条**　非法制造、买卖、运输、邮寄、储存、盗窃、抢夺、持有、私藏、携带成套枪支散件的，以相应数量的枪支计；非成套枪支散件以每三十件为一成套枪支散件计。

## 【案件索引】

一审：安徽省芜湖市中级人民法院（2017）皖02刑初5号（2018年4月23日）

二审：安徽省高级人民法院（2018）皖刑终184号（2018年8月14日）

## 【基本案情】

安徽省芜湖市人民检察院指控：2016年1月以来，被告人何况非法买卖气枪散件，雇用被告人胡林杰、易涛制造气枪铅弹对外出售。案发后，从何况处查获枪支7支，铅弹74200余发，成套枪支散件135件，枪支零部件2001个。被告人胡军华受何况指使为制造铅弹用电提供保障。

2015年12月以来，被告人赵振华向他人学习制造气枪枪管膛线，购买设备和原材料制造枪管对外出售。案发后，从其处查获气枪枪管1787根。被告人赵振明受赵振华指使帮助包装、邮寄枪管等。

2016年2月以来，被告人刘剑非法买卖气枪枪身套件100余件、气枪铅弹10000余发。

公诉机关认为：被告人何况的行为已构成非法制造、买卖、运输、邮寄、储存枪支、弹药罪和非法持有枪支罪，所犯二罪均属情节严重，应当依照《刑法》第一百二十五条第一款、第一百二十八条第一款和相关规定追究其刑事责任，数罪并罚。被告人赵振华的行为构成非法制造、买卖、邮寄、储存枪支罪，被告人赵振明的行为构成非法制造、买卖、邮寄枪支罪，被告人刘剑的行为构成非法买卖、邮寄枪支、弹药罪，被告人胡林杰、易涛的行为构成非法制造、买卖枪支、弹药罪，被告人付云朝的行为构成非法制造、买卖、邮寄枪支、弹药罪，被告人胡军华的行为构成非法制造弹药罪，赵振华、赵振明、刘剑、胡林杰、易涛、付云朝、胡军华犯罪均属情节严重，应当依照《刑法》第一百二十五条第一款之规定分别追究其刑事责任。

被告人何况、赵振华、胡林杰、易涛、付云朝、胡军华、赵振明、刘剑对公诉机关指控的事实没有异议。

何况的辩护人主要提出，何况购买枪支散件组装成枪支并持有的行为是其非法买卖枪支犯罪的延续，其行为不构成非法持有枪支罪。

赵振华的辩护人主要提出，赵振华仅制造气枪枪管，未制造出完整的枪支，应认定其制造枪支罪的未遂。

胡林杰、易涛、付云朝、胡军华、赵振明及其各自辩护人均主要提出要求从宽处罚。

刘剑的辩护人提出，指控刘剑的犯罪事实不清，证据不足，其行为不构成犯罪。

法院经审理查明：2016 年 1 月以来，被告人何况借助互联网平台、物流寄递渠道倒卖气枪散件牟利。同年 2 月，何况雇用被告人胡林杰、易涛制造铅弹并出售，指使被告人胡军华为制造铅弹用电提供保障。何况通过网络购买成套气枪散件 500 余件、从被告人赵振华处购买气枪枪管 300 余根等进行出售。何况使用购买的成套气枪散件组装成 7 支完整的枪支并放在其处所。案发后，从何况处查获枪支 7 支，铅弹 74200 余发，成套枪支散件 135 件，枪支零部件 2001 个。

2015 年 12 月，被告人赵振华向他人学习使用拉线机制造气枪枪管的方法，购买拉线机，采购精密管作为制造枪支的原材料，委托他人对毛坯管进行过桥、镀铬等加工，其再用机器加工枪管膛线，已售出加工好的枪管 1000 余根。案发后，从其处查获气枪枪管 1787 根，其中毛坯管 1135 根，已加工待售的枪管 652 根，以及拉线机等作案工具。被告人赵振明受赵振华指使提供包装、邮寄枪管等帮助。

2016 年 2 月以来，被告人刘剑非法买卖气枪枪身套件 100 余件、气枪铅弹 1 万余发。

## 【裁判结果】

安徽省芜湖市中级人民法院于 2018 年 4 月 23 日作出（2017）皖 02 刑初 5 号刑事判决：一、被告人何况犯非法制造、买卖、运输、邮寄、储存枪支、弹药罪，判处有期徒刑十三年；犯非法持有枪支罪，判处有期徒刑四年，数罪并罚，决定执行有期徒刑十六年。二、被告人胡林杰犯非法制造、买卖枪支、弹药罪，判处有期徒刑四年。三、被告人易涛犯非法制造、买卖枪支、弹药罪，判处有期徒刑三年六个月。四、被告人付云朝犯非法制造、买卖、邮寄枪支、弹药罪，判处有期徒刑三年，缓刑五年。五、被告人胡军华犯非法制造弹药罪，免予刑事处罚。六、被告人赵振华犯非法制造、买卖、邮寄、储存枪支罪，判处有期徒刑十四年。七、被告人赵振明犯非法制造、买卖、邮寄枪支罪，判处有期徒刑三年，缓刑五年。八、被告人刘剑犯非法买卖、邮寄枪支、弹药罪，判处有期徒刑十一年。九、扣押在案的枪支、弹药及用于犯罪的工具予以没收，对违法所得予以追缴。

宣判后，何况、胡林杰、易涛、赵振华、刘剑不服，提出上诉。

安徽省高级人民法院于 2018 年 8 月 14 日作出（2018）皖刑终 184 号刑事判决：一、维持安徽省芜湖市中级人民法院（2017）皖 02 刑初 5 号刑事判决对被告人胡林杰、易涛、付云朝、胡军华、赵振明、刘剑的定罪量刑部分。二、撤销安徽省芜湖市中级人民法院（2017）皖02刑初5号刑事判决对被告人何况、赵振华的定罪量刑部分。三、上诉人何况犯非法制造、买卖、运输、邮寄枪支、弹药罪，判处有期徒刑十三年。四、上诉人赵振华犯非法制造、买卖、邮寄枪支罪，判处有期徒刑十三年。

【裁判理由】

法院生效裁判认为：上诉人何况违反国家对枪支、弹药的管理规定，非法制造、买卖、运输、邮寄枪支、弹药，危害公共安全，其行为构成非法制造、买卖、运输、邮寄枪支、弹药罪，且属情节严重。何况在与上诉人胡林杰、易涛及原审被告人付云朝、胡军华共同犯罪中系主犯，应当按照其所参与的全部犯罪处罚。上诉人赵振华违反国家对枪支的管理规定，非法制造、买卖、邮寄枪支，危害公共安全，其行为构成非法制造、买卖、邮寄枪支罪，且属情节严重。赵振华在与原审被告人赵振明共同犯罪中系主犯，应当按照其所参与的全部犯罪处罚。何况、赵振华归案后能如实供述自己的罪行，依法从轻处罚。原判对刘剑、胡林杰、易涛、付云朝、赵振明、胡军华认定事实和适用法律正确、量刑适当，本院维持原判。公安机关在何况处查获的、枪支、枪支散件、气枪铅弹及赵振华处查获的枪管系二人出售前的自行存放，不属于相关司法解释所规定的“非法储存”的情形，原判对何况、赵振华适用的选择性罪名不准确，应予纠正。从何况处查获的枪支7支是其购买枪支散件组装而成，该7支枪支应当计入何况非法买卖枪支的数量，原判认定何况犯非法持有枪支罪不正确，应予纠正。从赵振华处查获的1787根枪管中有1135根系毛坯管，尚未进行加工，该1135根毛坯管系犯罪未遂，原判对查获的1787根枪管全部认定犯罪既遂不正确，应予纠正。

【案例注解】

本案在审理过程中主要存在两个争议问题：一是行为人购买零部件组装成枪支后持有的行为如何定性；二是对非法制造枪支散件的犯罪形态如何把握。上述问题在办理涉枪案件过程中普遍存在争议，具有一定的典型性，值得进行梳理和分析。

**一、行为人购买成套散件后组装成枪支的，一般应认定为非法买卖枪支罪；如果组装行为在实质意义上具有加工创造性质的，则应认定为非法制造枪支罪**

本案是一起典型的网络贩卖枪支弹药案件。被告人何况通过互联网平台和物流渠道采购枪支散件，化整为零将成套枪支散件分解为多个快递件配送给买家，采用视频等方式指导买家组装，完成枪支交易。同时，其还大量制造铅弹用于出售。何况是一名“枪迷”，购买成套枪支散件组装了仿“秃鹰”高压气枪4支、气手枪2支和火药枪1支放在其处。在案件审理过程中，对在何况处所查获的铅弹、成套枪支散件等的定性没有争议；对从其处查获的7支枪支，存在不同意见：

一种意见认为，非法买卖枪支罪的“买卖”在刑法意义上指的是贩卖或者以贩卖为目的而购买，单纯的购买枪支与出售枪支或者以出售为目的而购买的主观恶性和对公共安全造成的危险不能等量齐观，应当区别对待，从何况处查获的7支枪支应认定为非法持有枪支罪。

另一种意见认为，《最高人民法院关于审理非法制造、买卖、运输枪支、弹药、爆炸物等刑事案件具体应用法律若干问题的解释》（以下简称《非法制造、买卖枪支的解释》）第七条规定，非法买卖成套枪支散件的，以相应数量的枪支计；非成套枪支散件以每30件为一成套枪支散件计。根据上述司法解释对枪支散件的法律拟制，何况购买散件组装成枪支的行为应当按照非法买卖枪支罪论处。

笔者原则上同意第二种意见。具体理由如下：

（一）选择性罪名中的同质行为应当同等评价，单纯的非法购买枪支行为亦应当纳入非法买卖枪支罪评价范畴

《最高人民法院关于执行〈中华人民共和国刑法〉确定罪名的规定》把《刑法》第一百二十五条第一款中的非法制造、买卖、运输、邮寄、储存五种枪支犯罪行为和枪支、弹药、爆炸物三种犯罪对象统一规定在一个选择性罪名内，司法机关在确定罪名时，既可以单独适用，也可以组合适用。从刑法条文和罪名的设计看，五种枪支犯罪行为、三种犯罪对象作为罪名的选择性要素，被法律赋予了同质性特征，在适用法律时理应给与同等评价，《非法制造、买卖枪支的解释》中对不同犯罪对象在同一量刑幅度的量化正是同质行为同等评价原则的体现。以非法买卖军用枪支和炸药为例，《非法制造、买卖枪支的解释》第一条第一款第一项规定的非法制造、买卖、运输、邮寄、储存军用

枪支1支的，第六项规定的非法制造、买卖、运输、邮寄、储存炸药1000克以上的，对应的量刑幅度均是三年以上十年以下有期徒刑。那么，如果按照前述第一种意见“非法买卖枪支不包括单纯的购买行为”的观点，司法实践中将会出现法律规定的同质事实异罚及适用法律标准混乱的问题。即，行为人单纯的非法购买并持有军用枪支1支的按照非法持有枪支罪定罪，根据《刑法》第一百二十八条第一款的规定，对应的量刑幅度是三年以下有期徒刑、拘役或者管制；行为人非法购买并持有炸药1000克的，按照非法储存爆炸物罪定罪，根据刑法第一百二十五条第一款的规定，对应的量刑幅度是三年以上十年以下有期徒刑，同质事实在适用法律时则出现标准不统一的问题。推而言之，行为人将自己非法购买的军用枪支1支交给其他人保管的，行为人按照非法持有枪支罪定罪，在三年以下有期徒刑、拘役或者管制的幅度内量刑；而对于保管人而言，根据《非法制造、买卖枪支的解释》第八条规定，明知是他人非法买卖的枪支而为其存放的，应当认定为非法储存枪支罪，在三年以上十年以下有期徒刑的幅度内量刑。如此适用法律，显然难以实现法律公正和取得社会认同。故前述第一种意见的理由不能成立。

（二）非法持有枪支罪是堵截性罪名，对于能够查清行为人持有枪支的来源和用途的，不以非法持有枪支罪定罪处罚

枪支、弹药、爆炸物对公共安全、社会治安和人民群众生命财产具有高度危险，我国历来对枪支、弹药、爆炸物实行严格管制，禁止任何单位和个人非法制造、买卖、运输、持有、储存，刑法亦对涉枪犯罪行为作出明确规定，集中体现在《刑法》第一百二十五条规定的非法制造、买卖、运输、邮寄、储存枪支、弹药罪和第一百二十八条规定的非法持有、私藏枪支、弹药罪等罪名。从条文之间的逻辑关系不难看出，非法持有枪支罪可以说就是持有枪支来源和用途不明罪。根据刑法理论通说，持有型犯罪的立法意义在于严密刑事法网，突出刑法的社会保护功能，堵截性地惩罚实务中难以查清行为人持有特定物品的来源、用途的行为，防止更严重犯罪的发生。因此，在司法实践中，对于有证据证明枪支来源于制造、买卖等方式的，应当按照刑法的明确规定定罪处罚；反之，枪支的来源和用途难以查清的，才纳入到非法持有枪支罪予以堵截性惩罚的范围。

（三）关于对非法买卖枪支罪中“买卖”的理解与把握，最高人民法院发布的类似指导性案例已予明确，应当参照指导性案例的裁判要点作出认定

案例指导制度是人民法院依法履行审判职责、保证法律统一正确实施、推进司法改革的一项重要内容。党的十八届四中全会审议通过的《中共中央关

于全面推进依法治国若干重大问题的决定》指出："加强和规范司法解释和案例指导，统一法律适用标准。"2015年5月，最高人民法院印发《〈最高人民法院关于案例指导工作的规定〉实施细则》，进一步明确了"类似案件"的判定标准及如何参照适用指导性案例。审理案件时，应当注意查询相关指导性案例的规定，对于基本案情和法律适用方面与最高人民法院发布的指导性案例相类似的，应当参照相关指导性案例的裁判要点作出认定。最高人民法院2013年颁布的13号指导案例"王召成等非法买卖、储存危险物质案"裁判要点中指出：非法买卖毒害性物质，是指违反法律和国家主管部门规定，未经有关主管部门批准许可，擅自购买或者出售毒害性物质的行为，并不需要兼有买进和卖出的行为。该指导性案例涉及的非法买卖、储存危险物质罪与非法制造、买卖、运输、邮寄、储存枪支、弹药、爆炸物罪同属《刑法》第一百二十五条，因此，对于同属一个法条中的"非法买卖"的含义应当作统一理解与把握，非法买卖枪支罪的认定同样不需要兼有买进和卖出的行为，单纯的购买枪支行为亦构成非法买卖枪支罪。

本案中，公安机关从被告人何况租用的仓库内查获了7支枪支。关于枪支的来源，何况供称系通过网络购买成套枪支散件组装而成，主要用于打鸟等娱乐，所供得到其QQ聊天记录、手机内存储的组装枪支视频、快递单据、同案被告人胡林杰、付云朝、赵振华等人供述等证据印证，且公安机关从其租用的仓库亦查获大量成套枪支散件，经鉴定其中135套可以组装成完整枪支，上述证据足以证明从何况租用的仓库内查获的枪支的来源是其非法购买成套枪支散件组装而成，其持有行为是购买散件组装后的必然结果，与非法买卖枪支罪已经构成一个犯罪事实整体，应当作为吸收犯一并予以完整评价，对于查获的7支枪支应当计入何况非法买卖枪支的数量，对其持有枪支行为不应当再单独定罪处罚。

需要说明的是，本案审理过程中，有意见认为对于被告人何况购买枪支零部件的组装行为可以考虑认定为制造枪支罪。至于购买枪支散件的组装行为是认定非法制造枪支罪还是非法买卖枪支罪，尽管在量刑没有差异，但是分析该行为更符合哪一种犯罪行为方式，对准确认定行为性质和裁判文书对罪行的精确表述具有重要意义，有必要进行梳理。众所周知，不论是军用枪支还是非军用枪支，都可以基于保养、携带等目的拆分成不同的零部件，拆解后的成套零部件仍然是枪支，这一点没有异议。关于对零部件的组装行为能否认定为刑法意义上的"制造"，笔者认为，关键在于审查组装工艺的复杂程度是否超出社会一般人的常识和动手能力，不能一概而论。如果通过卖家提供的示意图或视频即能够按图索骥将成套散件组装成枪支，组装仅仅是一个简单拼装过程，那么依照《非法制造、买卖枪支的解释》第七条的拟制规定，成套枪支散件以相应数量的枪支计，对于非法购买成套枪支零部件的组装枪支行为，可以按照非法购买枪支罪论处；如果将零部件组装成枪支的难度超过一般人的简单学习和动手能力，或者说组装行为在实质意义上具有加工创造性质的，则应认定为非法制造枪支罪。本案中，从何况处查获的气枪拆解后与成套枪支散件中的零部件一致，按照其手机内存储的视频进行操作即可手工完成零部件组装，组装过程没有额外的加工，也不需要专业设备的辅助，故本案对何况购买零部件组装枪支的行为认定为非法买卖枪支罪。

## 二、购进制造枪支散件的设备和原材料并着手制造，但尚未制造出具备枪支零部件功能的散件的，应认定为非法制造枪支罪的未遂

本案被告人赵振华购买制造气枪枪管的设备和原材料，制造枪管对外销售。案发后，公安机关其处查获气枪枪管1787根，其中尚未加工枪管膛线的毛坯管1135根，已加工待售的枪管652根。对查获1787根枪管的犯罪形态如何认定，是本案的另一个争议问题。

一种意见认为，从《刑法》第一百二十五条第一款的规定看，非法制造枪支罪是行为犯，犯罪既遂不以制造结果的完成为要件，非法制造枪支的行为一经实施即构成既遂犯，对从赵振华处查获的枪管均应认定为非法制造枪支罪的既遂。

另一种意见认为，非法制造枪支散件对公共安全造成的危险是制造出的具备枪支零部件功能的散件，对于购进制造枪支散件的设备和原材料并着手制造，但尚未制造出具备零部件功能的散件的，应当认定为非法制造枪支罪的未遂。

笔者同意第二种意见。理由是：认定刑法分则的犯罪是否构成既遂，应当以行为人实施的行为是否具备犯罪的全部构成要件为标准，而不能仅以刑法分则的条文规定为依据。《刑法》第一百二十五条第一款规定，非法制造枪支的，处三年以上十年以下有期徒刑；情节严重的，处十年以上有期徒刑、无期徒刑或者死刑。仅从条文规定看，非法制造枪支罪是行为犯，只要着手实施制造枪支行为，不论是否出现行为人追求的结果，都构成犯罪既遂。然而，《非法制造、买卖枪支的解释》已经将非法制造行为具体量化为一定数量的能够发射的枪支或者是具备枪支零部件功能的散件，由此可见，不能仅以刑法分则条文对非法制造枪支罪的规定就得出一经着手制造即构成犯罪既遂的结论，应当将制造出的对公共安全能够产生实质危险的枪支或者零部件作为犯罪既遂的

构成要件。非法制造枪支对公共安全形成的危险，凭借通常的社会生活经验与采用实质意义评价的方法就可以判断，即行为人制造出能够发射的枪支或者是具备枪支零部件功能的散件。那么，就枪支或者枪支散件的“制造”而言，有着从原材料到半成品再到成品的过程，并非一经着手实施就立即完成产品的制造，着手实行与制造出产品之间客观存在一个循序渐进的过程，这个客观存在的过程将制造枪支的实行行为区分为着手、实行与完成三个阶段，着手实行阶段显然是犯罪尚未得逞。因此，根据刑法对未遂的规定，对已经着手制造枪支或者散件但尚未制造完成的部分应认定为制造枪支罪的未遂。

本案中，被告人赵振华为谋取非法利益，专门向他人学习制造气枪枪管膛线的方法，租用厂房，购置为枪管加工膛线的机器设备，采购精密管作为制造枪管的原材料进行加工，案发前已售出加工好的枪管1000余根。案发后，公安机关从其租用的厂房内查获1787根疑似枪管，在现场勘查笔录及所附扣押物品清单上对查获的疑似枪管根据不同特征进行了详细区分并分项记载：其中1135根为毛坯管，已包装的枪管为105根，未包装的枪管为547根；对1787根疑似枪管的鉴定意见亦载明，其中1135根疑似枪管没有膛线，另652根疑似枪管已加工膛线；据赵振华及原审被告人赵振明供述，赵振华购买毛坯管作为制造枪管的原材料，先委托别人给枪管镀铬、过桥、将毛坯管喷黑、打商标等加工，然后其再用拉线机加工枪管膛线，完成上述工序后，枪管才能对外出售；被查获的652根已加工膛线的枪管系已加工待售，另外1135根因案发尚来得及未加工。综上，二人关于制造枪管工序的供述符合常理，且与现场勘查笔录、扣押物品清单、鉴定意见及何况关于从赵振华处购买枪管特征的供述等证据能相印证，对1135根尚未加工的毛坯管应认定为非法制造枪支罪的未遂。根据《非法制造、买卖枪支的解释》第七条对枪支散件的拟制规定，赵振华非法制造枪支罪的既遂部分和未遂部分均属非法制造枪支罪情节严重的情形，在量刑时应当以犯罪既遂酌情从重处罚。考虑到原判对从赵振华处查获的枪管未区分既未遂，且对其认定罪名不准确，二审以非法制造、买卖、邮寄枪支罪改判赵振华有期徒刑十三年。

（**一审法院合议庭成员**　江　权　李月宏　吴金华
**二审法院合议庭成员**　白春子　张　震　李鹏翀
**案例编写人**　安徽省高级人民法院　白春子
**责任编辑**　周维明
**审稿人**　李玉萍）

# 刘东非法狩猎案

## ——在禁猎区非法狩猎“三有”保护野生动物的认定

关键词：刑事　非法狩猎“三有”保护野生动物　禁猎区

### 【裁判要旨】

违反狩猎法规，在禁猎区、禁猎期或者使用禁用的工具、方法狩猎，非法狩猎野生动物二十只以上的，属于非法狩猎“情节严重”。

### 【相关法条】

**《中华人民共和国刑法》第三百四十一条第二款**　违反狩猎法规，在禁猎区、禁猎期或者使用禁用的工具、方法进行狩猎，破坏野生动物资源，情节严重的，处三年以下有期徒刑、拘役、管制或者罚金。

**第七十二条第一款**　对于被判处拘役、三年以下有期徒刑的犯罪分子，同时符合下列条件的，可以宣告缓刑，对其中不满十八周岁的人、怀孕的妇女和已满七十五周岁的人，应当宣告缓刑：

（一）犯罪情节较轻；

（二）有悔罪表现；

（三）没有再犯罪的危险；

（四）宣告缓刑对所居住社区没有重大不良影响。

**《最高人民法院关于审理破坏野生动物资源刑事案件具体应用法律若干问题的解释》第六条第一项**　违反狩猎法规，在禁猎区、禁猎期或者使用禁用的工具、方法进行狩猎，具有下列情形之一的，属于非法狩猎“情节严重”：

（一）非法狩猎野生动物二十只以上的；

## 【案件索引】

一审：内蒙古自治区额尔古纳市人民法院（2018）内0784刑初40号（2018年4月16日）

## 【基本案情】

法院经审理查明：2017年11月下旬的一天傍晚，被告人刘东发现一只野鸡落在自己家的草垛里，于是便在天黑后用手电筒照明，拿木棍将野鸡打死；2017年12月中旬，被告人刘东在自家牛舍里和后院杖子上先后4次用弹弓打死了19只麻雀；2017年12月19日，被告人刘东的表弟许凯明驾驶车辆，与被告人刘东一起去看望在六卡沟的舅舅，车辆驶出嘎密山的时候，被告人刘东看见路边有一只沙半鸡，于是就拿弹弓将沙半鸡打死放在了车里，之后继续驾车行驶了大约5公里左右，在村子西北方向边防公路旁看见另一只沙半鸡死在路边，被告人刘东又下车捡回来放在了车里。

2017年12月19日，额尔古纳市公安局黑山头边防派出所与特警大队在黑山头镇开展清边行动，设卡检查时发现被告人刘东所驾驶的车辆上有两只鸟类死体和一把弹弓，并在其家中搜出其他鸟类死体20只，后黑山头边防派出所将案件移交给额尔古纳市森林公安局。额尔古纳市森林公安局民警使用GPS设备采集被告人刘东狩猎地点的坐标，并通过“谷歌地图”软件上标尺测量，发现被告人刘东四次狩猎地点距国境线距离均不超过10公里。2017年12月22日，经内蒙古大兴安岭林业科学技术研究所司法鉴定所【2017】林司鉴字第22号司法鉴定意见书鉴定，沙半鸡、麻雀、环颈雉属“三有”保护野生动物，列入《国家保护的有益的或者有重要经济、科学研究价值的陆生野生动物名录》。

另查明，案发后，公安机关扣押被告人刘东非法狩猎的猎物鸟类死体22只、弹弓一把、钢珠一袋、麦子一食品袋、木棍一根。

## 【裁判结果】

内蒙古自治区额尔古纳市人民法院于2018年4月16日作出（2018）内0784刑初40号刑事判决：被告人刘东犯非法狩猎罪，判处有期徒刑六个月，缓刑一年。

宣判后，检察机关未提出抗诉，被告人未提出上诉，判决已发生法律效力。

## 【裁判理由】

法院生效裁判认为：被告人刘东违反野生动物保护法规，在禁猎区狩猎，破坏野生动物资源，情节严重，其行为已构成非法狩猎罪。鉴于被告人刘东到案后能够如实供述自己的犯罪事实，可以从轻处罚。

## 【案例注解】

众所周知，列入国家野生动物保护名录的野生动物受法律保护，殊不知进入“三有动物”名录的野生动物，同样受法律保护。“三有动物”是指有重要生态、科学、社会价值的陆生野生动物，包括麻雀、青蛙、壁虎、蟾蜍、野鸡、野兔和各种蛇类等共计1700多种。对于“三有动物”，我国《刑法》及相关法律规定，私自捕捉1只（条）就违法，捕捉20只（条）以上就构成犯罪，捕捉50只（条）以上就属于重大刑事案件。我国《野生动物保护法》规定，猎捕非国家重点保护野生动物的，必须取得狩猎证，并且服从猎捕量限额管理。额尔古纳市位于内蒙古自治区大兴安岭溪北麓，西部及北部隔额尔古纳河与俄罗斯相望，物产资源丰富，自然条件得天独厚，野生动植物资源丰富，非法猎捕、盗伐林木等破坏动植物资源的违法犯罪行为时有发生，本案对于减少此类犯罪行为具有警示教育意义。

我国《刑法》和《野生动物保护法》规定，以下三类野生动物明文受保护：国家重点保护野生动物；地方重点保护野生动物；有益的和有重要经济、科学研究价值的陆生野生动物（即“三有”动物）。那些常见的、经常被人们捕捉、烹饪的青蛙、麻雀等“不起眼”的小动物，很可能就属于“三有”保护动物，但长期以来被人们所忽视。

为贯彻落实《野生动物保护法》，加强对国家和地方重点保护野生动物以外的陆生野生动物资源的保护和管理，早在2000年8月，国家林业局第7号令就发布了“三有”保护动物名录，具体罗列了受保护动物或其品种，比如本案中刘东捕捉的沙半鸡、麻雀、环颈雉，就在此中。

不过并非只要捕捉“三有”保护动物就一定会接受刑事处罚。《国家林业局、公安部关于森林和陆生野生动物刑事案件管辖及立案标准》规定，违反狩猎法规，在禁猎区、禁猎期或者使用禁用的工具、方法狩猎，具有下列情形之一的，应予立案：（1）非法狩猎陆生野生动物20只以上的；（2）在禁猎区或者禁猎期使用禁用的工具、方法狩猎的；（3）具有其他严重破坏野生动物资源情节的。

可见，是否在禁猎区、禁猎期或者使用禁用的工具、方法狩猎，以及非法狩猎陆生野生动物的数量，是决定此类违法行为能否刑事立案的标准。《内蒙古自治区实施〈中华人民共和国野生动物保护法〉办法》中也明确规定，在自然保护区、风景游览区、文物保护区、城镇市区、距国境线10公里以内、铁路和公路两侧1公里以内的地区，为禁猎区。

非法狩猎罪指违反狩猎法规，在禁猎区、禁猎期或者使用禁用工具、方法进行狩猎，破坏珍禽珍兽或者其他野生动物资源，情节严重的行为。行为人违反其中任何一种形式或者数种形式非法狩猎野生动物，且情节严重的，即可构成犯罪。因此，判断一个非法狩猎行为是否构成了非法狩猎罪，关键是该非法狩猎行为是否“情节严重”。“情节严重”的情形法律也有明文规定，《最高人民法院关于审理破坏野生动物资源刑事案件具体应用法律若干问题的解释》第六条规定，违反狩猎法规，在禁猎区、禁猎期或者使用禁用的工具、方法进行狩猎，具有下列情形之一的，属于非法狩猎“情节严重”：（1）非法狩猎野生动物20只以上的；（2）违法狩猎法规，在禁猎区或者禁猎期使用禁用的工具、方法狩猎的；（3）具有其他严重情节的。

本案中，额尔古纳市森林公安局民警使用GPS设备采集被告人刘东狩猎地点的坐标，并通过“谷歌地图”软件上标尺测量，发现被告人刘东四次狩猎地点距国境线距离均不超过10公里，应属于“禁猎区”，且数量达20只以上，符合“情节严重”的立案标准。《刑法》第三百四十一条第二款规定：“违反狩猎法规，在禁猎区、禁猎期或者使用禁用的工具、方法进行狩猎，破坏野生动物资源，情节严重的，处三年以下有期徒刑、拘役、管制或者罚金。”第七十二条第一款规定：“对于被判处拘役、三年以下有期徒刑的犯罪分子，同时符合下列条件的，可以宣告缓刑，对其中不满十八周岁的人，怀孕的妇女和已满七十五周岁的人，应当宣告缓刑：（一）犯罪情节较轻；（二）有悔罪表现；（三）没有再犯罪的危险；（四）宣告缓刑对所居住社区没有重大不良影响。”本案中鉴于被告人刘东到案后能够如实供述自己的犯罪事实，可以从轻处罚。

在这里，还要明确几个问题：

## 一、区分本罪与非法猎捕、杀害珍贵、濒危野生动物罪的界限

两罪的犯罪主体、主观方面都相同，皆属故意犯罪。两罪侵犯的客体不尽相同，其同类客体都是对环境资源保护和管理制度的侵犯，只是犯罪所侵犯的直接客体有所不同，非法狩猎罪所侵犯的客体为国家保护野生动物资源的管理制度；而非法猎捕、杀害珍贵、濒危野生动物罪所侵犯的客体为国家对珍贵、濒危野生资源的重点保护制度。两罪的主要区别是：（1）犯罪客观方面不同。非法狩猎罪主要表现为在禁猎区、禁猎期或使用禁用工具、方法实施的狩猎行为，且情节严重的才构成犯罪；而非法猎捕、杀害珍贵、濒危野生动物罪则表现为非法猎捕、杀害珍贵、濒危野生动物的行为，行为人只要客观上对国家重点保护的珍贵、濒危野生动物实施了非法捕杀行为，即可构成犯罪，不受任何“禁止性”条件和情节是否严重的限制。（2）犯罪对象不同。非法狩猎罪的犯罪对象主要是指珍贵、濒危野生动物以外的一般陆生野物；而非法猎捕，杀害珍贵、濒危野生动物罪的犯罪对象为《国家重点保护野生动物名录》的珍贵、濒危野生动物，既包括陆生的野生动物，也包括水生的野生动物。

## 二、狩猎法规中“禁猎区”的含义

《野生动物保护法》第六条第一款规定：“任何组织和个人都有保护野生动物及其栖息地的义务。禁止违法猎捕野生动物、破坏野生动物栖息地。”这里，法律规定了一个禁止行为：破坏野生动物栖息地。

该法第十二条第一款规定：“国务院野生动物保护主管部门应当会同国务院有关部门，根据野生动物及其栖息地状况的调查、监测和评估结果，确定并发布野生动物重要栖息地名录。”结合该条第二款分析，禁猎区与野生动物重要栖息地存在两个层次的关系。第一个层次：省级以上人民政府依法划定相关自然保护区域，保护野生动物及其重要栖息地，保护、恢复和改善野生动物生存环境。第二个层次：对不具备划定相关自然保护区域条件的，县级以上人民政府可以采取划定禁猎（渔）区、规定禁猎（渔）期等其他形式予以保护。

这里明确了两个问题：第一，省级以上人民政府依法划定相关自然保护区域，法律位阶在县级以上人民政府划定禁猎区之上。依照当然解释方法，省级以上人民政府依法划定的相关自然保护区域是理所当然的禁猎区。第二，禁猎区与野生动物重要栖息地是“一体两侧”的不同表述概念，一个侧重于形式，一个侧重于目的，野生动物重要栖息地就是禁猎区的一部分，而不是独立的存在。也就是说，野生动物重要栖息地就是法定的禁猎区。

该法第二十条规定："在相关自然保护区域和禁猎（渔）区、禁猎（渔）期内，禁止猎捕以及其他妨碍野生动物生息繁衍的活动，但法律法规另有规定的除外。野生动物迁徙洄游期间，在前款规定区域外的迁徙洄游通道内，禁止猎捕并严格限制其他妨碍野生动物生息繁衍的活动。迁徙洄游通道的范围以及妨碍野生动物生息繁衍活动的内容，由县级以上人民政府或者其野生动物保护主管部门规定并公布。"

该条第一款规定进一步明确了相关自然保护区域是法定的"禁猎区"，无须再通过县级以上人民政府划定禁猎区的形式进行明确。该条第二款规定明确了在野生动物迁徙洄游期间，在前款规定区域外的迁徙洄游通道，也是法定的"禁猎区"，同样无须县级以上人民政府再明确。需要县级以上人民政府或者其野生动物保护主管部门规定并公布的，是迁徙洄游通道的范围，而不是明确迁徙洄游通道为"禁猎区"。一个是对性质的界定："什么是什么"；一个是对范围的规定："什么属于什么"。这好比《刑法》规定了非法狩猎罪，县级以上人民政府依法划定禁猎区，但我们不能因此认为是县级以上人民政府规定在禁猎区狩猎可以入刑。

## 三、野生动物重要栖息地与相关自然保护区域的认定

国务院野生动物保护主管部门会同国务院有关部门确定并发布的野生动物重要栖息地，以及省级以上人民政府依法划定的相关自然保护区域，是法定的禁猎区，那么，这两种地域该如何认定呢？或者说，国家公园、地方级自然保护区、湿地公园、森林公园等，是否属于其范围之列呢？

截至目前，国务院野生动物保护主管部门以及国务院有关部门尚未确定和发布野生动物重要栖息地名单，因此不能具体地确定。

对相关自然保护区域的划定和管理，《〈中华人民共和国野生动物保护法〉释义》是如此解释的："野生动物栖息地有江河湖泊、草原、森林、海洋等多种形式，相关自然保护区域的划定和管理不但要遵守本法的相关规定，也要遵守有关专项的资源保护法律和法规的规定。"该解释除将自然保护区和国家公园明确为"相关自然保护区域"外，同时，明确"规定相关自然保护区域依照有关法律法规的规定划定和管理，为下一步改革留出了空间"。

《自然保护区条例》第十二条第二款规定："地方级自然保护区的建立，由自然保护区所在的县、自治县、市、自治州人民政府或者省、自治区、直辖市人民政府有关自然保护区行政主管部门提出申请，经地方级自然保护区评审委员会评审后，由省、自治区、直辖市人民政府环境保护行政主管部门进行协

调并提出审批建议，报省、自治区、直辖市人民政府批准，并报国务院环境保护行政主管部门和国务院有关自然保护区行政主管部门备案。”因此，地方级自然保护区可以认定为省级以上人民政府依法划定的相关自然保护区域。这里需要明确的概念是，省级以上人民政府依法划定的相关自然保护区域，不单包括国家级自然保护区和省级自然保护区，也包括市级、县级自然保护区（小区），只要是经省级人民政府批准的，都应当认定为省级以上人民政府依法划定的相关自然保护区域。

《湿地保护管理规定》第三十一条第六项规定：“除法律法规有特别规定的以外，在湿地内禁止从事下列活动：（六）破坏野生动物栖息地、鱼类洄游通道，采挖野生植物或者猎捕野生动物。”

《森林公园管理办法》第十六条规定：“森林公园经营管理机构应当按照林业法规的规定，做好植树造林、森林防火、森林病虫害防治、林木林地和野生动植物资源保护等工作。”

依照目前的解释，将湿地公园、森林公园认定为省级以上人民政府依法划定的相关自然保护区域，或是县级以上人民政府划定的禁猎区，应该于理可通，但严格理论起来，还有一些“软肋”。

其一，部门规章规定的禁猎区不能视为《刑法》规定的禁猎区。《刑法》第九十六条规定：“本法所称违反国家规定，是指违反全国人民代表大会及其常务委员会制定的法律和决定，国务院制定的行政法规、规定的行政措施、发布的决定和命令。”所以，违反《湿地保护管理规定》和《森林公园管理办法》狩猎，不能认定为《刑法》第三百四十一条第二款规定的“违反狩猎法规”。但是，《湿地保护管理规定》第一条规定：“为了加强湿地保护管理，履行国际湿地公约，根据法律法规和国务院有关规定，制定本规定。”第三十六条规定：“本规定所称国际湿地公约，是指《关于特别是作为水禽栖息地的国际重要湿地公约》。”《关于特别是作为水禽栖息地的国际重要湿地公约》（以下简称《湿地公约》）第四条规定：“1. 每个缔约国应在湿地（不论是否已列入《名录》）建立自然保护区，以促进对湿地和水禽的保护，并采取充分措施予以看管。2. 当某一缔约国出于紧急的国家利益的考虑而取消列入《名录》的湿地或缩小其边界时，应尽可能弥补湿地资源的任何损失，特别应建立新的自然保护区，以供水禽生存，并在同一地区或其他地区保护原来生境的适当部分。”第五条规定：“各缔约国应努力协调和支持目前和将来就保护湿地及其动植物所制订的政策和条例。”我国于1992年加入《湿地公约》。也就是说，《湿地公约》在我国具有法律效力。国家林业主管部门作为国际湿地公约履约办公室的承担单位，其颁布的规章能不能视为有法律授权，存在争议。肯定者认为，《湿地公约》第五条规定为实质上的授权；否定者认为，《湿地公约》该原则规定不能视为法律授权。从明确性、规范性角度而言，《湿地保护管理规定》内容不能视为法律和行政法规授权。

其二，国家湿地公园、森林公园认定为省级以上人民政府依法划定的相关自然保护区域存在障碍。国家湿地公园、森林公园是由省级林业主管部门申报国家林业主管部门批准成立的，虽然经过了省级人民政府的同意，但由此认定是省级以上人民政府划定的，在行政主体上可能还欠缺说服力。再者，“依法划定”如何认定？部门规章虽然是广义法律范畴，但要省级以上人民政府依照部门规章行政，似乎勉强。事实上，《〈中华人民共和国野生动物保护法〉释义》对此规定的解释是“相关自然保护区域依照有关法律法规的规定划定和管理”，部门规章不在此“法”之列。

其三，县级以上湿地公园、森林公园认定为县级以上人民政府划定的禁猎区存在争议。县级以上湿地公园、森林公园虽然是通过林业系统这个渠道认定的，但县级以上人民政府对该认定通过文件批复、批准成立管理机构、勘查定界、制定和发布管理规定等形式予以了确认。从实质上讲，是“划定”了禁猎区；但从形式上看，并未专门“划定”禁猎区。如果将这里的“划定”作广义或者扩张解释，将县级以上湿地公园、森林公园认定为县级以上人民政府划定的禁猎区并无太大法理和逻辑问题；但是，要达成共识并非易事，要避免执法和司法争议也很困难，因此，需要进一步释法才能解疑、定争。

## 四、刑法规定的“禁猎区”的认定

法律法规规章对“禁猎区”的认定至少包括以下区域：一是国务院野生动物保护主管部门会同国务院有关部门确定并发布的野生动物重要栖息地；二是省级以上人民政府依法划定的相关自然保护区域；三是县级以上人民政府划定的禁猎区；四是在野生动物迁徙洄游期间，县级以上人民政府或者其野生动物保护主管部门规定并公布的迁徙洄游通道；五是国家公园；六是部门规章规定的湿地（包括湿地公园）、森林公园等。

在以上六类区域中，前四类为法律、行政法规规定的“禁猎区”，自然应当认定为《刑法》第三百四十一条第二款规定的“禁猎区”。至于有人认为《刑法》规定的“禁猎区”，仅指县级以上人民政府划定的禁猎区，实为望文生义。第一类和第二类的法律位阶要高于第三类，如果说第三类可以认定为《刑法》规定的“禁猎区”，根据“举轻以明重”法理和当然解释方法，第一类和第二类理所当然为《刑法》规定的“禁猎区”。第四类与第三类认定相似，而且法律规定是对前三类区域的补充，其保护目的与立法目的具有同一性，根据目的解释、体系解释和比较解释方法，将其认定为《刑法》规定的“禁猎区”没有问题。

以上第五类区域，按照《〈中华人民共和国野生动物保护法〉释义》说明，是“为下一步改革留出了空间”。而且，依照国家发改委、环保部等13个部委联合发布的《建立国家公园体制试点方案》和《中共中央、国务院关于加快推进生态文明建设的意见》规定，国家公园的成立由国务院批复，其层次与前两类地域批准机关相同或在其之上，根据《刑法》第九十六条规定和“举轻以明重”法理，将国家公园认定为刑法规定的“禁猎区”于法有据、于理亦通。

以上第六类区域，从目的解释和扩张解释出发，可以认定为《刑法》规定的“禁猎区”，但由于欠缺法律、行政法规的明确规定和授权，此认定争议甚大，因此有必要在修订《陆生野生动物保护实施条例》时予以明确，或者是在修订有关司法解释时予以明确。

值得说明的是，如果以上有关地域不是县级以上人民政府划定或者确定的，而是县级以上人民代表大会及其常委会通过地方性法规规定或是通过决议、决定明确的，能否认定为《刑法》规定的“禁猎区”呢？单从文义来看，似乎不行，但结合法理来讲，是可以的。同级权力机关及其常设机构作出决定的法律位阶要高于行政决定，如果行政机关作出的决定和确定具有某种法律效力，那么“举轻以明重”，同级权力机关及其常设机构作出的类似决定和确定也应当具有某种法律效力。

（**一审法院合议庭成员** 尹正灵 雷宝印 李 芳
**编写人** 内蒙古自治区额尔古纳市人民法院 雷宝印 陈 静
**责任编辑** 周维明
**审稿人** 李玉萍）

# 民 事

## 杨栋诉上海雾博信息技术有限公司运输合同纠纷案

### ——网约车司机未提供服务却虚构行程、扣取车费，网约车平台应承担惩罚性赔偿责任

关键词：民事 运输合同 网约车平台 虚构交易 欺诈 惩罚性赔偿

【裁判要旨】

根据合同实际履行之行为特征，乘客乘坐网约车，系在乘客与网约车平台间成立运输合同关系，网约车平台应当承担承运人责任。网约车司机系辅助网约车平台履行合同义务之履行辅助人，司机接单后未向乘客提供服务却虚构行程、扣取车费，应当由网约车平台根据《消费者权益保护法》第五十五条之规定，承担相应的惩罚性赔偿责任。

【相关法条】

**《中华人民共和国消费者权益保护法》第五十五条第一款** 经营者提供商品或者服务有欺诈行为的，应当按照消费者的要求增加赔偿其受到的损失，增加赔偿的金额为消费者购买商品的价款或者接受服务的费用的三倍；增加赔偿的金额不足五百元的，为五百元。法律另有规定的，依照其规定。

【案件索引】

一审：上海市浦东新区人民法院（2016）沪0115民初46121号（2016年

8月15日)

二审：上海市第一中级人民法院（2016）沪01民终11356号（2017年4月17日）

## 【基本案情】

原告杨栋诉称：2016年5月12日19时40分许，其使用被告上海雾博信息技术有限公司（以下简称：雾博公司）的手机应用软件UBER APP，发送“从锦江乐园前往福州路中山东一路”的用车请求，车主“振威”接受要约。19时52分，车主在电话中表示“在过来的路上”，杨栋提出“如果车主没有办法过来就取消订单”，车主予以拒绝。19时56分，杨栋发现UBER APP上状态显示为“上车行驶中”，便主动联系车主，车主否认点击“开始行程”，并称“仍在路上”。10分钟后，车主结束了行程，UBER APP从杨栋的银行卡上收取车费人民币25.65元。无奈之下，杨栋不得不花费52元乘坐出租车前往目的地。后杨栋向UBER投诉，UBER表示将退还车费。至起诉之日，仍未收到退款，为维护自身合法权益，杨栋请求判令雾博公司：返还25.65元车费并承担出租车费差价26.35元（52元-25.65元）；增加赔偿损失500元（根据《消费者权益保护法》第五十五条）。

被告雾博公司辩称：该争议发生于杨栋与第三方车主之间，与雾博公司无关。UBER APP是程式化设计，雾博公司不可能通过该软件实施欺诈。2016年5月12日当晚，雾博公司就安排将25.65元车费全部退还杨栋，而出租车费差价不属于杨栋的损失。因此，请求驳回杨栋的全部诉讼请求。

法院经审理查明：2016年5月12日晚，杨栋使用UBER APP发送用车请求。车主“振威”接受请求后未提供用车服务，却在UBER APP上建立行程“19:54从上海市徐汇区梅陇路551号至20:04上海市闵行区虹梅路267号（汽车：双人拼车，公里：2.97公里，行程时间：00:10:14）”，并扣取杨栋25.65元车费。后杨栋花费52元乘坐出租车前往目的地。当晚杨栋即向UBER投诉，UBER表示将退还25.65元车费。杨栋提出，除了退还车费外，UBER还应承担出租车费差价26.35元并增加赔偿500元，否则将向运管部门举报，并诉诸民事诉讼。UBER未满足杨栋要求，杨栋诉至法院。

根据UBER APP《中国用户使用条款》及《乘客服务协议》约定，贵阳吾步数据服务有限公司（以下简称：吾步公司）拥有并实际运营UBER网站及UBER APP在中国的合法授权，雾博公司系吾步公司的独家合作市场推广服务商；吾步公司、雾博公司仅提供信息技术服务且该服务免费，并不提供出租车辆、驾驶车辆或公共交通运输服务；乘客委托雾博公司通过UBER APP发布车辆需求信息后，雾博公司对信息进行整合处理并委托吾步公司通过UBER APP进行发布并撮合乘客与第三方服务提供方成交；第三方电子支付服务商将乘客账户与UBER账户进行关联，成交价格将通过电子支付服务商直接支付合作司机。

《乘客服务协议》还约定，本协议由您（乘客）与雾博公司共同签署。您进一步同意根据UBER软件和产品的指派，接受由UBER软件和产品匹配的独立的第三方服务提供方直接提供的服务。我们为您提供的服务是免费的，但您就每一项服务应向相关第三方服务提供方支付的费用将由UBER软件和产品自动根据UBER用户使用条款的规定计算得出并通知您。

庭审中，杨栋表示已经收到UBER退还的25.65元车费。雾博公司表示，打车流程由司机操作，付款不需要杨栋确认。并明确25.65元确已从杨栋处划出，但无法查明杨栋是否接受了服务，为处理纠纷，将25.65元予以退款。

## 【裁判结果】

上海市浦东新区人民法院于2016年8月15日作出（2016）沪0115民初46121号民事判决：驳回原告杨栋的全部诉讼请求。

宣判后，杨栋向上海市第一中级人民法院提起上诉。上海市第一中级人民法院于2017年4月17日作出（2016）沪01民终11356号民事判决：一、撤销上海市浦东新区人民法院（2016）沪0115民初46121号民事判决；二、上海雾博信息技术有限公司于本判决生效之日起10日内支付杨栋人民币500元；三、驳回杨栋其余诉讼请求。

## 【裁判理由】

法院生效裁判认为：本案二审审理的争议焦点为：（1）与杨栋建立合同关系之相对方是谁、双方建立的为何种合同关系；（2）合同相对方是否构成欺诈。

### （一）关于与杨栋建立合同关系之相对方是谁、双方建立的为何种合同关系的问题

根据已查明事实，乘客使用UBER软件发送用车请求后，系由UBER软件

进行匹配并指派车辆，由UBER软件计算车费，待用车结束由UBER软件扣取车款，综合上述行为特征，有理由相信与杨栋建立合同关系之相对方为拥有UBER软件在中国合法授权的吾步公司的独家合作市场推广服务商——雾博公司，且双方之间成立事实上之运输合同关系。杨栋上诉称雾博公司应承担承运人责任，依据充分。

虽雾博公司一方在《中国用户使用条款》及《乘客服务协议》一再称：其仅提供信息技术服务，并不提供出租车辆、驾驶车辆或公共交通运输服务，系撮合乘客与第三方服务提供方成交等。但上述内容均系乘客注册软件时雾博公司一方提供之格式协议之所称，并不能以此代表乘客与雾博公司之间真实发生之关系，更不能以此否认事实上双方间存在运输合同之实质内容。至于实际承运的车辆是否为UBER所有、承运的司机与UBER间系何种关系，并非乘客发送用车请求时所考量的因素，UBER也不会就此向乘客披露，故UBER承运车辆来源、UBER与司机间关系究系如何，均不能改变乘客要求运输服务时择定的合同相对方是雾博公司（UBER）的事实。一审法院仅根据上述条款及协议之格式化内容，认定杨栋与第三方车主“振威”达成运输合同关系，雾博公司在撮合成交的过程中仅提供信息技术服务，缺乏事实依据，本院难予认同。

据上所述，一审法院认定本案案由为服务合同纠纷欠妥当，应认定为运输合同纠纷，在此予以更正。

（二）关于合同相对方是否构成欺诈的问题

杨栋作为乘客通过UBER软件发送用车请求，司机“振威”在未接到乘客的情况下，自行虚构持续时间超过10分钟、行驶里程达2.97公里之交易，并通过UBER软件扣取车费25.65元。该笔虚构交易所涉金额虽小，然性质实属恶劣，欺诈之故意明显。虽然此系司机的行为，但正如前所述，相对乘客杨栋而言，司机是履行雾博公司的合同义务，实为雾博公司合同义务的履行辅助人，因此，司机欺诈行为之法律后果应由雾博公司承担。现25.65元已由雾博公司退还，杨栋上诉请求根据《消费者权益保护法》第五十五条之规定增加赔偿其损失500元，合法有据，本院予以支持。

杨栋上诉请求雾博公司承担出租车差价费26.35元，但2016年5月12日杨栋通过UBER软件发送之用车请求系“双人拼车”，而事后其乘坐出租车系非拼车之单人出行，二者所代表的服务并非等同。在25.65元已由雾博公司予以退还的情况下，差价费26.35元系杨栋享受单人乘坐出租车出行所应承担的必要费用，并不属于其损失，故该请求不予支持。

## 【案例注解】

本案中，主要涉及两个问题：一是乘客乘坐网约车，与乘客建立合同关系之相对方是谁，双方建立的为何种合同关系；二是网约车司机未提供服务却虚构行程、扣取车费是否构成欺诈，乘客之合同相对方是否应承担惩罚性赔偿责任。

### 一、乘客乘坐网约车，与乘客建立合同关系之相对方是谁，双方建立的为何种合同关系

合同，系平等主体间设立、变更、终止民事权利义务关系的协议。签订协议的主体是谁、协议的性质如何界定，似乎是一目了然的事，但司法实践中往往会就此产生争议。比如，有时合同名称、合同条款名称、合同条款内容等，会存在表述不一致之处；甚至，合同事实上之履行与既有之约定，亦有可能存在出入。类似种种，均会导致合同主体与合同性质的判断变得复杂。

就笔者掌握的材料，尚未看到学界就该问题有过专门的研究论述。《最高人民法院关于经济合同的名称与内容不一致时如何确定管辖权问题的批复》中，就此有过涉及。批复内容中明确，当事人签订的经济合同虽具有明确、规范的名称，但合同约定的权利义务内容不一致的，应当以该合同约定的权利义务内容确定合同的性质，从而确定合同的履行地和法院的管辖权。合同的名称与合同约定的权利义务内容不一致，而且根据该合同约定的权利义务内容难以区分合同性质的，以及合同的名称与该合同约定的部分权利义务内容相符的，则以合同的名称确定合同的履行地和法院管辖权。该批复内容背后所蕴含的法理即：相较于合同名称，合同权利义务内容对合同性质有着更为重要的影响。

上述批复规定系就立案阶段确定管辖权而言，故以合同约定的权利义务内容为主要依据确定合同性质较为合理。但案件一旦经过审理，法院对案件事实已有查明和判断，就应当进一步以事实上的权利义务内容为据。因此，笔者认为，要确定合同主体是谁、合同究系何种性质，主要应以事实上合同权利义务之归属及内容来加以确定。[①]

---

① 在此要指出的是，事实上合同权利义务的归属及内容，是法院查明判断的结果。很多时候，书面约定即是法院查明的主要依据，除非有充分证据证明合同约定在实际履行过程中已有变更，约定的合同权利义务才会与事实上的合同权利义务存在出入。

本案中，根据已查明的事实，乘客使用UBER软件发送用车请求，由UBER软件进行匹配并指派车辆，车辆司机负责运送，UBER软件计算车费，待用车结束由UBER软件扣取车款。这一系列事实上的行为，大致构成了乘客乘坐网约车的全过程。从合同订立、履行的过程来看，乘客系与UBER软件直接发生关系，合同权利义务事实上归属于乘客与拥有UBER软件在中国合法授权的吾步公司的独家合作市场推广服务商——雾博公司。而且，根据《合同法》第二百八十八条之规定，[①] 乘客与雾博公司间成立事实上的运输合同关系。网约车虽属于一种新的交通运输服务业态，但其并没有脱离客运合同的基本属性。[②] 杨栋上诉称雾博公司应承担承运人责任，依据充分。

实际上，在本案事实发生后的2016年下半年，相关部门分别发布实施了《国务院办公厅关于深化改革推进出租汽车行业健康发展的指导意见》及《网络预约出租汽车经营服务管理暂行办法》。两文件中均明确，网约车平台公司是运输服务的提供者，应具备线上线下服务能力，承担承运人责任和相应社会责任，保证运营安全，保障乘客合法权益。两文件在本案案发时虽尚未发布实施，但从某种程度上也进一步说明了本案关于乘客与网约车平台间合同关系定性之妥当性与合理性。

正如笔者在上文所指出的，虽雾博公司一方在《中国用户使用条款》及《乘客服务协议》一再称：其仅提供信息技术服务，并不提供出租车辆、驾驶车辆或公共交通运输服务，系撮合乘客与第三方服务提供方成交等。但上述内容均系乘客注册软件时雾博公司一方提供之格式协议之所称，并不能以此代表乘客与雾博公司之间真实发生之关系，更不能以此否认事实上双方间存在运输合同之实质内容。至于实际承运的车辆是否为UBER所有、承运的司机与UBER间系何种关系，并非乘客发送用车请求时所考量的因素，UBER也不会就此向乘客披露，故UBER承运车辆来源、UBER与司机间关系究系如何，均不能改变乘客要求运输服务时择定的合同相对方是雾博公司（UBER）的事实。一审法院仅根据上述条款及协议之格式化内容，认定杨栋与第三方车主“振威”达成运输合同关系，雾博公司在撮合成交的过程中仅提供信息技术服务，缺乏事实依据。

关于网约车司机与网约车平台间系何种关系，并非是本案审理中需探讨的

① 《合同法》第二百八十八条规定：运输合同是承运人将旅客或者货物从起运地点运输到约定地点，旅客、托运人或者收货人支付票款或者运输费用的合同。

② 参见侯登华：《共享经济下网约车平台的法律地位》，载《企业家日报》2016年9月19日。

问题。[①] 但有一点可以肯定，对外而言，网约车司机系网约车平台之履行辅助人。即本案中，承运司机系雾博公司（UBER）的履行辅助人，依债务人的意思事实上为债务履行者，而债务人亦应为债务履行辅助人负责并承担责任。[②]

## 二、网约车司机未提供服务却虚构行程、扣取车费是否构成欺诈，乘客之合同相对方是否应承担惩罚性赔偿责任

《消费者权益保护法》第五十五条第一款规定，经营者提供商品或者服务有欺诈行为的，应当按照消费者的要求增加赔偿其受到的损失，增加赔偿的金额为消费者购买商品的价款或者接受服务的费用的三倍；增加赔偿的金额不足500元的，为500元。法律另有规定的，依照其规定。关于上述欺诈之内涵，学界存在不同观点。有的认为是指经营者在提供商品或者服务中，采取虚假或其他不正当手段欺骗、误导消费者，使消费者合法权益受到损害的行为；[③] 有的认为是采用《最高人民法院关于贯彻执行〈中华人民共和国民法通则〉若干问题的意见（试行）》第六十八条中关于欺诈的界定，即一方当事人故意告知对方虚假情况，或者故意隐瞒真实情况，诱使对方当事人作出错误意思表示的，可以认定为欺诈行为。[④]

事实上关于欺诈，我国《民法通则》《合同法》《消费者权益保护法》等法律中均有所涉及，但内涵并非完全一致。有学者将民商法律体系中的欺诈，

---

① 目前，网约车经营模式有多种，使用的车辆有自有车辆、租赁公司车辆及私家车3类，驾驶员也有平台驾驶员、劳务公司驾驶员、私家车主等3种，因此网约车司机与网约车平台之关系并非可简单界定。上述内容参见侯登华：《网约车规制路径比较研究——兼评交通运输部〈网络预约出租汽车经营服务管理暂行办法（征求意见稿）〉》，载《北京科技大学学报》（社会科学版）2015年第6期。不过，国外已有相关案例产生，在阿斯拉姆、法勒等诉优步有限公司、优步伦敦有限公司和优步英国有限公司案中（Mr Y Aslam, Mr J Farrar and Others v Uber B. V, Uber London Ltd and Uber Britannia Ltd），英国劳动法庭判决Uber公司的司机是Uber公司雇佣的员工，有权享受全国最低工资和带薪休假等员工待遇。上述内容参见黄文旭编译：《英国判决：优步司机为优步公司员工》，载《人民法院报》2016年11月25日。

② 参见韩世远：《合同法总论》，法律出版社2011年版，第596~599页。

③ 参见杨立新：《我国消费者保护惩罚性赔偿的新发展》，载《法学家》2014年第2期。

④ 参见梁慧星：《消费者权益保护法第49条的解释与适用》，载《人民法院报》2001年3月29日。而且不仅欺诈之内涵有不同观点，与欺诈相对应的惩罚性赔偿责任的性质，亦存在不同的看法，有观点认为是侵权赔偿性质，也有观点认为是违约赔偿性质。参见刘冬：《民事欺诈行为与惩罚性赔偿的关联性研究》，西南政法大学2014年硕士学位论文；杨立新：《我国消费者保护惩罚性赔偿的新发展》，载《法学家》2014年第2期；王利明：《惩罚性赔偿研究》，载《中国社会科学》2000年第4期。但是，《合同法》第一百一十三条规定，经营者对消费者提供商品或者服务有欺诈行为的，依照《消费者权益保护法》的规定承担损害赔偿责任。在司法实践中，一般以上述《合同法》之规定为依据，在合同关系中处理因欺诈而引起的惩罚性赔偿纠纷。

分类为民法中的欺诈、《侵权责任法》中的欺诈及《消费者权益保护法》中的欺诈，并认为民法中的欺诈又称诈欺，是指行为人故意告知对方虚假情况，或故意隐瞒真实情况，使对方限于错误而为意思表示；《侵权责任法》中的欺诈行为，是指行为人采取欺骗等手段故意实施的不法侵害他人人身权利或财产权利，依法应当承担民事责任的行为；《消费者权益保护法》中的欺诈行为仅是指经营者在提供商品或者服务中对消费者存在虚假陈述、隐瞒事实或歪曲事实的行为。[①] 还有的学者认为，无论是《民法通则》还是《合同法》，都规定了欺诈的双效果："撤销或变更法律行为 + 损害赔偿"，但认为侵权责任法已经规定了系统的侵权责任，民法总则或合同法中没有必要规定欺诈双效果，并建议民法总则在规定欺诈的法律效果时，应坚持"单效果"的立场，即仅规定欺诈对法律行为效力的影响，而将损害赔偿留给侵权责任法去处理。[②]

笔者认为，在我国现有民商事法律体系中，欺诈并非一单纯的概念。就既有的法律规定而言，欺诈行为大致可以分为两种：一是会影响法律行为效力的欺诈行为，即一方当事人故意告知对方虚假情况，或者故意隐瞒真实情况，诱使对方当事人作出错误意思表示；二是与法律行为效力无关，但会侵害他人权益的行为。[③] 而我国《消费者权益保护法》关于"经营者提供商品或者服务有欺诈行为"的规定中，经营者既可能在与消费者订立合同当时存在欺诈行为，从而影响双方合同的效力；亦有可能在合同履行阶段为欺诈行为，从而侵害消费者的合法权益。因此，对《消费者权益保护法》惩罚性赔偿条款中欺诈的内涵，不应作过分狭隘的限定，而应当区分不同阶段，来对欺诈行为作出评判。

如在经营者在与消费者订立合同之初，欺诈行为应包含以下构成要件：（1）经营者存在旨在引起、强化或维持对方不正确看法的行为，包括告知对方虚假情况和隐瞒真实情况；（2）相对人因为欺诈而陷于错误，并且基于错误而作出意思表示；（3）经营者存在实施欺诈行为并令相对人因此陷入错误，并基于错误作出意思表示之故意。[④] 如在经营者履行合同阶段，欺诈行为应包含以下构成要件：（1）经营者存在虚假陈述、隐瞒事实或歪曲事实的行为；（2）经营者存在为上述行为之故意。

---

① 参见肖斌：《〈消费者权益保护法〉中"欺诈行为"的认定》，载《河北法学》2015年第10期。

② 参见刘勇：《"欺诈"的要件重构与立法课题——以民法典的编纂为背景》，载《东南大学学报》（哲学社会科学版）2016年第5期。

③ 参见崔广平：《欺诈概念辨析》，载《河北法学》2003年第2期；刘冬：《民事欺诈行为与惩罚性赔偿的关联性研究》，西南政法大学2014年硕士学位论文。

④ 参见朱庆育：《民法总论》，北京大学出版社2016年版，第279～281页。

与本案相关的是，UBER在进入中国市场后，采取了捆绑信用卡且免密码支付的便捷结算方式，之后又拓展到支付宝、百度钱包代扣的支付方式，用户到达目的地后无需重新打开应用付款，做到了“下车即走”。[①] 在这样的情况下，乘客及司机均享受到了互联网带来的生活便利，通常意义上的交易环节亦被明显简化。开启行程、结束行程等环节，均无需乘客点击确认，司机自行操作即可；UBER软件扣取车费，亦无须再次征得乘客的点击同意。

本案中，杨栋作为乘客通过UBER软件发送用车请求，司机“振威”在未接到乘客的情况下，自行虚构持续时间超过10分钟、行驶里程达2.97公里的交易，并通过UBER软件扣取车费25.65元。该笔交易系由司机虚构，所涉金额虽小，然性质实属恶劣，从持续时间及里程来看，有明显之故意，且导致乘客之利益受损，显已构成欺诈。

虽然此系司机的行为，但正如前所述，相对乘客杨栋而言，司机是履行雾博公司的合同义务，实为雾博公司合同义务的履行辅助人，因此，司机欺诈行为之法律后果应由雾博公司承担。现25.65元已由雾博公司退还，杨栋上诉请求根据《消费者权益保护法》第五十五条之规定增加赔偿其损失500元，合法有据，应予支持。

杨栋上诉请求雾博公司承担出租车差价费26.35元，但2016年5月12日杨栋通过UBER软件发送之用车请求系“双人拼车”，而事后其乘坐出租车系非拼车之单人出行，二者所代表的服务并非等同。根据《合同法》第一百一十三条规定，当事人一方不履行合同义务或者履行合同义务不符合约定，给对方造成损失的，损失赔偿额应当相当于因违约所造成的损失。本案中，司机虚构交易，乘客的损失即所虚构交易之车费。在25.65元已由雾博公司予以退还的情况下，差价费26.35元系杨栋享受单人乘坐出租车出行所应承担之必要费用，并不属于其损失，故该请求不予支持。

（**一审法院独任审判员** 龚文诒
**二审法院合议庭成员** 单 珏 潘春霞 潘静波
**编写人** 上海市第一中级人民法院 单 珏 潘静波
**责任编辑** 杨 奕
**审稿人** 曹守晔）

---

① 参见施志军：《优步退出中国 支付宝：不影响代扣账户安全》，载《京华时报》2016年11月28日。

# 重庆两江新区水土高新技术产业园建设投资有限公司诉河南万绿园林股份有限公司成都分公司建设工程施工合同纠纷案

## ——未依法进行招投标而无效的建设施工合同结算依据的确定

**关键词：民事　建设工程施工合同　无效合同　审计结论**

## 【裁判要旨】

建设施工合同因违反法律强制性规定而无效，若双方当事人在合同中明确约定以审计机关的审计结论作为结算依据，即便合同无效，仍应尊重双方当事人的真实意思表示，按照审计机关依法作出的审计结论进行结算。

## 【相关法条】

**《最高人民法院关于审理建设工程施工合同纠纷案件适用法律问题的解释》第二条**　建设工程施工合同无效，但建设工程经竣工验收合格，承包人请求参照合同约定支付工程价款的，应予支持。

## 【案件索引】

一审：重庆市北碚区人民法院（2016）渝 0109 民初 3377 号（2017 年 6 月 8 日）

二审：重庆市第一中级人民法院（2017）渝 01 民终 5550 号（2017 年 12 月 8 日）

## 【基本案情】

原告（被上诉人）重庆两江新区水土高新技术产业园建设投资有限公司（以下简称两江公司）诉称：（1）河南万绿公司成都分公司退还两江公司工程款5730423.15元及资金占用损失（计算方式：以5730423.15元为基数，从2013年11月29日起，按中国人民银行同期同类贷款利率计算至付清之日）；（2）本案诉讼费由河南万绿公司成都分公司承担。事实和理由：2011年9月2日，原告与被告（原名称为河南万绿园林绿化工程有限公司成都分公司）签订了《两江新区云汉大道道路景观工程（北段）施工合同》，约定原告将两江新区云汉大道道路景观工程（北段）发包给被告进行施工，承包范围为：道路原有苗木移栽、市政土建、园林绿化、绿化给排水、照明等。合同约定工程结算总额按审计的审定金额执行，已付工程款实行多退少补。2015年12月31日，重庆市审计局对涉案工程进行了审计，涉案工程最终结算审定金额36065300元。原告已向被告支付工程款共计4560万元，已超付9534700元。后原告曾向被告发函要求退还已超付的工程款5730423.15元，但未果。另工程款3804276.85元双方另行结算。为此，起诉来院。

被告（上诉人）河南万绿园林股份有限公司成都分公司（以下简称河南万绿公司成都分公司）辩称：（1）审计结论并不当然成为本案结算依据。被告至今未收到审计报告，且审计机关没有依据原被告的约定作出审计结论，严重不公。被告不认可审计结论；（2）原告未举示审计报告的明细、审减的依据；（3）原告没有超付工程款，根据被告的结算书，原告还欠被告2000多万元。因此，要求驳回原告的诉讼请求。

法院经审理查明：2011年9月2日，原告（发包人）与被告（原名称为河南万绿园林绿化工程有限公司成都分公司、承包人）签订了《两江新区云汉大道道路景观工程（北段）施工合同》（以下简称《合同》），约定原告将两江新区云汉大道道路景观工程（北段）发包给被告进行施工，承包范围为：道路原有苗木移栽、市政土建、园林绿化、绿化给排水、照明等。《合同》价暂定5700万元，最终以相关审计单位审定金额为准。《合同》第三部分专有合同条款第1.1.4.5条缺陷责任期，本工程的缺陷责任期（即预留质量保修金的期限）为竣工验收合同之日起24个月。第17.3.3条进度款支付金额和时间，当完成工程进度50%时，支付合同暂定价的20%；当完成工程进度80%时，支付合同暂定价的30%；工程竣工验收合格后15日内付至合同暂定价的

80%（支付的进度款应包含已支付的预付款）；结算办理完毕，经审计单位审计确定后支付至审定结算总价的95%；留5%作为质保金，工程竣工后经核实无拖欠农民工工资，工程质量缺陷责任期满后一周内付清。第17.4条质量保证金，质量保证金为竣工结算审计审定价款的5%。第17.5.1条竣工付款申请单，发包人收到承包人递交的正式竣工结算报告、竣工结算书、竣工资料及有效的全套结算资料后，若双方无异议，发包人应在3个月内办理竣工结算，并报送相关审计单位审计，本工程结算总额按审计的审定金额执行。已付工程款实行多退少补。第17.5.3条竣工结算的价格原则：17.5.3.1苗木部分……17.5.3.2除苗木之外的其他施工内容结算原则：按经审核的竣工图纸中实际完成的合格工程量，结合设计变更、现场签证，按2008年《重庆市建筑工程计价定额》（CQJZDE－2008）、《重庆市装饰工程计价定额》（CQZSDE－2008）、《重庆市仿古建筑及园林工程计价定额》（CQFGYLDE－2008）、《重庆市安装工程计价定额》（CQAZDE－2008）、《重庆市建设工程费用定额》（CQFYDE－2008）及相关配套文件计价，经两江新区管委会审定后确定。（1）人工及机械费：选用施工当期的《重庆工程造价信息》（重庆市建设工程造价管理总站主办）公布的信息价。（2）材料价格选用施工当期的《重庆工程造价信息》（重庆市建设工程造价管理总站主办）公布的信息价。《重庆工程造价信息》缺项材料由业主认质核价。（3）零星地面造坡和材料二次转运费由现场签证，单价由业主核价，按实结算。（4）安全文明施工专项费：按渝建发［2010］158文规定结算。

之后原告与被告又签订了《两江新区云汉大道道路景观工程（北段）补充协议》（以下简称《补充协议》），双方主要对《两江新区云汉大道道路景观工程（北段）施工合同》中第三部分专用合同条款第17.5.3.1项苗木部分的结算价格内容进行了修改，具体为：（1）干径10公分以上的乔木：苗木费、栽植费和一年养护费的计算价格按苗木采购价×1.4＋苗木采购价×6.58%结算（备注：苗木采购价根据乙方所提供的项目当期采购合同、发票、现场验收单等资料确定）。包成活，包含一年养护、支撑、栽植、树坑换种植土、税金等所有费用。（2）干径10公分以下（含10公分）的乔木、灌木和地被植物：苗木费、栽植费和一年养护费的结算价格按《重庆工程造价信息》（重庆市建设工程造价管理总站主办）公布的施工当期的信息价上限下浮10%×（1＋40%）结算，包成活，包含一年养护、支撑、栽植、树坑换种植土、税金等所有费用。若《重庆工程造价信息》缺项的苗木，苗木费、栽植费和一年养护费的结算价格按苗木采购价×1.4＋苗木采购价×6.58%结算

（备注：苗木采购价根据乙方所提供的项目当期采购合同、发票、现场验收单等资料确定）。包成活，包含一年养护、支撑、栽植、树坑换种植土、税金等所有费用。（3）若发生工程范围内苗木移栽：（a）干径30㎝以下（含30㎝）乔木、灌木和地被植物则按现场签证计算工程量，按2008年《重庆市仿古建筑及园林工程计价定额》（CQFGYLDE－2008）及相关配套文件计价，人工和机械费选用施工当期的《重庆工程造价信息》（重庆市建设工程造价管理总站主办）公布的信息价，缺项材料由甲方认质核价；（b）干径30㎝以上特大树木、名贵树木和特殊造型植物：则每次的移栽费按苗木单价的25%计价（起挖、运输、再次栽植，不含税金）。①若苗木为河南万绿园林绿化工程有限公司成都分公司采购的，则按乙方的苗木采购价计算；②若苗木为甲方采购的，则按甲方苗木采购价计算；③若苗木既不是甲方采购的也不是乙方采购的，则按乙方的同期其他项目采购的类似苗木采购价计算。

涉案工程被告于2011年12月20日完工。2013年5月10日，重庆两江新区管理委员会作出了《关于水土高新园云汉大道景观工程（北段）施工招标方式的批复》，同意两江公司（即本案原告）采用直接发包方式确定云汉大道景观工程（北段）施工单位为河南万绿公司成都分公司（即本案被告）。

2014年1月17日，被告将涉案工程全部移交给原告。2014年2月12日，涉案工程竣工验收。被告向原告报送的涉案工程结算金额为66936083.31元。原告已向被告支付工程款共计4560万元，最后一次付款时间为2013年11月28日。

2015年12月21日，原告、被告及重庆市建筑科学研究院（监理公司）共同向重庆市审计局出具《云汉大道（北段）道路景观工程苗木移栽的情况说明》，主要内容为因原竣工图与签证单苗木数量不一致，建议审计组在审计云汉大道景观工程（北段）苗木移栽数量时以签证单数量为准，最终苗木移栽数量和金额以审计组审定结果为准。同日，原告、被告及重庆市建筑科学研究院（监理公司）共同向重庆市审计局还出具了《情况说明》，主要内容为建议审计组在核实云汉大道北段苗木价格时考虑项目现场实施情况，适当上调部分苗木价格，最终审核价格以审计组审定价格为准。

之后，重庆市审计局根据《关于云汉大道道路景观工程（北段）绿化养护工作的承诺函》《竣工图数量与工程量收费单对照说明》对原取证记录进行调整，调整后审定金额为36065299.47元，审减金额为30870783.84元。2016年2月23日，被告对重庆市审计局作出的取证记录调整内容进行回复，绿化升级部分调整的苗木单价未执行《合同》及《补充协议》原则，故对绿化升级部分调整后金额不认可。

2016年3月4日，原告向被告发出《要求立即退还多计工程款的函》，载明：你司承建的云汉大道景观工程（北段）结算审计已完成，最终结算审定金额为36065300元。目前为止，我司共向你司支付工程款4560万元，根据审计结果，你司应向我司退还超付工程款9534700元。为此，我司要求你司在2016年3月18日16:00前退还超付工程款人民币9534700元。

2016年3月10日，被告向原告发出《关于〈要求立即退还多计工程款的函〉回复》，主要内容为因审计与项目实际情况及合同约定不符，对审计结果被告不认可，多计工程款不成立，要求对结算审计中存在的问题进行核实。

## 【裁判结果】

重庆市北碚区人民法院于2017年6月8日作出（2016）渝0109民初3377号民事判决：驳回原告重庆两江新区水土高新技术产业园建设投资有限公司的诉讼请求。

宣判后，河南万绿公司成都分公司不服判决，提起上诉。重庆市第一中级人民法院于2017年3月15日作出（2016）渝01民终8807号民事判决，认为一审判决认定涉案工程的结算价款不能按照双方明确约定的审定金额予以确定有误，据此改判：一、撤销重庆市北碚区人民法院（2016）渝0109民初3377号民事判决；二、被上诉人河南万绿园林股份有限公司成都分公司于本判决生效之日起10日内返还上诉人重庆两江新区水土高新技术产业园建设投资有限公司工程价款5730423.15元及资金占用损失（以5730423.15元为基数，从2016年3月19日起按中国人民银行同期同类贷款利率计算至付清之日止）；三、驳回上诉人重庆两江新区水土高新技术产业园建设投资有限公司的其他诉讼请求。

## 【裁判理由】

法院生效裁判认为：本案的争议焦点为两江公司与河南万绿成都分公司就涉案工程的结算价款是否应当以双方在竣工结算条款中明确约定的以审计机关的审定金额予以确定。法院认为应当以审计机关的审定金额予以确定，具体理由如下：

第一，以审计机关的审定金额作为双方结算价款是双方真实意思一致和连贯的表示。首先，涉案合同第一部分合同协议书第4条约定“合同价：暂定5700万元（大写伍仟柒佰万元）（最终以相关单位审定金额为准）”；第三部分专用合同条款第17.3.3条约定“结算办理完毕，经审计单位审计确定后支付至审定结算总价的95%”；第17.4.1条约定“质量保证金为竣工结算审计审定价款的5%”“工程竣工并通过结算审计后留5%作质保金”；第17.5条约定“竣工结算……发包人应在3个月内办理竣工结算，并报送相关审计单位审计，本工程结算总额按审计的审定金额执行，已付工程款实行多退少补”。即双方在合同暂定价、进度款支付、质量保证金、竣工结算方面均对以审计机关的审定金额作为双方结算价款进行了一致和连贯的意思表示。其次，河南万绿成都分公司举示的2015年12月21日两江公司、河南万绿成都分公司及重庆市建筑科学研究院（监理公司）共同向重庆市审计局出具的《云汉大道（北段）道路景观工程苗木移栽的情况说明》和《情况说明》均在陈述意见的同时，明确表示“最终苗木移栽数量和金额以审计组审定结果为准”“最终审核价格以审计组审定价格为准”。即双方在审计过程中，虽对审计的计量和计价提出了意见，但仍对接受审计机关的审定金额作出了明确的意思表示。

第二，以审计机关的审定金额作为双方结算价款不致损害国家利益。本案属应当招标而没有招标的建设工程合同，即涉案合同及补充协议在签订时规避了《招标投标法》，未受到相应监管。在合同无效后，以审计机关的审定金额确定工程价款，有利于弥补签订合同及补充协议时的监管不足，同时也并未违背双方当事人的真实意思表示，从而有利于平衡各方利益，且也不致损害国家利益。

第三，以审计机关的审定金额作为双方结算价款更符合合同本意。本案中，《补充协议》中的具体计量和计价条款与《合同》中明确的竣工结算条款相比较，就确定工程结算价款而言，直接适用双方明确约定的竣工结算条款更符合双方当事人真实意思表示，在合同条款的解释和层次判断上更符合合同本意。

第四，在双方明确约定以审计机关的审定金额作为结算价款的前提下，民事审判中不宜对未经依法撤销或变更的审计结论作直接或间接的否定。其一，《审计法》第二十二条规定：“审计机关对政府投资和以政府投资为主的建设项目的预算执行情况和决算，进行审计监督。”本案中，涉案项目即属于政府投资的建设项目，重庆市审计局作出的《审计报告》附件1《工程结算审计情况汇总表》中的审定金额系依法履行审计监督职责。不管双方是否在合同中约定以审计机关作出的审定金额作为双方结算依据，审计机关均要对涉案项目进行审计监督并确定审定金额。即该审定金额的作出不是源于双方当事人合意，只是双方当事人在合同中合意采用审计的审定金额作为双方结算的依据。因此，在本案的民事诉讼中要审查审计结论的审计依据、审减金额、审计过程缺乏法律依据。其二，国家审计结论作为国家审计监督行政行为的产物，具有较高的证明效力。在双方明确约定以审计机关的审定金额作为结算价款的前提下，在该审计结论未经依法撤销或变更的条件下，不采信该审计结论缺乏事实和法律依据。其三，本案中若允许河南万绿成都分公司对工程价款进行“鉴定或者对审计报告进行审核”的申请，则在审计结论未被依法撤销或变更的情况下，可能会导致同时就同一工程的结算价款出现两个不同具体金额的结论，有违法制标准的统一。其四，根据《审计法》《审计法实施条例》等相关法律、法规的规定，当事人若对审计结论不认可，具有合法的救济渠道。其五，根据《审计法》第三条“审计机关依照法律规定的职权和程序，进行审计监督”之规定，审计机关作出审计结论有其独有的法律规则和程序设计，若在民事诉讼中仅凭平等民事主体间的对抗就直接或间接否定审计结论则有失客观公正。

因此，两江公司与河南万绿成都分公司就涉案工程的结算价款应当以审计机关的审定金额予以确定，已付工程款实行多退少补。

关于退还工程价款的具体金额，本案中重庆市审计局就涉案项目的审定金额为3606.53万元，两江公司已支付的工程价款为4560万元，因此多支付金额为9534700元，两江公司仅请求退还5730423.15元系对其权利的处分，法院予以确认。所以，河南万绿成都分公司应退还两江公司的工程价款为5730423.15元。

关于资金占用损失，两江公司请求以5730423.15元为基数，从2013年11月29日起，按中国人民银行同期同类贷款利率计算至付清之日。法院认为，由于双方并未就多支付的工程款的资金占用损失进行明确的约定，两江公司请求以最后一次付款时间11月28日的次日起计算资金占用损失没有事实和法律依据，法院不予支持。法院认为，两江公司于2016年3月4日向河南万绿成都分公司发出《要求立即退还多计工程款的函》，表明其发出了请求河南万绿成都分公司在2016年3月18日16：00前返还超付工程款的意思表示，但未举示送达证据；而河南万绿成都分公司于2016年3月10日向两江公司发出《关于〈要求立即退还多计工程款的函〉回复》，则能证明至迟到2016年3月10日其已知悉两江公司要求返还超付工程款的意思表示。因此，河南万绿成部分公司向两江公司支付的资金占用损失，应以5730423.15元为基数，从两江公司要求返还超付工程款截止日期2016年3月18日的次日即2016年3月19日起，按中国人民银行同期同类贷款利率计算至付清之日止。

综上所述，两江公司的上诉请求部分成立，遂作出前述判决。

## 【案例注解】

在全部或部分使用国有资金或国家融资项目的建设施工合同中，常存在业主方与施工方会约定以国家审计机关的审计结论作为双方结算依据的现象，而司法实践中也常见就是否依据国家审计机关的审计结论进行结算产生争议。2001年，在《最高人民法院关于建设工程承包合同案件中双方当事人已确认的工程决算价款与审计部门审计的工程决算价款不一致时如何适用法律问题的电话答复意见》中明确了在三种条件下，才能将审计结论作为判决的依据：一是合同明确约定以审计结论作为结算依据；二是合同约定不明确；三是合同约定无效。此后，在类似案例中，判断是否以国家审计机关的审计结论作为双方结算依据，基本上均遵循了尊重当事人缔约本意的原则。但围绕该问题一直争议不断，2017年2月，全国人大法工委致函各省、自治区、直辖市人大常委会，要求对地方性法规中直接规定以审计结果作为竣工结算依据，或者规定建设单位应当在招标文件或合同中要求以审计结果作为竣工结算依据的条款进行清理，适时予以纠正。虽该函是在立法层面要求不得强制建设单位和施工单位必须以审计结果作为依据，但也未否定双方合意采用审计结果作为结算依据。这一方面反映出在建筑行业中此问题热度不减，另一方面也反映出各方对此仍有认识的分歧。

本案中，在建设施工合同无效的前提下，将这种法律适用的分歧衬突得越发明显。即建设施工合同无效，是否还能以双方当事人在合同中明确约定的以审计机关的审计结论作为结算依据？一种意见认为，合同无效、当事人约定以国家机关的审计结论作为工程结算依据的，法院还应对审计报告进行审查，若审计报告有误，就不应作为认定工程款结算依据。另一种意见则认为，即便合同无效，仍应尊重双方当事人的真实意思表示，在审计机关的审计结论未经依法撤销或变更的情况下，不宜在民事审判中对国家审计机关依法作出的审计结论进行审理并作出直接或间接的否定，而应当按照审计机关依法作出的审计结论进行结算。笔者赞同第二种观点，因为对未依法进行招投标而无效的建设施工合同，是否依约将审计结论作为结算依据，应当综合各种因素审慎判断。

## 一、以审计结论作为结算依据应当基于当事人之间的真实意思表示

意思表示是指将欲发生法律效果之意思表示于外的行为。[①] 意思表示是民事法律行为的核心。合同行为作为一种典型的双方民事法律行为，若判断出合同中的条文是当事人表现出来的真实意愿，那么就表示当事人均希望实现该条文的法律效果，若无其他要素影响，那么法院对该法律效果也通常予以支持。而意思表示由意思和表示内外两个不同的要素组成，意思是当事人内心的主观意愿，判断意思表示是否真实，则只能通过当事人呈现予外的表示行为来进行判断。当双方当事人对某一意思进行了连续和一贯的表示行为，那么就能对该意思的真实性进行更笃定地判断。

本案中，双方当事人在签订的合同中对工程暂定价、进度款支付、质量保证金、竣工结算等方面均作出了以审计机关的审定金额作为双方结算价款的明确意思表示。其后，在合同履行过程中，当进行到审计机关审计阶段，河南万绿成都分公司举示的各方当事人共同向审计机关出具的两份情况说明均在陈述意见的同时，明确表示“最终苗木移栽数量和金额以审计组审定结果为准”“最终审核价格以审计组审定价格为准”。即当事人虽对审计的计量和计价提出了意见，但仍对接受审计机关的审定金额作出了明确的意思表示。也就是说，在合同签订、合同履行过程中，双方当事人通过一系列连续和一贯的外在表示行为，对以审计结论作为结算依据作出了明确的意思表示，该意思表示是真实的，双方均应接受该意思表示的约束。

## 二、合同属必须招标而未招标无效，当合同中结算条款与具体计价条款可能发生冲突时，具体适用哪一条款还应基于是否会明显损害国家利益等的考量

合同无效代表对当事人合意的根本性否定。它是不生效力情形中的最高级。[②] 而建设工程施工合同作为一种较为特殊的合同，基于我国社会经济发展现实及“保证工程质量”的宗旨，《最高人民法院关于审理建设工程施工合同纠纷案件适用法律问题的解释》第二条规定了合同无效，但建设工程经竣工验收合格，仍可参照合同约定计算工程价款。即我国对建设工程施工合同判定无效后，并未对当事人合意进行根本性的否定。但这也并不简单意味着“建

---

① 朱庆育：《民法总论》（第二版），北京大学出版社2016年版，第188页。

② Vgl. Larenz/Walf, Allgemeiner Teil des Buergerlichen Rechts, 9. Aufl., 2004, §4 Rn. 4.

设工程施工合同无效，按有效处理”的原则成立。对此，笔者认为，首先，建设工程施工合同无效，在法律后果的判断上仍表明对当事人合意的根本性否定；其次，若建设工程竣工验收合格，可参照合同约定计算工程价款；再次，司法解释规定“参照”之意，即表明对合同约定仅参考并对照。而如何参考和对照系法院结合具体案情予以判断。最后，当无效的建设施工合同中的结算条款与具体计价条款的约定发生冲突时，具体选择适用哪一条款，还应基于适用该条款是否会损害国家、集体、第三人利益的考量。

本案中，涉案《合同》及《补偿协议》因属应当招标而没有招标的建设工程合同而无效。该无效的判断是基于违反了《招标投标法》的强制性规定。因此，从法律后果的判断首先表明了对该合同中当事人合意的根本性否定，但由于涉案工程已竣工验收合格，所以其仍符合《最高人民法院关于审理建设工程施工合同纠纷案件适用法律问题的解释》第二条之立法本意，可参照合同约定确定涉案工程的结算价款。本案中双方对《合同》中以审计机关的审定金额作为结算依据的约定是无异议的，但河南万绿成都分公司认为审计结果没有按照双方《补充协议》的计价方式来审定。而《补充协议》对《合同》进行了较大变更，差异部分主要体现在将大部分苗木采购价由业主核质核价变更为以采购合同、发票定价。因此，在该《补充协议》已因应招标而未招标而无效的前提下，其还存在因损害国家利益而无效的盖然性，原因有二：一是涉案《合同》和《补充协议》在签订时规避了《招标投标法》，未受到相应监管；二是以施工方对外的采购合同、发票定价，不合常理且随意，与交易习惯不符。因此，在对合同计价条款、结算条款、补充协议计价条款因合同无效而对当事人合意进行根本性否定后，法院就应结合具体案情进行审慎选择其中一条款作为结算价款的参照依据。而以结算条款中审计机关的审定金额确定工程价款：一是有利于弥补签订合同及补充协议时的监管不足，二是未违背双方当事人的真实意思表示，符合司法解释的立法精神，三是有利于平衡各方利益，且不致损害国家利益。

## 三、直接适用合同的结算条款以审计机关的审定金额作为结算依据，在合同条款的解释和层次效力的判断上更符合合同本意

广义的合同解释是指对于既已成立的合同确定何为其内容的一种作业。[①]狭义的合同解释专指有权解释，即受理合同纠纷的法院或仲裁机构对合同及其

① 韩世远：《合同法总论》（第三版），法律出版社2011年版，第695页。

相关资料的含义所作的有法律拘束力的分析和说明。[①] 合同解释的目的仍在于探寻当事人真意。因为，表达合同的语言文字往往有多种含义，因合同文本的多层次性及对未来事实的不确定性，致使在合同签订时就在文字下埋藏了矛盾和冲突的可能。因此，需要法院或仲裁机构通过合同解释来判断当事人的合同本意。合同解释的方法常有文义解释、整体解释、目的解释等。当就是否直接适用合同的某一关键条款发生争议时，从合同解释的角度对条文本身进行剖析，有利于法院作出准确的判断。

本案中，当事人对是否直接适用结算条款即以审计机关的审计结论作为结算依据发生了争议，笔者认为从合同解释的角度直接适用结算条款为宜。首先，从文义解释来看，结算有总结清算、核算了解之义。而具体计价条款，则系对合同细化项目的约定。当结算条款与具体计价条款发生冲突时，适用结算条款，从文义上可理解对合同细化项目进行了统总和覆盖，更接近和符合合同本意。其次，从整体解释来看，结算条款处于合同条款的核心位置，关系到双方的最核心的权利义务——工程价款。而具体计价条款在合同条款的层次效力上略低于结算条款。当双方当事人对合同的核心条款进行了明确约定的前提下，直接适用该约定，能够从合同的总体解读和各部分的相互关联上进一步阐明合同本意。再次，从目的解释来看，双方当事人在合同中约定以审计机关的审计结论作为结算依据，表明双方明确了对涉案项目接受审计结论，服从审计监督的目的。因此，直接适用该约定符合该目的。

## 四、在合同因未招标而无效，且明确约定以审计机关的审计结论作为结算价款的前提下，在民事审判中不宜对未经依法撤销或变更的审计结论作直接或间接的否定

国家审计机关依法作出的审计报告实质系书证。在其真实性、合法性未经依法否定的前操下，若合同中明确约定以审计机关审计报告中的审计结论作为结算依据，结合建设工程施工合同因未招标而无效的情况，国家审计机关的审计报告应具有关联性。第一，《审计法》的第二十二条规定："审计机关对政府投资和以政府投资为主的建设项目的预算执行情况和决算，进行审计监督。"本案中，涉案项目属于政府投资的建设项目，审计机关作出的《审计报告》中的审定金额系依法履行审计监督职责。不管双方是否在合同中约定以审计机关作出的审定金额作为双方结算依据，审计机关均要对涉案项目进行审

① 崔建远主编：《合同法》（第四版），法律出版社2007年版，第346页。

计监督并确定审定金额。即该审定金额的作出不是源于双方当事人合意，只是双方当事人在合同中合意采用审计的审定金额作为双方结算的依据。因此，在合同无效的前提下不宜在民事诉讼中审查审计结论的审计依据、审减金额、审计过程。第二，国家审计结论作为国家审计监督行政行为的产物，具有较高的证明效力，在合同无效、双方明确约定以审计机关的审定金额作为结算价款的前提下，且该审计结论未经依法撤销或变更，不采信该审计结论缺乏充分的事实和法律依据。第三，本案中若允许河南万绿成都分公司对工程价款按无效的补充协议约定进行“鉴定或者对审计报告进行审核”，则在审计结论未被依法撤销或变更的情况下，存在着新的鉴定结论作出的依据仍系无效之约定，同时还会导致就同一工程的结算价款出现两个不同具体金额的结论，有违法制标准的统一。第四，根据《审计法》《审计法实施条例》等相关法律、法规的规定，当事人若对审计结论不认可，具有合法的救济渠道。第五，根据《审计法》第三条“审计机关依照法律规定的职权和程序，进行审计监督”之规定，审计机关作出审计结论有其独有的法律规则和程序设计以实现审计监督之目的，当建设施工合同因未招标而无效的情况下，若在民事诉讼中仅凭平等民事主体间的对抗就直接或间接否定审计结论则有失客观公正，且存在损害国家利益之可能。

（**一审法院合议庭成员**　杨　敏　薛金富　何秀华
**二审法院合议庭成员**　方剑磊　刘家秀　康　玮
**编写人**　重庆市第一中级人民法院　方剑磊
**责任编辑**　杨　奕
**审稿人**　曹守晔）

# 张荃诉中国农业银行股份有限公司天津翠亨广场支行储蓄合同纠纷案

## ——伪卡交易中银行安全保障义务的认定

**关键词：民事　伪卡交易　银行安全保障义务　违约责任　风险负担**

## 【裁判要旨】

银行对储户存款具有安全保障的法定义务。银行向储户提供借记卡服务，应确保借记卡内的数据信息不被非法窃取并加以使用，作为借记卡的发卡行及相关技术、设备和操作平台的提供者，应当承担伪卡的识别义务。伪卡盗刷行为的发生说明银行制发的借记卡以及交易系统存在技术缺陷。由于银行未能尽到对存款的安全保障义务，未能识别伪卡，属于违约行为，因该违约行为导致储户借记卡内的资金损失，银行应当承担违约赔偿责任。

## 【相关法条】

**《中华人民共和国合同法》第六十条第一款**　当事人应当按照约定全面履行自己的义务。

**第一百零七条**　当事人一方不履行合同义务或者履行合同义务不符合约定的，应当承担继续履行、采取补救措施或者赔偿损失等违约责任。

**《中华人民共和国商业银行法》第六条**　商业银行应当保障存款人的合法权益不受任何单位和个人的侵犯。

**第三十三条**　商业银行应当保证存款本金和利息的支付，不得拖延、拒绝支付存款本金和利息。

## 【案件索引】

一审：天津市滨海新区人民法院（2017）津0116民初80490号（2017年10月17日）

二审：天津市第二中级人民法院（2017）津02民终8276号（2017年12月13日）

## 【基本案情】

原告张荃诉称：原告在被告处办理了借记卡，原告于2016年11月3日收到一笔境外POS机消费122275.97元，一笔境外ATM机取现3493.6元的短信通知。经核实，原告的该银行卡在香港被盗刷及取现。原、被告为储蓄合同关系，在原告不知情的情况下，原告的银行卡被盗刷，被告应赔偿原告的损失，故请求判令：被告赔偿原告125816.51元。

被告中国农业银行股份有限公司天津翠亨广场支行（以下简称农行翠亨广场支行）辩称：原告本人设置的借记卡密码具有私有性、唯一性、秘密性的特点，具体使用情况及密码保管只有原告本人掌握，任何第三方均无法得知。在离柜交易模式下，密码输入正确，即认定交易指令系客户本人发出。根据原告签署的《中国农业银行金穗借记卡章程》规定：凡密码相符的金穗借记卡交易均视为持卡人本人的合法交易，发卡行依据密码为持卡人办理交易所产生的电子信息记录为该项交易的有效凭证。持卡人应妥善保管金穗借记卡密码，因密码泄露或卡片保管不当造成的损失，由持卡人负责。综上，被告完全履行了借记卡章程所规定的义务，没有任何过错。原告自身没有妥善保管银行卡及密码造成资金损失，应当为其过错承担全部责任，请求法院驳回原告的全部诉讼请求。

法院经审理查明：2014年5月14日，原告从被告处申领一张农业银行金穗借记卡，卡号为622849002800085××××。2014年4月16日、2015年5月17日，原告两次办理挂失，最后的新卡号为622849002800124××××。2016年11月3日，原告的该银行卡被刷卡消费122275.97元、发生ATM取款交易3403.6元。同时，产生手续费46.94元。当日，原告收到短信交易提醒后即持该银行卡向被告处查询了解。经查询，上述交易发生在香港。此后，原告向公安机关报案。

## 【裁判结果】

天津市滨海新区人民法院于2017年10月17日作出（2017）津0116民初80490号民事判决：被告中国农业银行股份有限公司天津翠亨广场支行于本判决生效之日起10日内赔偿原告张荃损失125816.51元。案件受理费2816元，由被告中国农业银行股份有限公司天津翠亨广场支行负担。

一审判决后，农行翠亨广场支行不服，提出上诉。天津市第二中级人民法院于2017年12月13日作出（2017）津02民终8276号民事判决：驳回上诉，维持原判。

## 【裁判理由】

法院生效判决认为：银行对储户存款具有安全保障的法定义务。本案中，结合张荃提供的证据以及双方当事人庭审中的陈述，可以认定涉诉银行卡在境外POS机以及ATM机上发生的交易行为系伪卡盗刷。虽然上诉人主张凡与密码相符的交易均视为合法交易，储户对于密码有注意义务，应当知晓并承担密码保管不善可能产生的严重后果，但该主张能够适用的前提是当事人使用真实的借记卡。且根据民事诉讼证据规则，农行翠亨广场支行应对张荃存在密码泄露的过错负有举证责任，但其未能提供证据证明张荃因故意或过失而导致该卡内的数据信息及密码泄露，应承担举证不能的法律后果。加之，农行翠亨广场支行提供借记卡服务，应确保该借记卡内的数据信息不被非法窃取并加以使用，其作为借记卡的发卡行及相关技术、设备和操作平台的提供者，理当承担伪卡的识别义务。伪卡盗刷行为的发生说明农行翠亨广场支行制发的借记卡以及交易系统存在技术缺陷。由于其未能尽到对存款的安全保障义务，未能识别伪卡，系属违约，故因该违约行为导致张荃借记卡内的资金损失，农行翠亨广场支行应当承担违约赔偿责任。

## 【案例注解】

在银行卡冒用民事纠纷中，银行和持卡人的损失分担比例在不同判例中不尽相同，经实证研究得出主要有银行承担全部损失，持卡人承担全部损失，银行承担主要损失、持卡人承担次要损失及银行与持卡人平均分担损失四种类型，出现这四种裁判模式的主要原因是实务界和理论界对银行卡冒用民事纠纷法律关系构成、证据证明力不同时各方主体如何承担违约责任及违约责任承担规则和风险负担规则的适用情形存在分歧。在司法裁判中解决银行卡冒用民事纠纷的损失负担机制问题时，应当在区分当事人一方或双方有无明显过错的前提下，依照先适用违约责任规则、再适用风险负担规则的层级进行裁判。

## 一、当事人过错下违约责任的分配机制

### （一）当事人双方义务的界定

1. 银行义务的界定。银行义务的性质即在存款法律关系中银行义务是什么的问题。在本文的研究样本中，有如下表述：在储户办理储蓄业务过程中保障储户的合法权益不受侵犯的义务；① 对储户存款具有安全保障义务；② 保证存款本金和利息的支付，保障存款人的合法权益不受任何单位和个人的侵犯；③ 保障储户账户资金安全、严格履行业务办理审核义务……④笔者认为，上述裁判文书的表述虽略有不同，但其基本内涵是一致的，即在存款法律关系内，银行对持卡人的义务有为存款人保密的义务、按时支付本息的义务、挂失止付的义务、合理审查的义务及安全保障的义务。

银行义务的来源即在存款法律关系中银行义务从哪来的问题。义务的来源无非两种：第一，法律规定，即法定义务；第二，合同约定，即意定义务。在存款法律关系中，银行义务的来源也是这两种途径。《商业银行法》规定了为存款人保密的义务，其第二十九条规定："商业银行办理个人储蓄存款业务，应当遵循存款自愿、取款自由、存款有息、为存款人保密的原则。对个人储蓄存款，商业银行有权拒绝任何单位或者个人查询、冻结、扣划，但法律另有规定的除外。"安全保障义务的规定见于《商业银行法》第十二条第一款第五项规定："设立商业银行，应当具备下列条件：……（五）有符合要求的营业场所、安全防范措施和与业务有关的其他设施。"《消费者权益保护法》第十八条规定："经营者应当保证其提供的商品或者服务符合保障人身、财产安全的要求。对可能危及人身、财产安全的商品和服务，应当向消费者作出真实的说明和明确的警示，并说明和标明正确使用商品或者接受服务的方法以及防止危

---

① 详见北京市第一中级人民法院（2014）一中民（商）终字第7078号民事判决。
② 详见北京市第一中级人民法院（2014）一中民（商）终字第7072号民事判决。
③ 详见北京市第一中级人民法院（2014）一中民（商）终字第7275号民事判决。
④ 详见北京市第一中级人民法院（2014）一中民（商）终字第8409号民事裁定。

害发生的方法。宾馆、商场、餐馆、银行、机场、车站、港口、影剧院等经营场所的经营者，应当对消费者尽到安全保障义务。”国务院《储蓄管理条例》第十一条第三项规定：“储蓄机构的设置必须具备下列条件：……（三）有必要的安全防范设备。”持卡人在办理银行卡时，通过订立诸如《牡丹灵通卡申请表》《中国工商银行牡丹灵通卡章程》等相关协议，确立合同双方当事人的权利义务关系。这些协议中必然包括隐含义务的相关条款。

没有无权利的义务，也没有无义务的权利，银行的义务对应着持卡人的权利，由于银行义务来源有法律规定和合同约定，因此针对银行对于义务的违反，持卡人可以提起侵权之诉或违约之诉。对于违约之诉请求权前文已作论述，那么侵权之诉的请求权基础是什么？针对银行的安全保障义务，是否对应着持卡人的安全权这一法定权利？根据李友根教授“消费者安全权”是一种权利[①]的观点来论证侵权，安全保障义务是一种法定义务，而这种义务应该对应着法定权利，因此，违反安全保障义务即是对金融消费者安全权的侵犯，应当承担侵权责任。故在第三人盗刷银行卡的情形下，第三人对银行构成侵权，侵权客体是银行的财产所有权。而在银行与持卡人这一法律关系中，也存在侵权责任，银行违反安全保障义务侵害了持卡人的安全权。

银行义务的内容即在存款法律关系中银行义务具体是怎么样的。作为借记卡的发卡行及相关技术、设备和操作平台的提供者，应当提供完善的技术设备，包括难以复制的银行卡和能够识别复制卡的交易终端，掌握银行卡的制作技术与加密保护技术，具备识别其真伪的技术和硬件设施，应当确保储户借记卡内的数据信息不被非法窃取并加以使用，确保借记卡内资金的安全。[②]

据此，在存款法律关系中，银行应该在依约支付相应本金及利息、为存款人保密、合理挂失给付、谨慎审查及安全保障等方面切实履行义务。

2. 持卡人义务的界定。持卡人义务的性质即在存款法律关系中持卡人义务是什么的问题，相较于银行在存款法律关系中复杂的义务体系，持卡人的义务较简单，即审慎保管密码及卡片信息的义务。除《合同法》对合同当事人双方义务的规定外，法律并无明显规定持卡人的义务，故持卡人的义务仅来源于合同，此处立法体现了在金融消费法律关系中强化经营者义务、保护消费者权益的倾向。所以持卡人违反义务后仅承担违约责任。持卡人义务的内容是妥

① 李友根：《论消费者安全权——基于李萍、龚念诉五月花公司人身伤害赔偿纠纷案的研究》，载李艳芳主编：《经济法案例分析》，中国人民大学出版社2006年版。

② 北京市第一中级人民法院（2014）一中民（商）终字第7072号民事判决。

善保管银行卡信息和密码。正如中国农业银行股份有限公司北京万寿路支行与宋小明借记卡纠纷案中，二审裁定指出：宋小明有妥善保管银行卡和密码、遵守银行卡使用规程的义务。①

（二）过错的认定：归责原则的运用

过错的认定即何种情况算是对义务的违反问题的探讨，而民事责任的认定必须依循一定的归责原则。正如王利明教授指出：归责原则乃是归责的规则，是确定行为人的民事责任的根据和标准。违约责任的归责原则有两种：过错责任和严格责任。过错责任指在一方违反合同规定的义务，不履行和不适当履行合同时，应以过错作为确定责任的要件和确定责任范围的依据。严格责任则以被告的行为与违约后果之间的因果关系为要件。②

1. 银行适用的归责原则。现有的裁判模式中，大部分案例对银行违约责任承担时适用的归责原则为过错责任，但是以顾骏案、王永胜案、刘中云案及俞建水案为代表的裁判选择了严格责任，不同归责原则的选择，体现了不同的利益衡量方式。从消费者权益保护的角度出发，对银行适用严格责任的归责原则是司法裁判的发展方向，但是在我国现阶段，特别是银行卡冒用纠纷高发的广东地区，由于银行卡冒用案件的标的额一般很大，如果银行承担严格责任，将不堪重负，有极大的金融风险，所以，广东省的法院依据《广东省高级人民法院关于审理伪卡交易民事案件工作座谈会纪要》第十五条“对于持卡人、发卡行因银行卡被伪造后交易损失产生的纠纷，人民法院应当根据举证责任的履行、违约情况的认定等情况，依据公平原则，合理确定持卡人和发卡行的责任分担比例”的规定，判定银行依据其过错承担50%以上的损失。此种裁判方法虽然有法官滥用自由裁量权的风险，但在现阶段解决银行卡冒用民事纠纷的损失负担中，起到很重要的作用。

2. 持卡人适用的归责原则。现有的裁判模式中对持卡人违约的判定均采过错责任的归责原则。如中国工商银行股份有限公司北京牡丹园支行与曾恕玉借记卡纠纷案中，二审判决指出：曾在与李谈恋爱期间将银行卡号及密码告知犯罪分子李。犯罪分子伪造的曾恕玉的第一代居民身份证，其上信息均真实，并且使用的牡丹灵通卡密码也正确，说明曾恕玉没有妥善保管其身份信息及借记卡密码，对存款被盗取亦有一定过错，应承担与其过错相适应的责任。③

---

① 北京市第一中级人民法院（2014）一中民（商）终字第8409号民事裁定。

② 王利明：《违约责任论》，中国政法大学出版社2003年版，第46页。

③ 北京市第一中级人民法院（2014）一中民（商）终字第7078号民事判决。

（三）举证责任的划分

1. 举证责任的原则。在银行卡冒用民事案件中，持卡人、银行违反银行卡合同约定，构成违约的，应当根据《合同法》第一百零七条、一百二十条的规定，承担相应违约责任。其中《合同法》第一百零七条规定："当事人一方不履行合同义务或者履行合同义务不符合约定的，应当承担继续履行、采取补救措施或者赔偿损失等违约责任。"第一百二十条规定："当事人双方都违反合同的，应当各自承担相应的责任。"在违约情形发生后，按照"谁主张、谁举证"的原则，持卡人、发卡行应当对其主张的违约方的违约行为承担举证责任。

2. 银行的举证责任。在银行卡冒用民事案件中，银行应当提供盗刷行为发生时的视频资料、交易单据、签购单等证据材料。银行无正当理由拒不提供的，人民法院可以适用《最高人民法院关于民事诉讼证据的若干规定》第七十五条的规定，"有证据证明一方当事人持有证据无正当理由拒不提供，如果对方当事人主张该证据的内容不利于证据持有人，可以推定该主张成立"，对其作出不利的认定。如中国工商银行股份有限公司北京昌平支行（工行昌平支行）与曾庆峰借记卡纠纷案中，二审判决认为：无证据证明曾庆峰故意或者过失泄露交易密码，工行昌平支行亦无法提供证据对此加以证明，故工行昌平支行关于曾庆峰对于交易密码泄露必然存在过错的上诉意见法院不予支持。①

3. 持卡人的举证责任。在银行卡冒用民事案件中，持卡人应当提供银行卡、银行卡在涉案时间内使用记录、报警记录或挂失记录等证据材料。持卡人无正当理由拒不提供的，人民法院可以以证据不足为由驳回其诉讼请求。如李生奇与北京银行股份有限公司四道口支行借记卡纠纷案中，二审判决认为：依据现有证据，李生奇无法证明北京银行在合同履行期间存在违约行为或应承担相应过错责任。李生奇所称银行卡丢失时间前后矛盾，且其所称拨打的客服电话亦并非北京银行的客服电话号码，故判定驳回其诉讼请求。②

（四）格式条款的效力分析

在格式条款适用问题上几乎所有裁判都给出相同答案，即不适用，但关于不适用的原因却有如下分歧：

一种观点认为格式条款合法有效，但伪卡不适用。如中国工商银行股份有

---

① 北京市第一中级人民法院（2014）一中民（商）终字第7072号民事判决。

② 北京市第一中级人民法院（2014）一中民（商）终字第8220号民事判决。

限公司北京昌平支行（工行昌平支行）与曾庆峰借记卡纠纷案中，二审判决指出：虽然工行昌平支行在申请书特别提示中记载“凡使用密码的交易，银行均视为客户本人所为”，但该规则适用的前提应当是当事人持真实的借记卡进行消费，伪卡交易不应适用该约定。①

另一种观点认为格式条款属于无效条款。如中国农业银行股份有限公司高要南岸支行等诉宋亚清借记卡纠纷案中，二审判决指出：《借记卡管理协议书》及《中国农业银行金穗借记卡章程》第三条，主张风险一律由持卡人承担的抗辩。该免责条款属于格式条款，可参照《合同法》第四十条“格式条款具有本法第五十二条和第五十三条规定情形的，或者提供格式条款一方免除其责任、加重对方责任、排除对方主要权利的，该条款无效”的规定。②

笔者同意第一种观点，银行在《借记卡章程》或《借记卡申领书》里的格式条款并未明显排除己方责任，加重对方义务限制对方权利，但是其规定的适用范围应当是真实的银行卡，对于第三人伪卡交易并不适用。

## 二、当事人均无过错时风险的负担机制

### （一）风险负担机制的适用前提

基于法理，损失包括债务人在给付不能下承担的责任，也包括非因合同双方过错而发生的风险损失。在一般情况下，如果要适用违约责任制度，就不应适用风险负担制度。违约责任制度和风险责任制度的适用范围是不同的。风险负担是在违约责任制度不能解决的情况下而对风险进行合理分配的方式，如果一方的行为已构成违约，首先应当由其承担违约责任。因为违约责任体现了国家法律对不履行债务行为的一种制裁，它是国家强制债务人履行合同债务的法律手段，是道德和法律谴责与否定违约的集中表现；而风险负担完全不具备这些内容，它是合理分配不幸的法律措施。③ 据此，银行卡冒用民事纠纷的损失负担机制的第二个层面“风险负担机制的适用”的前提是无明显证据证明当事人一方或双方存在违约行为。

### （二）风险负担机制的构建标准

在评价任何损失分担机制时都应该考虑三个标准：这个系统的运作是否使

---

① 北京市第一中级人民法院（2014）一中民（商）终字第7072号民事判决。

② 广东省肇庆市中级人民法院（2014）肇中法民一终字第85号民事判决。

③ 崔建远：《关于制定合同法的若干建议》，载《法学前沿（第2辑）》，法律出版社1998年版，第44页。

损失减少到最低限度，它是否分散损失的成本，它实现这两种功能是否有不必要的行政开支？能够满足把首要风险置于缺乏关于损失性质和大小信息的主体之上，且完全控制风险分配的持卡人责任是不存在的。此外，发卡行责任实现了最佳结果，因为风险承担者必须掌握信息和控制这两个必要元素。

1. 损失的最小化。风险最小化的关键是关于损失成本的信息。除非承担风险的当事人知道承担和预防损失的风险，否则他不能正确判断如何最小化损失。然而，对于许多人来说，假设大部分持卡人不知道他们责任的范围，没人能够预测准确的责任或者可能遭受的欺诈损失的大小。在他们看来，欺诈损失的成本是不可知的，并且在没有这些成本知识的前提下，他们不能最小化损失。此外，即使他们能够获取准确的成本信息，持卡人无法控制风险分担机制。责任转移条款的普遍存在致使消费者仅仅能决定是否使用银行卡。一旦一个人决定使用银行卡，他能够采取一些相关的低成本措施来预防欺诈，但这可能比银行卡本身的改变效率更低。同时，发卡行能够很好地最小化损失。因为他掌握大量的、长期的银行卡交易情形，发卡行能够准确决定银行卡欺诈的成本。因为其控制银行卡的设计和鉴别系统，其也能够通过决定是否采取一些例如使图像、密码或持卡人的声音成为银行卡整体的一部分的预防措施来使损失最小化。作为拥有掌握最早信息的方法和最紧密的控制的一方，发卡行是使损失最小化的最好主体。

2. 损失的分散性。持卡人责任将损失集中在一部分主体身上。没有银行卡的广泛使用，这个问题可能不会引起很大关注。然而今天，银行卡冒用导致的持卡人损失会使其经济陷入严重困难。发卡行责任自动地实现了相当大程度的责任分散，因为发卡行会把损失传递在提高价格上。发卡行选择通过降低自身收益来吸收损失，但他面临的无力承受损失的风险性很小，因为欺诈损失平均上在总收入的1%以下。

3. 行政成本的最低化。在分散风险的尝试中，一些持卡人目前求助于责任保险制度。如果发卡行通过定期收费来实现持卡人保险的财政平衡，加入提供这种独立保险的行政成本产生了极为重要的作用。商业保险不仅仅反映额外的行政成本，也可以减少欺诈损失最小化的压力。如果银行卡冒用导致风险的成本变相提升，以至于使它们和生活的其他成本无法区别，没有主体会去最小化损失。使发卡行成为最好的损失规避者的同类因素是使它成为成本最低的保险公司。如果持卡人了解的足够多并且可以像发卡行一样低成本投保，就无关乎谁来承担主要风险了。

（三）银行卡冒用民事纠纷中风险的负担机制

对于伪卡交易和密码泄露应当适用不同的风险负担机制。

1. 伪卡交易的风险负担机制。银行作为银行借记卡的发卡行及相关技术、设备和操作平台的提供者，具有先天优势来承担伪卡识别义务。伪卡盗刷行为的发生说明银行制发的借记卡以及交易系统存在技术缺陷，故银行应当承担由此造成的损失。如2013年度上海法院金融商事审判十大案例之陈某诉甲银行借记卡纠纷案的裁判也指出：伪卡盗刷行为的发生说明甲银行制发的借记卡以及交易系统存在技术缺陷，故甲银行应当承担由此造成的损失。①

2. 密码泄露的风险负担机制。在司法裁判界，对于密码泄露的风险造成的损失由银行还是持卡人承担这一问题，主要有两种观点：一种认为应当由持卡人负担；另一种认为应当由银行负担。从消费者保护的理念出发，结合银行卡冒用民事纠纷当事人损失的利益衡量来分析，判定居于强势地位的银行承担损失是司法裁判的发展方向，但是，法律规定必须与当地社会现实相适应，在银行卡冒用民事纠纷多发且案件标的额较大的地区，完全按照上述理念裁判不能实现司法的社会效果，故依据公平原则判定持卡人承担一定比例的损失有其现实意义。

综上所述，司法裁判中解决银行卡冒用民事纠纷的损失负担机制问题时，应当在区分当事人一方或双方有无明显过错的前提下，依照先适用违约责任规则、再适用风险负担规则的层级进行裁判。

当有明显证据证明当事人一方或双方有过错时，采取违约责任的处理方式，根据当事人的义务确定其法律责任，对责任的违反程度即是其承担责任的比例。在过错认定时，对银行的归责原则的选择可以综合当地冒用银行卡案件的数量等因素作出：在银行卡冒用民事案件高发地区，对银行宜采用过错责任，因为此种情形要求持卡人尽到更高程度的合理注意义务；在银行卡冒用民事案件较少的地区，对银行宜采用严格责任，因为此种状态下银行作为金融机构具备合理预防、及时发现冒用案件的经济和技术条件，对于持卡人的过错认定一般采过错责任。在举证责任分配时适用"谁主张谁举证"的原则。对于格式条款的效力，一般应认定为有效，但其适用范围不包括伪卡交易。根据此种方式，可以得出两种处理情形：第一，一方当事人有过错时，由其承担全部损失；第二，当事人双方均有过错时，按照其过错比例承担损失。

当无证据证明当事人一方或双方有过错时，采风险负担的处理方式。其中

① 上海市第一中级人民法院（2013）沪一中民六（商）终字第152号民事判决。

伪卡交易的风险确定由银行负担，密码泄露的风险需根据当地此类案件的数量、社会影响及银行与持卡人的利益衡量进行自由裁量。

值得注意的是，违约责任的承担与风险的负担并非相对孤立，有些案件仅适用违约责任的承担规则，有些案件仅适用风险的负担规则，还有些案件要综合违约责任的承担规则与风险的负担规则进行裁判，故针对不同的问题要适用不同的规则，当事人有无明显过错只是研究的一个前提。具体案件中，当事人很可能在一个争议焦点上有过错，在另一个争议焦点上无过错，此时，在同一案件中，针对不同的争议焦点宜适用不同的损失负担机制。

（**一审法院合议庭成员** 王玉强 张红杰 朱瑞冬
**二审法院合议庭成员** 朱立军 王孟璐 滕光鑫
**编写人** 天津市滨海新区人民法院 高 欢
**责任编辑** 杨 奕
**审稿人** 曹守晔）

# 商事

## 尉世友诉中国人民财产保险股份有限公司濮阳市分公司财产保险合同纠纷案

——责任保险的被保险人给第三者造成损害，保险人应当直接向该第三者赔偿保险金

关键词：商事 保险 交通事故 赔偿

### 【裁判要旨】

责任保险的被保险人给第三者造成损害，根据被保险人的请求，保险人应当直接向该第三者赔偿保险金。被保险人怠于请求的，第三者有权就其应获赔偿部分直接向保险人请求赔偿保险金。被保险人未向该第三者赔偿的，保险人不得向被保险人赔偿保险金。

### 【相关法条】

**《中华人民共和国保险法》第十四条** 保险合同成立后，投保人按照约定交付保险费，保险人按照约定的时间开始承担保险责任。

**第六十五条** 保险人对责任保险的被保险人给第三者造成的损害，可以依照法律的规定或者合同的约定，直接向该第三者赔偿保险金。

责任保险的被保险人给第三者造成损害，被保险人对第三者应负的赔偿责任确定的，根据被保险人的请求，保险人应当直接向该第三者赔偿保险金。被保险人怠于请求的，第三者有权就其应获赔偿部分直接向保险人请求赔偿保险金。

责任保险的被保险人给第三者造成损害，被保险人未向该第三者赔偿的，保险人不得向被保险人赔偿保险金。

责任保险是指以被保险人对第三者依法应负的赔偿责任为保险标的的保险。

**第六十六条** 责任保险的被保险人因给第三者造成损害的保险事故而被提起仲裁或者诉讼的，被保险人支付的仲裁或者诉讼费用以及其他必要的、合理的费用，除合同另有约定外，由保险人承担。

**《中华人民共和国民事诉讼法》第六十四条** 当事人对自己提出的主张，有责任提供证据。

当事人及其诉讼代理人因客观原因不能自行收集的证据，或者人民法院认为审理案件需要的证据，人民法院应当调查收集。

人民法院应当按照法定程序，全面地、客观地审查核实证据。

## 【案件索引】

一审：山东省日照经济技术开发区人民法院（2017）鲁1191民初1369号（2017年11月14日）

二审：山东省日照市中级人民法院（2018）鲁11民终449号2018年5月21日

## 【基本案情】

原告尉世友诉称：2016年4月22日黄景贵驾驶的豫J7××××号牌重型自卸货车行驶至日照市绍兴路与天津路路口处，与原告尉世友驾驶的鲁LB××××号牌重型自卸货车相撞，两车损坏，致原告受伤，造成道路交通事故。黄景贵负事故主要责任，原告尉世友负事故次要责任。豫J7××××号牌重型自卸货车实际车主为赵洪强，事发时，豫J7××××号牌重型自卸货车在被告保险公司处投保商业险，被告就此事故至今未理赔。并提出诉讼请求：（1）依法判令被告赔偿原告各项损失共计16554元；（2）判令本案诉讼费由被告承担。

被告中国人民财产保险股份有限公司濮阳市分公司辩称：原告的损失已经由（2016）鲁1191民初720号民事判决书确定了各方的赔偿责任，因此，原告本次起诉违反一事不再理原则，请求法院驳回原告的诉讼请求；同时，判决后该公司依据判决文书中确定的赵洪强应当承担的责任在商业险内依据合同约定进行了赔偿，原告并非保险合同的相对方，不具有主张商业险赔偿的权利。

法院经审理查明：豫 J7××××号牌重型自卸货车的登记车主系李慎方，实际车主系赵洪强，该车辆买卖后未办理过户手续。2015 年 8 月 20 日，豫 J7××××号牌重型自卸货车在被告中国人民财产保险股份有限公司濮阳市分公司处投保机动车综合商业保险，其中机动车第三者责任保险赔偿限额为 50 万元并不计免赔。保险期间自 2015 年 8 月 21 日 0 时起至 2016 年 8 月 20 日 24 时止，被告出具保险单。

2016 年 4 月 22 日 11 时许，黄景贵驾驶赵洪强所有的豫 J7××××号牌重型自卸货车行驶至日照市绍兴路与天津路路口处时，与原告尉世友驾驶的鲁 LB××××号牌重型自卸货车相撞，致原告尉世友及鲁 LB××××号牌重型自卸货车的乘车人陈志勇受伤，两车部分损坏。2014 年 4 月 28 日，日照市公安局交通警察支队开发区大队作出第 201604221 道路交通事故认定书（简易程序），认定黄贵景负事故的主要责任，尉世友负事故的次要责任，陈志勇无责。后尉世友向日照经济技术开发区人民法院提起诉讼，要求黄贵景、李慎方、赵洪强、中国人民财产保险股份有限公司濮阳市分公司赔偿其各项经济损失 113570 元。2016 年 12 月 22 日，日照经济技术开发区人民法院作出（2016）鲁 1191 民初 720 号民事判决书，判决被告中国人民财产保险股份有限公司濮阳市分公司在交强险限额内赔偿原告尉世友医疗费 2033. 79 元、精神损害抚慰金 1000 元、护理费 2420 元、交通费 300 元、误工费 24510 元、残疾赔偿金 63090 元，合计 93 353. 79 元；在交强险赔偿限额外，赵洪强赔偿原告尉世友医疗费 18715. 5 元、住院伙食补助费 560 元、法医鉴定费 700 元，合计 19975. 5 元的 70% 为 13 983 元，并承担案件受理费 2571 元。上述判决生效后，被告中国人民财产保险股份有限公司濮阳市分公司在交强险限额内向原告支付了赔偿款，但赵洪强未在判决指定的期间内履行赔偿义务。另，2016 年 12 月 26 日，被告中国人民财产保险股份有限公司濮阳市分公司向赵洪强银行账户支付理赔款 61652. 85 元。

二审查明的案件事实与一审相同。

## 【裁判结果】

山东省日照经济技术开发区人民法院2017年11月14日作出（2017）鲁1191民初1369号民事判决：被告中国人民财产保险股份有限公司濮阳市分公司于本判决生效之日起10日内向原告尉世友支付赔偿款16554元。

宣判后，原告不服，提起上诉。山东省日照市中级人民法院于2018年5月21日作出（2018）鲁11民终449号民事判决：驳回上诉，维持原判。

## 【裁判理由】

法院生效裁判认为：本案争议焦点为本案是否为财产保险合同纠纷、尉世友能否要求中国人民财产保险股份有限公司濮阳市分公司（以下简称濮阳人民财险）对其进行赔付、本案是否应追加赵洪强为当事人。《保险法》第六十五条规定："保险人对责任保险的被保险人给第三者造成的损害，可以依照法律的规定或者合同的约定，直接向该第三者赔偿保险金。责任保险的被保险人给第三者造成损害，被保险人对第三者应付的赔偿责任确定的，根据被保险人的请求，保险人应当直接向该第三者赔偿保险金。被保险人怠于请求的，第三者有权就其应获赔偿部分直接向保险人请求赔偿保险金。责任保险的被保险人给第三者造成损害，被保险人未向该第三者赔偿的，保险人不得向被保险人赔偿保险金。"通过以上规定可以看出，责任险的设立目的是为了保障受害第三者的合法权益不因责任险被保险人怠于履行赔付义务而遭受侵害，责任险被保险人获得保险理赔的基础和前提是已向第三者进行了赔偿、产生了因赔偿第三者而造成的损失，在未向第三者进行赔付的情况下，责任险保险人不得向责任险被保险人理赔，而无论法院是否已经确认责任险被保险人应承担的赔偿责任数额，因为此时责任险被保险人的损失并未实际产生，这也与财产险的损失补偿原则是一致的。当责任险被保险人对第三者的赔偿责任已经明确却不履行赔偿义务时，第三者向责任险保险人直接索赔的权利是经我国《保险法》规定的法定合法权益，属于我国《保险法》明确界定的范围，故本案案由定性为财产保险合同纠纷并无不当，尉世友有权提起本案诉讼。濮阳人民财险主张其不负有向尉世友理赔的义务、若其赔付则尉世友将获得双重赔偿，并以此申请追加赵洪强为当事人，但实现其该抗辩目的只要由其举证证实赵洪强已将相关损失赔付给尉世友即可，该举证系濮阳人民财险举证责任范围内的义务，追加赵洪强为本案当事人并不是为查清本案事实所必经的程序，也不是尉世友举证责任的要求或法院必须主动审查的内容。在濮阳人民财险自身也不能确认赵洪强是否已赔付责任险第三者尉世友的情况下，濮阳人民财险作为责任险的保险人对责任险的被保险人赵洪强的赔付系其违背保险法规定的自愿支付行为，与尉世友无关，与本案无关。

## 【案例注解】

责任保险，是指以被保险人依法应当对第三人承担的损害赔偿责任为标的而成立的保险合同。本案中，责任保险的被保险人赵洪强在保险人濮阳人民财险处投保责任险，保险人在被保险人经人民法院判决确定了赔偿责任但未实际履行的情况下向被保险人进行了理赔，第三者尉世友为此提起诉讼，向保险人请求赔偿保险金。案件的主要争议焦点为保险人是否应当向第三者进行赔付。

本案审理时，《最高人民法院关于适用〈中华人民共和国保险法〉若干问题的解释（四)》尚未施行，主要适用了《保险法》第六十五条的规定。从该条规定可以看出：（1）责任险的设立目的不仅仅是为了填补被保险人因承担赔偿责任而造成的损失，还在于保障受害第三者的合法权益避免因责任险被保险人怠于履行赔付义务而受到侵害；（2）财产保险的赔偿原则是损失补偿原则，即保险赔偿以弥补被保险人损失为前提，保险赔偿不能造成被保险人不当得利，被保险人获得保险理赔款的基础是其已经向第三者进行赔偿并产生了损失；（3）在被保险人未向第三者进行赔偿的情况下，保险人不得向被保险人理赔，无论是否已经人民法院确认被保险人应当承担的赔偿责任数额，因为此时被保险人的损失并未实际产生。因此，本案中法院对第三者的诉讼请求予以支持，对保险人已向被保险人进行赔偿的答辩意见未予采纳。

《最高人民法院关于适用〈中华人民共和国保险法〉若干问题的解释（四)》自2018年9月1日起施行，其中第二十条规定：“责任保险的保险人在被保险人向第三者赔偿之前向被保险人赔偿保险金，第三者依照保险法第六十五条第二款的规定行使保险金请求权时，保险人以其已向被保险人赔偿为由拒绝赔偿保险金的，人民法院不予支持。保险人向第三者赔偿后，请求被保险人返还相应保险金的，人民法院应予支持。”由此看来，本案的裁判理念和判决结果均符合法律规定，对责任保险的保险人、被保险人及第三者亦能够起到一定的警示和指导作用。

（**一审法院独任审判员** 王彦宗
**二审法院合议庭成员** 滕聿江 马德健 田仕杰
**编写人** 山东省日照经济技术开发区人民法院 刘明明
**责任编辑** 潘 静
**审稿人** 曹士兵）

# 张零跃诉中国平安财产保险股份有限公司永州中心支公司保险合同纠纷案

## ——驾驶员“顶包”假冒后致事故原因无法查明应承担不利后果

关键词：商事　保险合同　投保人　如实告知义务

### 【裁判要旨】

被保险机动车发生交通事故，驾驶员授意他人谎冒驾驶员，并无故离开事故现场而致事故原因、责任无法查清，有违如实告知义务，符合保险合同免赔约定的，保险公司有权拒绝赔偿。

### 【相关法条】

**《中华人民共和国合同法》第六条**　当事人行使权利、履行义务应当遵循诚实信用原则。

**第六十条**　当事人应当按照约定全面履行自己的义务。

当事人应当遵循诚实信用原则，根据合同的性质、目的和交易习惯履行通知、协助、保密等义务。

**《中华人民共和国保险法》第五条**　保险活动当事人行使权利、履行义务应当遵循诚实信用原则。

**第二十二条**　保险事故发生后，按照保险合同请求保险人赔偿或者给付保险金时，投保人、被保险人或者受益人应当向保险人提供其所能提供的与确认保险事故的性质、原因、损失程度等有关的证明和资料。

保险人按照合同的约定，认为有关的证明和资料不完整的，应当及时一次性通知投保人、被保险人或者受益人补充提供。

## 【案件索引】

一审：江西省安福县人民法院（2017）赣0829民初515号（2017年5月17日）

二审：江西省吉安市中级人民法院（2018）赣08民终563号（2018年5月31日）

## 【基本案情】

原告张零跃诉称：原告系湘MU××××号（车架号LSVWA2185GN2107，厂牌型号SVW71617AM7）小型轿车车主。2016年1月11日原告为该车向被告投保了机动车综合商业险，其中机动车损失险保险金额为116900元，保险期限为2016年1月12日至2017年1月11日。2016年9月30日22时许，原告驾驶该车在江西省安福县平都镇阁后路行驶至安福县林业局路段时，不慎碰撞电杆，造成车辆严重受损的交通事故。事故发生后，原告立即向安福县交警大队及被告报案，之后被告指定原告将受损车辆送入安福县兴达汽车贸易有限公司汽修厂修理。经定损，被告出具了《机动车J辆保险定损报告》，定损金额为17943元。车辆修好后，原告向被告申请理赔，被告以本次事故驾驶员李青英存在顶包为由拒赔，并于2016年12月27日作出《机动车辆保险拒赔通知书》。

被告中国平安财产保险股份有限公司永州中心支公司（以下简称平安财保永州中心支公司）辩称：（1）保险公司在本案中拒赔，理由有：①本案事故发生后第二天，保险公司就委派员工对本案原告的妻子李青英做了询问笔录，确认车子系由李青央驾驶，在吉安市经侦支队时，本案原告确认车辆是其驾驶，因此本案肇事司机无法确定；②本案没有交通事故认定书，相关交警部门没有对本案的事故性质、原因、责任进行认定，因此，根据《保险法》第二十一条、机动车损失保险责任条款第八条的规定，本案拒赔。（2）本案诉讼费也不应由被告承担。

法院经审理查明：张零跃系湘MU××××号小型轿车车主，并取得了C1机动车驾驶证。2016年1月11日张零跃为湘MU××××号小型轿车向平安财保永州中心支公司投保了机动车综合商业险，其中机动车损失险保险金额为116900元，保险期限为2016年1月12日至2017年1月11日。2016年9月

30日22时许，张零跃驾驶湘MU××××号小型轿车在安福县林业局路段时，由于操作不当碰到路边电杆，造成湘MU××××号车受损的交通事故。后张零跃打电话给其妻李青英（有C1机动车驾驶证）让其到现场，李青英向安福县交警大队报警和平安财保永州中心支公司报案，由于张零跃的事故未造成第三者伤亡，交警未出警。保险公司接案后派员到现场查勘，将张零跃受损车辆指定到安福县兴达汽车贸易有限公司汽修厂修理。2016年10月1日保险公司的工作人员询问李青英，李青英冒认自己开车肇事。后保险公司向吉安市公安局经侦支队报案，吉安市公安局经侦支队经过调查和询问张零跃，张零跃承认自己开车肇事，吉安市公安局经侦支队未作任何处理。保险公司对受损车辆出具《机动车辆保险定损报告》，定损金额为17943元。张零跃向平安财保永州中心支公司申请理赔，2016年12月27日平安财保永州中心支公司向张零跃发出《机动车辆保险拒赔通知书》，根据张零跃与平安财保永州中心支公司签订的机动车综合商业保险条款（2014版）第一章机动车保险责任免除第八条第一、二项约定：（一）事故发生后，被保险人或其允许的驾驶人故意破坏、伪造现场、毁灭证据。（二）事故发生后，在未依法采取措施的情况下驾驶被保险机动车或者遗弃被保险机动车离开事故现场。保险人不负责赔偿。平安财保永州中心支公司以本次事故保险车辆驾驶员李青英存在顶包行为，对此次事故所造成的损失在商业险范围内做拒赔处理。2017年春节前，张零跃支付给修理厂19000元将车接回。为此，张零跃诉至法院。

## 【裁判结果】

江西省福安县人民法院于2017年5月17日作出（2017）赣0829民初515号民事判决：平安财保永州中心支公司应赔付17943元给张零跃，限判决生效后起5日内付清。

宣判后，平安财保永州中心支公司不服判决，向吉安市中级人民法院提起上诉。江西省吉安市中级人民法院于2018年5月31日作出（2018）赣08民终563号民事判决：一、撤销安福县人民法院（2017）赣0829民初515号民事判决；二、驳回张零跃的诉讼请求。

## 【裁判理由】

法院生效裁判认为：当事人行使权利、履行义务应当遵循诚实信用原则。

被保险机动车发生交通事故，被保险人提出理赔申请不仅要有发生事故及造成损失的事实，还应当证明事故性质及原因符合合同约定的理赔事项。本案事故发生后，被保险人、肇事人均未如实向保险人报案，导致事故发生的原因无法查清、核实。在本案审理过程中，张零跃自认其驾驶车辆引起事故，但其在事发时未在现场，在事发后亦未如实向保险人陈述事故过程，是其授意妻子李青英谎报驾驶员。其无故离开事故现场未能给出合理解释，应推定其意图隐瞒、掩盖事故真相，并致事故原因、责任无法查清，有违如实告知义务，平安财保永州中心支公司据此拒赔并无不当。

## 【案例注解】

本案在审理过程中，最主要的争议焦点是：事故发生后，驾驶员找人“顶包”，保险人能否据此拒赔保险金。对此，主要有两种不同的观点：第一种观点认为，“顶包”行为虽具有违法性，但并不必然导致商业保险免赔。本案中，事故发生后，驾驶人临时离开现场，让妻子“顶包”报案，并不能成为保险人拒赔的理由。投保人对该车具有保险利益，并履行了保险合同约定的交付保险费义务。事故发生后，其未破坏现场也未遗弃车辆，让其妻子顶包的行为只是一种事后行为，不引起损害后果的产生和扩大损失范围。其妻子的顶包行为未影响保险公司对事故发生经过、性质、原因等作出准确判断，保险公司没有提供证据证明其行为符合机动车综合商业保险条款机动车保险责任免除的约定情形。同时，保险合同中的免责条款属于格式条款，保险公司未尽到明确解释义务，故保险公司应当在商业第三者责任保险限额内偿付保险金。第二种观点认为，根据《保险法》第五条规定，保险活动当事人行使权利、履行义务应当遵循诚实信用原则，驾驶人临时离开现场，让妻子“顶包”报案，故意隐瞒事故重要事实，存在致使事故的原因、性质无法查明的情形，保险人应当对无法确定的部分，不承担赔偿和给付保险金的责任。笔者同意第二种观点，具体理由如下：

### 一、“顶包”行为违背保险合同的诚实信用原则

保险活动应遵守诚实守信原则，其中主要表现之一为如实告知。《保险法》第十六条规定：“订立保险合同，保险人就保险标的或者被保险人的有关情况提出询问的，投保人应当如实告知。”第二十一条规定：“投保人、被保险人或者受益人知道保险事故发生后，应当及时通知保险人。故意或者因重大

过失未及时通知，致使保险事故的性质、原因、损失程度等难以确定的，保险人对无法确定的部分，不承担赔偿或者给付保险金的责任，但保险人通过其他途径已经及时知道或者应当及时知道保险事故发生的除外。”这也就是在要求投保人无论是在投保时，还是在事故后均应当向保险人实事求是地说明被保险标的的真实情况，主要包括可能影响承保或者不承保以及保费高低的真实情况。如果投保人不如实告知，就要承担不利的后果。根据《交通事故处理程序规定》第四十八条规定，道路交通事故认定书应当载明以下内容：（1）交通事故当事人、车辆、道路和交通环境等基本情况；（2）道路交通事故发生经过；（3）道路交通事故证据及事故形成原因的分析；（4）当事人导致道路交通的过错及责任或意外原因；（5）作出道路交通事故认定的公安机关交通管理部门名称和日期。机动车事故因“顶包”行为，没有如实告知事故真正的驾驶人，掩盖了主要事实，严重影响公安相关部门和保险公司对事故性质、原因、损失程度及责任的认定。该行为显然应当认定为违背诚实守信原则的行为。保险人有权对投保人不承担赔付保险金的义务。

## 二、“顶包”行为符合保险公司的免责条款

保险公司将“在未依法采取措施的情况下驾驶被保险机动车或遗弃被保险机动车离开事故现场，保险人不负赔偿责任”的规定作为免责事由写入保险合同免责条款已经成为保险行业的通行规则，该规定实际上就是通常所说的“逃逸免赔”条款。驾驶人张零跃在事故发生后，不仅存在未依法采取措施的情况下遗弃被保险机动车，离开事故现场的行为，还存在让其妻子冒名顶替驾驶人的行为，该不诚信的行为应属保险合同免责条款中的免责事由，且属于《道路交通安全法》明令禁止的行为。《最高人民法院关于适用〈中华人民共和国保险法〉若干问题的解释（二)》第十条明确规定，保险人将法律、行政法规中的禁止性规定情形作为保险合同免责条款的免责事由，保险人对该条款作出提示后即产生法律效力。本案中，保险公司已经对免责条款的免责事由以加粗标、黑体的方式履行了提示义务，免责条款已经产生法律效力。故保险公司拒绝给付车辆损失保险金，符合合同约定和法律规定。

## 三、对于授意他人谎冒驾驶员的行为，法院应当予以否定性评价

本案中为什么会出现“顶包”假冒的行为？究其原因，主要是规避法律惩处、免予责任追究和保险赔付。当前由于醉驾入刑，不少当事人会出于规避刑责或者其他原因，在交通事故发生后，找人假冒驾驶人。这种有违诚实信用

原则的行为，一方面扰乱了交通部门的管理秩序，浪费了交通管理部门有限的人力资源和司法部门的司法资源。现实生活中，交通事故的“顶包”现象较难识别，给交通事故责任的正确认定增加了难度，容易使肇事者逃避法律的追究，严重扰乱了公安执法机关的正常执法。而肇事者和顶包人预谋掩盖肇事真相，使真正的肇事者被隐藏，导致刑事责任、民事赔偿错位，还严重扰乱司法机关的正常诉讼活动。另一方面也有损保险公司和被害人的合法权益。因而，对于授意他人谎冒驾驶员的行为，法院应当予以否定性评价，从而倡导诚实信用原则，依法维护交通管理秩序和保险公司的合法权益。同时笔者认为，“顶包”行为背后的原因，即驾驶人由于存在各种不能驾驶机动车的情形，在事故发生后，畏惧承担相应刑事责任而指使他人顶替。如果其逃脱了法律、行政的制裁，还能得到保险金的补偿，无疑会助长这种现象的发生。

（**一审法院独任审判员** 邹光伟
**二审法院合议庭成员** 李伟杰 陈 麒 张才长
**编写人** 江西省吉安市中级人民法院 李伟杰 刘 娟
**责任编辑** 潘 静
**审稿人** 曹士兵）

# 中国人民财产保险股份有限公司呼和浩特市分公司诉武永钢、内蒙古邮政快递物流有限责任公司保险人代位求偿权纠纷案

——保险人代位求偿权的实现

关键词：商事 保险人代位求偿权 第三人侵权 挂靠关系 连带责任

## 【裁判要旨】

1. 保险人有权对造成保险事故的责任人提起诉讼，主张代位赔偿请求权，该赔偿请求权既可以是侵权行为产生的，也可以是违约行为产生，还可以包括不当得利返还请求权、所有物返还请求权、占有物返还请求权、共同海损行为产生的请求权。

2. 在审理保险人代为求偿权纠纷中，保险人应具备如下事实要件：存在有效的保险合同；保险事故发生，保险标的遭受损害；事故系因被保险人之外的第三人行为所致；保险人已经履行理赔义务。

3. 以挂靠形式从事道路运输经营活动的机动车发生交通事故造成损害，属于该机动车一方责任，当事人请求由挂靠人和被挂靠人承担连带责任的，人民法院应予支持。具有外部特征的特种车辆，享受特种车辆待遇，即使在挂靠人、被挂靠人之间的挂靠合同约定了合同终止时间，在终止时间后，挂靠车辆并未变更所有人和消除车辆外部明显特征的，足以使一般人产生误解或错认的特种车辆，不应因挂靠合同约定的终止来判定挂靠关系的实际结束，被挂靠人仍需承担连带责任。

## 【相关法条】

**《中华人民共和国保险法》第六十条** 因第三者对保险标的的损害而造成

保险事故的，保险人自向被保险人赔偿保险金之日起，在赔偿金额范围内代位行使被保险人对第三者请求赔偿的权利。

前款规定的保险事故发生后，被保险人已经从第三者取得损害赔偿的，保险人赔偿保险金时，可以相应扣减被保险人从第三者已取得的赔偿金额。

保险人依照本条第一款规定行使代位请求赔偿的权利，不影响被保险人就未取得赔偿的部分向第三者请求赔偿的权利。

**《最高人民法院关于审理道路交通事故损害赔偿案件适用法律若干问题的解释》第三条** 以挂靠形式从事道路运输经营活动的机动车发生交通事故造成损害，属于该机动车一方责任，当事人请求由挂靠人和被挂靠人承担连带责任的，人民法院应予支持。

## 【案件索引】

一审：呼和浩特铁路运输法院（2017）内7102民初150号（2018年1月15日）

二审：呼和浩特铁路运输中级法院（2018）内71民终10号（2018年6月12日）

## 【基本案情】

原告中国人民财产保险股份有限公司呼和浩特市分公司（以下简称人保呼分公司）诉称：2014年10月21日，武永钢驾驶蒙A1××××（蒙A××××挂）重型厢式货车行驶至张北县245省道17公里加880米处，由于操作不当发生单方事故，车辆掉入路基下侧翻，造成车上所载货物受损。张北县公安交通警察大队作出第1307227201450832号事故认定书，认定武永钢负事故全部责任。事故认定书上载明武永钢承担蒙A1××××（蒙A××××挂）重型厢式货车损坏配件费、修理费及车上货物、路基树木损失，武永钢在认定书上签字予以确认。2013年12月1日，内蒙古海陆通物流有限公司（以下简称海陆通公司）与纷美包装（内蒙古）有限公司（以下简称纷美公司）签订了《公路运输协议》，约定由海陆通公司为纷美公司提供货物运输服务，本次事故中货物由武永钢承运。2014年10月19日，海陆通公司为本次承运的货物在人保呼分公司处投保了公路货物运输险。事故发生后人保呼分公司向海陆通公司赔付了604790.95元，海陆通公司将追偿权转让给人保呼分公司，蒙

A1××××（蒙A××××挂）车辆挂靠在内蒙邮政物流公司呼市分公司（以下简称内蒙邮政呼分公司）。请求：（1）判令武永钢、内蒙古邮政快递物流有限责任公司（以下简称内蒙邮政物流公司）连带赔偿人保呼分公司垫付的保险理赔款604790.95元；（2）由武永钢、内蒙邮政物流公司承担诉讼费。

被告武永钢辩称：（1）人保呼分公司对武永钢主体设置有误。①武永钢身份证记录名字为武永钢而非武永刚；②武永钢从未与人保呼分公司签署过本案涉及的保险合同，海陆通公司向人保呼分公司交纳保险费是源于武永钢的工资，武永钢才是保险权利人；③人保呼分公司与海陆通公司形成保险合同关系，武永钢仅是海陆通公司雇佣的运输其承运货物的司机，武永钢职务行为的法律后果承担者是其雇主即海陆通公司，不属于《保险法》第六十条规定的第三者，人保呼分公司无权向武永钢提起诉讼；④就运输合同关系而言，涉案标的物所有者是纷美公司，其承运人是海陆通公司，并非武永钢。（2）人保呼分公司认为其诉权的取得是基于代位行使海陆通公司向武永钢行使《运输合同》的权利，但事实上武永钢并没有就本案争议涉及标的与海陆通公司签署过《公路运输合同》，武永钢的个人身份不能成为《公路运输合同》的承运人主体。（3）海陆通公司委派武永钢作为承运货物的司机，就是要把货物运输途中的责任风险转嫁给人保呼分公司，所以当武永钢发生保险事故后，该后果责任正是海陆通公司向人保呼分公司投保的保险范围内的赔偿责任，理应由人保呼分公司承担，所以人保呼分公司是本案责任保险赔付的最终承担者。因此，人保呼分公司对武永钢没有追偿权。（4）人保呼分公司没有证据佐证其垫付保险理赔款604790.95元合理合法。（5）人保呼分公司就代位求偿权这一案由，从保险理赔到起诉，已经超过诉讼时效。

被告内蒙邮政物流公司辩称：（1）其与武永钢不存在挂靠关系，已由呼和浩特市回民区法院生效判决书所认定，庞晓滨以其所有的蒙A1××××（蒙A××××挂）车辆与该公司之间的车辆挂靠关系，自2010年1月1日起已经终止。而武永钢与该公司也不存在挂靠关系，因此，人保呼分公司将该公司列为被告，并要求承担连带责任毫无事实及法律根据。（2）根据人保呼分公司所提交的证据派车单可知，武永钢是受被保险人海陆通公司的雇佣与指派承担货物运输任务的，对保险事故肇事车辆享有支配权及运行利益的也是海陆通公司。《最高人民法院关于连环购车未办理过户手续原车主是否对机动车发生交通事故致人损害承担责任的复函》中指出："连环购车未办理过户手续，因车辆已交付，原车主既不能支配该车的运营，也不能从该车的运营中获得利益，故原车主不应对机动车发生交通事故致人损害承担责任”。该公司与庞晓滨终止挂靠关系后，对该车已经不享有支配权，肇事车辆虽登记于该公司名下，但该公司既不能支配该车的运营，也不能从该车的运营中获得利益，故人保呼分公司认为该公司与庞晓滨之间存在滞后履行，无事实及法律依据。（3）依据《物权法》第二十三条、第二十四条的规定，机动车物权的设立和转让，自交付时发生法律效力，登记只是对抗要件而非生效要件。庞晓滨和该公司于2008年签订挂靠合同后，虽将车辆登记于该公司，但该车的所有权人还是庞晓滨而非该公司。国家并未禁止货运车辆挂靠，该公司与庞晓滨之间的挂靠关系是符合法律规定的，挂靠合同明确约定，合同到期双方并未续约视为合同终止，挂靠关系自行解除，挂靠人负责及时办理车辆过户手续并去除邮政标识。庞晓滨在与该公司挂靠合同终止后并未遵守合同约定，及时办理车辆过户手续，该公司积极采取了报纸公告等措施。因此，涉案车辆未及时办理过户手续，是庞晓滨违约行为造成，该公司无过错。综上，该公司与肇事车辆无挂靠关系，人保呼分公司要求该公司承担连带责任无事实及法律依据。

法院经审理查明：2013年12月1日，海陆通公司与纷美公司签订了《公路运输协议》，约定由海陆通公司为纷美公司提供货物运输服务。2014年10月19日，海陆通公司为纷美公司委托承运的牛奶包装材料向人保呼分公司投保了国内公路货物运输保险。保险金额为648000元，被保险人为海陆通公司。双方特别约定：每次事故绝对免赔额为1万元或损失金额1%取高。海陆通公司将牛奶包装材料交由武永钢承运。2014年10月21日9时许，武永钢驾驶蒙A1××××（蒙A××××挂）重型厢式货车驶至张北县245省道17公里加880米处，发生单方交通事故，车辆掉入路基下侧翻，造成车上所载货物牛奶包装材料受损。张北县公安交通警察大队作出第1307227201450832号道路交通事故认定书，认定武永钢负事故全部责任。事故发生后，保险标的牛奶包装材料所有人纷美公司从海陆通公司当年为其承运10月至11月货物运费中扣除其损失625020.75元。后人保呼分公司于2015年2月10日向海陆通公司赔付保险金604790.95元，海陆通公司将追偿权转让给原告。2015年7月29日，人保呼分公司向呼和浩特仲裁委员会申请仲裁，要求武永钢与内蒙邮政呼分公司向人保呼分公司支付垫付的保险理赔款604790.95元。2016年5月23日，呼和浩特仲裁委员会作出呼仲决定字〔2016〕第17号决定书，认定呼和浩特仲裁委员会对该案没有管辖权。

另查明，2008年10月1日，案外人庞晓滨与内蒙邮政物流公司签订车辆挂靠经营协议，约定将庞晓滨为实际所有权人的蒙A1××××（蒙A×××

×挂）重型厢式货车挂靠内蒙邮政物流公司管理、经营，并就挂靠管理费用及管理方式等进行了约定，合同期限自2008年4月24日至2009年12月31日。车辆所有权人登记为内蒙邮政呼分公司。内蒙邮政呼分公司是由内蒙邮政物流公司设立的分公司。庞晓滨将蒙A1××××（蒙A××××挂）重型厢式货车承包给武永钢使用。

再查明，蒙A1××××（蒙A××××挂）发生保险事故时该车的行驶证登记的所有人为内蒙邮政呼分公司，车辆仍使用邮政标识。2015年8月，内蒙邮政物流公司在《工人日报》《乌兰察布日报》登载关于挂靠车辆办理过户、保费、严禁进京的公告。2016年8月8日，内蒙邮政物流公司将另案被告庞晓滨、第三人内蒙邮政呼分公司诉至呼和浩特市回民区人民法院，提出确认庞晓滨与内蒙邮政物流公司挂靠关系自2010年1月1日终止等诉求，呼和浩特市回民区人民法院于2016年11月1日作出（2016）内0103民初2001号民事判决。该判决书第5页载明“原、被告签订的协议明确约定了挂靠经营期间自2008年4月24日至2009年12月31日，故自2010年1月1日起，双方之间的车辆挂靠关系已经终止，故原告主张再次确认挂靠关系终止，被告与第三人不存在挂靠关系的诉讼请求于法无据，本院不予支持”。2016年12月21日，内蒙邮政呼分公司将蒙A1××××（蒙A××××挂）车辆注销并报废。2017年3月14日，内蒙邮政呼分公司注销登记，其权利义务由内蒙邮政物流公司承续。

## 【裁判结果】

呼和浩特铁路运输法院于2018年1月15日作出（2017）内7102民初150号民事判决：一、武永钢于本判决生效之日起10日内赔偿中国人民财产保险股份有限公司呼和浩特市分公司垫付的保险金603875.95元；二、内蒙古邮政快递物流有限责任公司对上述赔偿款603875.95元承担连带责任；三、驳回中国人民财产保险股份有限公司呼和浩特市分公司其他诉讼请求。

宣判后，武永钢、内蒙古邮政快递物流有限责任公司提出上诉。呼和浩特铁路运输中级法院于2018年6月12日作出（2018）内71民终10号民事判决：驳回上诉，维持原判。

## 【裁判理由】

法院生效裁判认为：该案的争议焦点是：（1）人保呼分公司对武永钢是否享有追偿权；（2）内蒙邮政物流公司是否应承担连带责任。

针对争议焦点一，依照《保险法》第六十条“因第三者对保险标的的损害而造成保险事故的，保险人自向被保险人赔偿保险金之日起，在赔偿金额范围内代位行使被保险人对第三者请求赔偿的权利”规定，保险人有权对造成保险事故的责任人提起诉讼，主张代位赔偿请求权。

本案中，案外人海陆通公司就案外人纷美公司委托承运的涉案牛奶包装材料向人保呼分公司投保了国内公路货物运输保险，该保险合同系双方真实意思表示，对双方当事人具有约束力，应受法律保护。2014 年 10 月 21 日 9 时许，武永钢驾驶蒙 A1××××（蒙 A××××挂）重型厢式货车发生单方交通事故，造成涉案牛奶包装材料受损，经张北县公安交通警察大队作出第 1307227201450832 号道路交通事故认定书，认定武永钢负事故全部责任。事故发生后，保险标的牛奶包装材料所有人纷美公司从海陆通公司货物运费中扣除其损失 625020.75 元，人保呼分公司于 2015 年 2 月 10 日向海陆通公司赔付保险金 604790.95 元，海陆通公司出具《权益转让书》将追偿权转让给人保呼分公司。因此，人保呼分公司是否具有追偿权，关键在于造成保险事故发生的武永钢是否属于被保险人之外的第三人。2014 年 10 月 20 日，武永钢与海陆通公司签订了《派车单》，该派车单载明，承运人为武永钢，其本人已仔细阅读运输合同及派车单信息，确认无误。武永钢自认派车单上的签名系其本人所签，鉴于《公路运输合同》与《派车单》为一张纸的反正两面，且武永钢已签字确认其仔细阅读运输合同内容，所以，武永钢与案外人海陆通公司形成了运输合同法律关系。双方均应遵照《公路运输合同》约定内容，严格履行各自义务。故本院对武永钢及内蒙邮政物流公司关于武永钢与海陆通公司形成雇佣关系的上诉意见依法不予支持。武永钢在运输途中，发生单方交通事故，未能按照运输合同约定履行安全运输货物的义务，导致货损发生，在无法定或约定可免责的情况下，应对此承担相应的违约赔偿责任。而在保险人代位追偿请求权中，造成保险事故，损害标的物的行为人（第三人）可以是与标的物形成合同义务关系的主体，也可以是其他外部侵害行为主体。故案外人海陆通公司的保险人人保呼分公司，有权向致标的物损害的实际承运人武永钢提起代位追偿请求权诉讼。因此，人保呼分公司向武永钢主张的代位求偿权符合法律规定，本院应予支持。

针对争议焦点二，车辆挂靠经营实质，其实就是运输企业向不具备运输经营资格的主体非法转让、租借运输经营权或部分运输经营权的行为。对于内蒙邮政物流公司主张的挂靠关系于2010年1月1日起已经终止，并提交了呼和浩特市回民区法院（2016）内0103民初2001号民事判决书予以佐证。经审查，该判决主要审理的是内蒙邮政物流公司所举的与案外人庞晓滨书面签订的《车辆挂靠经营协议》，该协议中约定了挂靠经营终止期间，即2009年12月31日。但本案事故发生时，涉案车辆仍然登记在内蒙邮政呼分公司名下，并未变更所有人。且车辆外观仍然使用中国邮政标识。而武永钢作为自然人并不具有从事道路运输经营活动资质，故涉案车辆与内蒙邮政物流公司之间仍形成事实上的挂靠经营关系。因此，本院对内蒙邮政物流公司的上诉意见不予支持。根据《最高人民法院关于审理道路交通事故损害赔偿案件适用法律若干问题的解释》第三条“以挂靠形式从事道路运输经营活动的机动车发生交通事故造成损害，属于该机动车一方责任，当事人请求由挂靠人和被挂靠人承担连带责任的，人民法院应予以支持”的规定，内蒙邮政物流公司作为涉案车辆的被挂靠单位，应承担连带赔偿责任。

## 【案例注解】

### 一、保险人代为请求权基础

《保险法》第六十条规定了保险人可以代为赔偿请求权，但并未对请求权作出具体解释或者限定。从保险代位制度的立法目的来看，当被保险人就其损失既可以向保险人主张保险赔偿金请求权，也可以向第三者主张任何一种赔偿请求权的，就有通过保险事故获得双重赔付的可能，也就应当适用保险代位制度。该赔偿请求权既可以是侵权行为产生的，也可以是违约行为产生，还可以包括不当得利返还请求权、所有物返还请求权、占有物返还请求权、共同海损行为产生的请求。本案中，关键在于造成保险事故发生的武永钢是否属于被保险人之外的第三人，其行为是否存在违约或者侵权情形。

2014年10月20日，武永钢与海陆通公司签订了《派车单》，该派车单载明，承运人为武永钢，其本人已仔细阅读运输合同及派车单信息，确认无误。武永钢自认派车单上的签名系其本人所签，鉴于《公路运输合同》与《派车单》为一张纸的反正两面，且武永钢已签字确认其仔细阅读运输合同内容。

且涉案车辆实际所有人为庞晓滨，登记的所有人为内蒙邮政呼分公司，该车辆并非海陆通公司所有，亦未有证据表明海陆通公司通过租借等方式合法使用该车辆，车辆并非海陆通公司提供。同时，根据证人武月兵、康院东的证言表明，运输过程中的油费、过路费由实际承运司机方承担，运输费按趟结算并下一月结算，若为履行海陆通公司职责行为，相关过路费、运费费用应由海陆通公司承担，武永钢也未提供劳动合同等其他证据证明其系海陆通公司组成人员。所以，武永钢与海陆通公司形成运输合同法律关系，并非雇佣法律关系，双方均应遵照《公路运输合同》约定内容，严格履行各自义务。武永钢在运输途中，发生单方交通事故，未能按照运输合同约定履行安全运输货物的义务，导致货损发生，在无法定或约定可免责的情况下，应对此承担相应的违约赔偿责任。因此，人保呼分公司行使代位求偿权的基础应为武永刚的违约行为。

## 二、保险人代为求偿权具备的事实要件

在审理保险人代位求偿权纠纷中，依照《保险法》第六十条“因第三者对保险标的的损害而造成保险事故的，保险人自向被保险人赔偿保险金之日起，在赔偿金额范围内代位行使被保险人对第三者请求赔偿的权利”规定，保险人应具备如下事实要件：（1）存在有效的保险合同；（2）保险事故发生，保险标的遭受损害；（3）事故系因被保险人之外的第三人行为所致；（4）保险人已经履行理赔义务。① 本案中，海陆通公司就纷美公司委托承运的涉案牛奶包装材料向人保呼分公司投保了国内公路货物运输保险，该保险合同系双方真实意思表示，对双方当事人具有约束力，应受法律保护。2014 年 10 月 20 日，武永钢与海陆通公司签订了《公路运输合同》及《派车单》，武永钢负责实际承运涉案牛奶包装材料。2014 年 10 月 21 日 9 时许，武永钢驾驶蒙 A1 ×××× （蒙 A××××挂）重型厢式货车发生单方交通事故，造成涉案牛奶包装材料受损，经张北县公安交通警察大队作出第 1307227201450832 号道路交通事故认定书，认定武永钢负事故全部责任。事故发生后，保险标的牛奶包装材料所有人纷美公司从海陆通公司货物运费中扣除其损失 625020. 75 元，人保呼分公司于 2015 年 2 月 10 日向海陆通公司赔付了保险金 604790. 95 元，海陆通公司出具《权益转让书》将追偿权转让给人保呼分公司。人保呼分公司与海陆通公司签订有效的保险合同，保险标的因实际承运人武永钢违约行为遭

① 云南省高级人民法院（2015）云高民三终字第 86 号民事判决。

受损害，人保呼分公司如约履行了理赔义务，因此，人保呼分公司有权在理赔金额范围内代位行使对武永钢的赔偿请求权。

## 三、车辆挂靠关系的判定

车辆挂靠经营实质是，运输企业向不具备运输经营资格的主体非法转让、租借运输经营权或部分运输经营权的行为，是违背行政许可、规避国家有关行业市场准入制度的行为。[①] 自然人无道路运输营运资质，若进行货物道路营运，需挂靠有道路营运资质的企业。本案中，依照《最高人民法院关于审理道路交通事故损害赔偿案件适用法律若干问题的解释》第三条“以挂靠形式从事道路运输经营活动的机动车发生交通事故造成损害，属于该机动车一方责任，当事人请求由挂靠人和被挂靠人承担连带责任的，人民法院应予以支持”的规定，内蒙邮政物流公司是否承担连带责任，关键是内蒙邮政物流公司与与武永钢之间挂靠关系的判定。2008 年 10 月 1 日，内蒙邮政物流公司与案外人庞晓滨书面签订的《车辆挂靠经营协议》，约定将庞晓滨为实际所有权人的蒙A1××××（蒙A××××挂）重型厢式货车挂靠内蒙邮政物流公司管理、经营，并就挂靠管理费用及管理方式等进行了约定，合同期限自 2008 年 4 月 24 日至 2009 年 12 月 31 日。根据该协议，涉案车辆所有权人登记为内蒙邮政呼分公司（内蒙邮政呼分公司是由内蒙邮政物流公司设立的分公司，2017 年 3 月 14 日，内蒙邮政呼分公司注销登记，其权利义务由内蒙邮政物流公司承续），后庞晓滨将涉案车辆承包给武永钢使用。虽然内蒙邮政呼分公司于 2016 年 12 月 21 日将涉案车辆注销并报废，但是在 2014 年 10 月 21 日发生保险事故时，该车的行驶证登记所有人仍为内蒙邮政呼分公司，车辆仍使用邮政标识，车辆的外部权利特征显示仍为内蒙邮政呼分公司。首先，内蒙邮政物流公司属于邮政性质企业，与一般的具有运输资质的企业不同之处在于，带有邮政专用标志的邮政车辆，属于特殊种类车辆，享受一些免检待遇。同时，内蒙邮政物流公司与庞晓滨签订的挂靠协议是双方内部约定，约束的是挂靠合同双方，是否实际终止均无法否定车辆仍然登记在内蒙邮政呼分公司名下的事实。其次，机动车运输作为高度危险作业的一种，国家对道路运输经营设立严格的市场准入制度。内蒙邮政物流公司作为专业的邮政运输企业，应当知道将蒙A1××××（蒙A××××挂）车辆登记在其名下运营所带来的风险。而内

① 人民法院出版社编：《最高人民法院司法观点集成（民事卷）》（第三版），人民法院出版社 2017 年版，第 670 页。

蒙邮政物流公司在本案事故发生前，未采取诉讼、登报公告等积极措施督促挂靠人履行合同终止后的变更所有人义务并予以配合，而是放任被挂靠人车辆仍登记在其名下，且使用邮政标识，继续获得道路营运资格，且事故发生后的2015年仍然能够通过年检，内蒙邮政物流公司应承当相应不利后果。

（**一审法院合议庭成员** 纪 杰 张 璐 陈智宏
**二审法院合议庭成员** 张亚军 魏桂花 李 辉
**编写人** 呼和浩特铁路运输中级法院 董春晖
**责任编辑** 杨 奕
**审稿人** 曹士兵）

# 孔祥忠、徐登香诉济宁银通源非融资性担保有限公司财产损害赔偿纠纷案

——民事活动应当坚守诚信原则和培育契约精神

关键词：商事　融资租赁合同　根本违约　收回租赁设备

## 【裁判要旨】

融资租赁合同是出租人根据承租人对出卖人、租赁物的选择，向出卖人购买租赁物，提供给承租人使用，承租人支付租金的合同。出租人和承租人可以约定租赁期间届满后租赁物的归属，但在租赁期间届满前租赁物归出租人所有。承租人不按约定向出租人支付租金，致使出租人与承租人签订融资租赁合同的合同目的不能实现，承租人构成根本违约；承租人经催告后在合理的期限内仍不支付租金，出租人可以要求支付全部租金，也可以解除合同收回租赁物。出租人或经其授权的被委托人收回租赁物的行为对承租人不构成侵权，对承租人要求出租人或经其授权的被委托人所诉侵权损失的诉求，依法不应支持。

## 【相关法条】

**《中华人民共和国合同法》第八条**　依法成立的合同，对当事人具有法律约束力。当事人应当按照约定履行自己的义务，不得擅自变更或者解除合同。

依法成立的合同，受法律保护。

**第二百三十七条**　融资租赁合同是出租人根据承租人对出卖人、租赁物的选择，向出卖人购买租赁物，提供给承租人使用，承租人支付租金的合同。

**第二百四十八条**　承租人应当按照约定支付租金。承租人经催告后在合理

期限内仍不支付租金的，出租人可以要求支付全部租金；也可以解除合同，收回租赁物。

## 【案件索引】

一审：山东省济宁市任城区人民法院（2017）鲁0811民初9778号（2018年3月30日）。

## 【基本案情】

原告孔祥忠、徐登香诉称：其与被告济宁银通源非融资性担保有限公司及济南天业工程机械有限公司于2013年12月31日签订了《销售担保协议》，该协议约定：原告孔祥忠从济南天业工程机械有限公司购买沃尔沃挖掘机一台（型号：EC55BPRO，出厂机编号：56611），商品价格为人民币355000元。原告在提取商品前应向济南天业工程机械有限公司缴纳人民币53250元，实际缴纳44000元，收取差额9250元，由被告担保向济南天业工程机械有限公司借款，月利率1%，期限6个月，偿还方式及金额由被告另行通知；原告由被告担保向沃尔沃汽车金融（中国）有限公司贷款（融资）301750元，期限36个月；原告在未将全部价款交付给济南天业工程机械有限公司或按揭贷（借）款全部还清前，本协议项下商品所有权归济南天业工程机械有限公司。

被告济宁银通源非融资性担保有限公司辩称：原告不按时向济南天业工程机械有限公司、按揭融资机构或其他资金出借人付款，被告须向济南天业工程机械有限公司承担垫付责任。被告因此垫付即视为原告根本违约，其有权将所售商品取回并另行处置，同时可向原告追偿损失；原告不按时付款，济南天业工程机械有限公司或被告有权采取GPS强制停机、拆卸电脑版等方式对机器予以控制。因此而造成对机器本身、原告及第三人的损失由原告负担。

法院经审理查明：鉴于孔祥忠同意，根据原告孔祥忠的选择，向指定供应商购买租赁设备并将该设备出租给原告，原告孔祥忠告亦同意向沃尔沃汽车金融（中国）有限公司租赁该设备，原告孔祥忠又于2014年1月2日经济南天业工程机械有限公司见证与沃尔沃汽车金融（中国）有限公司签订了《融资租赁协议》，该协议约定：承租人确认并同意出租人不是租赁设备的制造商或供应商；出租人和承租人同意，出租人为租赁设备的唯一所有权人，承租人对此没有异议，并放弃就租赁设备所有权提出抗辩的一切权利；在租赁期间未经出租人事先书面认可，承租人不得将租赁设备转租给任何第三人或将租赁设备交与任何第三人使用。在本协议项下，承租人有下列情形之一的，均属于违约行为，应当承担违约责任：……（6）承租人未能按时支付任何一期租金或任何应付到期款项：……在发生上述任一违约行为时，出租人可以采取下述一项或几项救济措施：……（2）立即收回租赁设备并决定具体处置措施而无须事先通知承租人；（3）宣布本协议提前到期，并要求承租人支付本协议项下到期应付租金及第2条规定值租赁期间内尚未到期的全部租金及其他应付款项；……同时约定，每期租金为10019.24元，共36期，租赁期间为36个月。上述协议签订后，原告孔祥忠、济南天业工程机械有限公司、沃尔沃汽车金融（中国）有限公司均按约定履行了协议。但原告从2016年2月起未向沃尔沃汽车金融（中国）有限公司付款，一直延续到2016年12月。被告基于沃尔沃汽车金融（中国）有限公司的授权于2016年3月15日将该车辆拖走。后在曲阜市公安局及法院的协调下，被告将涉案挖掘机于2017年5月5日交付曲阜市公安局书院派出所，后该派出所将该挖掘交付原告徐登香。原告孔祥忠、徐登香认为其车辆被拖走扣押期间的损失被告应予赔偿，诉至本院，请求：（1）判令被告赔偿损失260160元；（2）本案诉讼费及评估费由被告承担。

## 【裁判结果】

山东省济宁市任城区人民法院于2018年3月30日作出（2017）鲁0811民初9778号民事判决：驳回原告孔祥忠、徐登香的诉讼请求。

宣判后，当事人未提出上诉，判决已发生法律效力。

## 【裁判理由】

法院生效裁判认为：原告孔祥忠与被告济宁银通源非融资性担保有限公司、济南天业工程机械有限公司签订的《销售担保协议》以及原告孔祥忠与沃尔沃汽车金融（中国）有限公司签订的《融资租赁协议》，均系当事人的真实意思表示，不违反法律法规的禁止性规定，均为有效协议，各方当事人均应全面严格履行。原告孔祥忠与沃尔沃汽车金融（中国）有限公司形成了融资租赁关系；原告应按约定向沃尔沃汽车金融（中国）有限公司按期按时支付分期款（租金），其未按约定支付2016年2月至12月的分期款（租金），致使沃尔沃汽车金融（中国）有限公司与原告签订融资租赁的合同目的不能实现，构成根本违约；被告受沃尔沃汽车金融（中国）有限公司的委托，将租赁设备收回，沃尔沃汽车金融（中国）有限公司以自己的行为表明其解除与原告签订的《融资租赁协议》并收回租赁设备的真实意思和愿望，故被告基于沃尔沃汽车金融（中国）有限公司授权收回并占有租赁设备，对原告不构成侵权。原告向被告主张其占有期间的损失的诉求，本院依法不予支持。

## 【案例注解】

本案的审理遵循了以下循序渐进的过程：

1. 融资租赁合同的概念。融资租赁合同是出租人根据承租人对出卖人、租赁物的选择，向出卖人购买租赁物，提供给承租人使用，承租人支付租金的合同。出租人和承租人可以约定租赁期间届满后租赁物的归属，但在租赁期间届满前租赁物归出租人所有。

2. 融资租赁合同关系的形成。原告孔祥忠与被告济宁银通源非融资性担保有限公司及济南天业工程机械有限公司于2013年12月31日签订的《销售担保协议》，原告孔祥忠又于2014年1月2日经济南天业工程机械有限公司见证与沃尔沃汽车金融（中国）有限公司签订的《融资租赁协议》，均系当事人的真实意思表示，不违反法律法规的禁止性规定，上述协议均合法有效，各方当事人均应全面严格履行。

3. 原告未按约定支付租金，构成根本违约。原告违反与被告济宁银通源非融资性担保有限公司及济南天业工程机械有限公司签订的《销售担保协议》、与沃尔沃汽车金融（中国）有限公司签订的《融资租赁协议》，未按约定向出租人支付租金达10期，致使出租人与原告签订融资租赁合同的目的无法实现，构成根本违约；出租人基于合同约定及法律规定，解除与原告签订的《融资租赁协议》，并收回租赁物并无不当。

4. 被告基于出租人授权收回租赁物，对原告不构成侵权。

5. 一点反思。在商业活动中，坚守诚实信用原则和契约精神，才是固本培源的经营之道，才是做大做强商业经济的必由之路。

（**一审法院独任审判员**　于发春

**编写人**　山东省济宁市任城区人民法院　于发春

**责任编辑**　潘　静

**审稿人**　曹士兵）

# 知识产权

## LG伊诺特有限公司诉日本电产（东莞）有限公司、北京中南双绿科技有限公司发明专利临时保护期使用费和侵害发明专利权纠纷案

——专利临时保护的判断规则

关键词：知识产权　专利　临时保护　实施专利行为

### 【裁判要旨】

1. 临时保护事实上是对《专利法》第十一条第一款规定的禁止权的补充，是对在临时保护期内实施专利行为的事后追责，因此，获得临时保护应当以专利最终被授权为基础。

2. 在存在无效宣告程序时，只有在被诉技术方案均落入发明专利申请公布时申请人请求保护的范围，以及发明专利经无效宣告请求审查决定最终确认有效的保护范围的情况下，才能认定被告在临时保护期内实施了该发明。

3. 由于独立权利要求通常限定了较大的保护范围，因此，在判断被诉技术方案是否落入发明专利申请公布时申请人请求保护的范围时，即使原告同时主张独立权利要求及其从属权利要求，也仅需审查被诉技术方案是否落入申请公布文本的独立权利要求所限定的保护范围，而无需分析是否落入其从属权利要求所限定的保护范围。

## 【相关法条】

**《中华人民共和国专利法》第十一条第一款** 发明和实用新型专利权被授予后，除本法另有规定的以外，任何单位或者个人未经专利权人许可，都不得实施其专利，即不得为生产经营目的制造、使用、许诺销售、销售、进口其专利产品，或者使用其专利方法以及使用、许诺销售、销售、进口依照该专利方法直接获得的产品。

**第十三条** 发明专利申请公布后，申请人可以要求实施其发明的单位或者个人支付适当的费用。

**《最高人民法院关于审理侵犯专利权纠纷案件应用法律若干问题的解释(二)》第十八条第二款** 发明专利申请公布时申请人请求保护的范围与发明专利公告授权时的专利权保护范围不一致，被诉技术方案均落入上述两种范围的，人民法院应当认定被告在前款所称期间内实施了该发明；被诉技术方案仅落入其中一种范围的，人民法院应当认定被告在前款所称期间内未实施该发明。

## 【案件索引】

一审：北京知识产权法院（2015）京知民初字第338号（2016年9月20日）

二审：北京市高级人民法院（2017）京民终55号（2017年9月7日）

## 【基本案情】

原告LG伊诺特有限公司（简称LG公司）诉称：LG公司为ZL201110369508.5号、名称为“主轴电机”的发明专利的专利权人，该专利权现为有效专利。本案涉及J130、K160、K070、G210四种型号主轴电机的被控侵权产品。日本电产（东莞）有限公司（简称日本电产公司）在涉案专利临时保护期内制造、销售J130型号主轴电机的行为属于实施涉案专利的行为；在涉案专利授权公告后，制造、销售上述四种型号主轴电机的行为，构成专利侵权。北京中南双绿科技有限公司（简称中南双绿公司）销售带有J130型号主轴电机的DVD刻录机，构成专利侵权。综上，LG公司请求法院判令：（1）

日本电产公司立即停止生产、销售侵犯涉案专利权的被控侵权产品；（2）中南双绿公司立即停止销售使用被控侵权产品的 DVD 刻录机产品；（3）日本电产公司销毁库存的被控侵权产品、制造上述被控侵权产品的专用模具和其他工具以及产品包装、说明书、相关产品推广资料、产品图纸、产品型录等；（4）日本电产公司赔偿 LG 公司经济损失人民币 1439123 元，并支付在涉案专利临时保护期内制造、销售 J130 型号主轴电机的费用人民币 2426834 元，共计人民币 3865957 元，并承担 LG 公司为调查和制止其侵权行为支付的合理调查费和律师费人民币 30 万元。

被告日本电产公司辩称：涉案 K160、K070、J130 三种型号主轴电机的被控侵权产品在结构上与涉案专利存在实质性区别，依据专利侵权判定所应遵循的全部技术特征原则和禁止反悔原则，应当认定上述三种型号产品未落入涉案专利的保护范围。针对涉案 G210 型号产品，日本电产公司承认其在结构形式上比较接近涉案专利在实审程序中删除个别限定特征扩大保护范围后的技术方案，但争议点在于，对于 G210 的底板凸缘上设置的弧形转子导向片，本领域技术人员根据其结构是否会认为其客观上具有涉案专利中“外来物质流入防止护栏”特征所具有的防止外来物质流入的功能。本案应与法庭同步审理的针对涉案专利的无效行政诉讼案件中的权利要求解释一致，如果认定上述 G210 型号产品落入涉案专利保护范围，则涉案专利应当被宣告无效，故该型号产品亦不构成专利侵权。另外，原告主张的索赔金额、J130 型号的临时保护费和合理的维权费用，均缺乏事实和法律依据。综上，被告日本电产公司请求判决驳回原告 LG 公司的全部诉讼请求。

被告中南双绿公司辩称：中南双绿公司销售的被控侵权产品具有合法来源，属于经北京佳捷诚讯科技有限公司授权销售的相关“LG 光存储”产品，而佳捷诚讯公司获得了乐金电子（中国）有限公司在北京市、天津市、河北省的经销授权，故请求判决驳回原告 LG 公司的全部诉讼请求。

法院经审理查明：涉案专利系名称为“主轴电机”的 ZL200820135640.3 号发明专利，其优先权日为 2010 年 11 月 18 日，申请日为 2011 年 11 月 18 日，公开日为 2012 年 5 月 23 日，授权公告日为 2014 年 7 月 2 日，专利权人为 LG 公司。针对涉案专利，国家知识产权局于 2014 年 10 月 10 日出具《专利登记簿副本》，其中载明：专利权人为 LG 公司，截止至办理本专利登记簿副本之日，该专利权有效。

涉案专利申请公布文本的权利要求共 41 项，其中包括独立权利要求 1、21、37。

2015 年 8 月 21 日，针对日本电产公司就涉案专利提出的无效宣告请求，专利复审委员会作出第 26901 号无效宣告请求审查决定（简称涉案无效决定），决定：宣告涉案专利权部分无效，在 LG 公司 2015 年 7 月 6 日提交的权利要求 1－69 的基础上继续维持该专利有效。

根据涉案无效决定的记载并经各方当事人确认，LG 公司于 2015 年 7 月 6 日提交的权利要求书中包括独立权利要求 1、2、10、19、30、38、49、57、63。

LG 公司和日本电产公司均认可，相对于经涉案无效决定确认有效的权利要求，涉案专利申请公布文本的权利要求 21－41 以及授权公告文本的权利要求 20－40 均已经被 LG 公司修改删除。

为证明其主张，LG 公司多次公证购买光驱，部分光驱中包含被控侵权产品。

2016 年 2 月 24 日，一审法院举行庭前会议，LG 公司明确其主张涉案无效决定所确定的权利要求 1－7、10－13、16、19－23、26、29－33、35、38－43、46、49－53、56－60、63－66。

2016 年 3 月 28 日，根据 LG 公司的申请，一审法院赴日立乐金光公司进行调查取证。

2016 年 3 月 29 日，根据 LG 公司的申请，一审法院赴日本电产公司进行证据保全。

2016 年 4 月 14 日，一审法院再次举行庭前会议。在庭前会议上，LG 公司进一步明确了本案所主张的涉案专利的权利要求，并且确认其在本案中主张的被控侵权产品具体为“2014 年 9 月 17 日向中南双绿公司公证购买的 DVD 刻录机中的 J130 型号主轴电机，2016 年 1 月 28 日公证购买的 DVD 刻录机中的 K160 型号主轴电机，以及其向法院提交的 K070、G210 型号主轴电机产品实物”；日本电产公司明确了被控侵权产品与相关权利要求的区别点。一审法院在此基础上进行了现场勘验。

2016 年 4 月 15 日，一审法院对本案进行了公开开庭审理。

2016 年 4 月 18 日，一审法院组织 LG 公司和日本电产公司谈话，重点围绕 J130 型号主轴电机的技术方案是否落入涉案专利申请公布时请求保护的范围进行现场勘验。在谈话中，LG 公司主张涉案专利申请公布文本中的权利要求 1、2、3、6、7、10、11、13、16、20。

中南双绿公司为证明其销售的光驱产品具有合法来源向一审法院提供了相应证据，LG 公司明确表示认可中南双绿公司所销售的 J130 产品具有合法来源。另外，LG公司就其主张的索赔依据、J130型号的临时保护费和维权费用进行了说明并提供了相应的证据。

## 【裁判结果】

北京知识产权法院于2016年9月20日作出（2015）京知民初字第338号民事判决：一、被告日本电产（东莞）有限公司于本判决生效之日起立即停止制造、销售涉案24C293K160、24C293K070、24C293J130和24C293G210型号主轴电机；二、被告北京中南双绿科技有限公司自本判决生效之日起立即停止销售含有24C293J130型号主轴电机的产品；三、被告日本电产（东莞）有限公司自本判决生效之日起10日内支付原告LG伊诺特有限公司发明专利临时保护期使用费共计人民币2426834元；四、被告日本电产（东莞）有限公司自本判决生效之日起10日内赔偿原告LG伊诺特有限公司经济损失共计人民币1202048元；五、被告日本电产（东莞）有限公司自本判决生效之日起10日内赔偿原告LG伊诺特有限公司合理支出共计人民币207240元；六、驳回原告LG伊诺特有限公司的其他诉讼请求。

宣判后，日本电产公司提出上诉。北京市高级人民法院于2017年9月7日作出（2017）京民终第55号民事判决：驳回上诉，维持原判。

## 【裁判理由】

法院生效裁判认为：

第一，关于日本电产公司在涉案专利临时保护期内制造、销售J130型号主轴电机是否属于实施涉案专利的行为。由于J130型号主轴电机的技术方案同时落入涉案专利申请公布时请求保护的独立权利要求1的保护范围，以及经涉案无效决定确认有效的前述除权利要求4、20、40、50、65外的部分权利要求的保护范围，且根据法院向日立乐金光公司调查取证的材料来看，日本电产公司至少自2013年5月始开始制造、销售该型号主轴电机，早于涉案专利授权公告日（即2014年7月2日），故在日本电产公司未按法院要求提交相应证据的情况下，法院认定被告日本电产公司在涉案专利的临时保护期内实施了该发明，应当承担相应的民事责任。

第二，关于日本电产公司制造、销售主轴电机的行为是否构成专利侵权。对于J130型号主轴电机，由于日本电产公司在涉案专利公告授权后继续制造、销售的J130型号主轴电机的技术方案落入经涉案无效决定确认有效的前述除权利要求4、20、40、50、65外的部分权利要求的保护范围，因此，日本电产公司未经LG公司许可，制造、销售J130型号主轴电机，构成专利侵权，应当承担停止侵权、赔偿损失等民事责任。对于K160、K070、G210型号主轴电机，上述型号主轴电机的技术方案落入LG公司所主张的权利要求的保护范围，日本电产公司亦应承担相应的民事责任。

第三，中南双绿公司未经许可，销售带有构成侵权的J130型号主轴电机的DVD刻录机，其行为同样属于实施涉案专利的行为，构成专利侵权，应当承担LG公司所诉请的停止侵权的民事责任。

## 【案例注解】

### 一、临时保护的性质

根据《专利法》第三十四条的规定，国务院专利行政部门收到发明专利申请后，经初步审查认为符合本法要求的，自申请日起满十八个月，即行公布。根据《专利法》第三十五条的规定，发明专利申请自申请日起三年内，国务院专利行政部门可以根据申请人随时提出的请求，对其申请进行实质审查；申请人无正当理由逾期不请求实质审查的，该申请即被视为撤回。这就是世界各国对发明专利申请普遍采用的“早期公开、延迟审查”制度。

根据《专利法》第十一条的规定，专利权禁止权的行使以专利权被授予为前提，也就是说，在专利权未被授予或者专利权有效期届满后实施该专利的，并不属于侵犯专利权的行为。在发明专利申请被公开后到授予专利权之前的这段特殊时期，如果社会公众可以任意实施该发明专利技术方案，势必会损害专利申请人的利益，也会损害专利制度“以公开换保护”的基础，但又由于存在发明专利申请在经后续实质审查后可能存在不被授予专利权的情况，因此在发明专利申请技术方案公布后一味禁止社会公众实施该技术方案，也不利于社会技术发展。为平衡专利申请人和社会公共利益，专利临时保护制度应运而生。

《专利法》第十三条规定：“发明专利申请公布后，申请人可以要求实施其发明的单位或者个人支付适当的费用。”这是我国对发明专利申请进行临时保护的直接法律依据。

设立临时保护期的理论基础在于，当发明专利申请公布后，申请人拟追求获得的专利保护范围就已确定，社会公众应当负有避让注意义务，但由于彼时该专利申请并未获得授权，故上述避让义务并非强制性的，而如果该专利申请最终获得授权，公众因违反避让注意义务而实施了该专利，则应当支付适当的费用。因此，对他人在发明专利申请文本公布后至专利权获得授权日之间的临时保护期内未经许可而实施该专利的，在性质上并不是“侵犯专利权”的行为。对这样的行为，实施者负有“支付适当的费用”的义务，而非承担侵犯专利权的停止侵权、赔偿损失的民事责任。

法理上，发明专利申请人获得的临时保护并非一种权利，而是一种期待性权益。临时保护事实上是对《专利法》第十一条第一款规定的禁止权的补充，是对在临时保护期内实施专利行为的事后追责。也就是说，获得临时保护应当以专利最终被授权为基础，如果发明专利申请在公布后因被驳回、撤回、视为撤回、视为放弃等缘故未最终授予专利权，则丧失了临时保护期内的“使用费给付请求权”。

## 二、临时保护期实施发明专利的判断规则

《最高人民法院关于审理侵犯专利权纠纷案件应用法律若干问题的解释（二）》（以下简称《解释（二）》）第十八条第二款规定：“发明专利申请公布时申请人请求保护的范围与发明专利公告授权时的专利权保护范围不一致，被诉技术方案均落入上述两种范围的，人民法院应当认定被告在前款所称期间内实施了该发明；被诉技术方案仅落入其中一种范围的，人民法院应当认定被告在前款所称期间内未实施该发明。”前述规定是认定在临时保护期内是否实施发明专利的基本判断原则。

### （一）临时保护的保护范围

根据《专利法》第五十九条的规定，发明专利权的保护范围以其权利要求的内容为准，说明书及附图可以用于解释权利要求的内容。这是对已经授权的发明专利权的保护范围的规定。通常可以据此根据授权公告文本（或在无效宣告等程序中经修改确定有效的）权利要求的内容来界定《解释（二）》所述“发明专利公告授权时的专利权保护范围”。

实践中，《解释（二）》所述“发明专利申请公布时申请人请求保护的范围”通常仅涉及公布文本权利要求的内容所确定的保护范围。

对于临时保护的保护范围，是以公布文本权利要求的内容所确定的保护范围为准，还是以授权文本权利要求的内容所确定的保护范围为准，2000 年修改的《欧洲专利公约》第 69 条有明确规定：（1）一件欧洲专利或者一件欧洲

专利申请的保护范围以权利要求的内容为准，说明书和附图可以用于解释权利要求。(2) 在授予欧洲专利权之前的期间内，一件欧洲专利申请所提供的保护范围以被公布的专利申请的权利要求书为准。但是，被授予的欧洲专利或者经异议、限制或者撤销程序修改后的欧洲专利未扩大保护范围的，对欧洲专利申请的保护范围具有追溯效力。

该规定的含义是：如果授权的欧洲专利权或者经过异议、限制、撤销程序修改后的欧洲专利的权利要求保护范围大于公布文本的权利要求保护范围，则欧洲专利申请临时保护的范围仍以公布文本的权利要求为准，即授权文本权利要求或者经过异议、限制、撤销程序修改后的权利要求不具有追溯效力；反之，如果授权时的欧洲专利或者经过异议、限制、撤销程序修改后的权利要求保护范围不大于公布文本的权利要求保护范围，则欧洲专利申请临时保护的范围就必须以授权文本的权利要求或者经过异议、限制、撤销程序修改后的权利要求为准，即授权文本的权利要求或者经过异议、限制、撤销程序修改后的权利要求具有追溯效力。

由此可见，《欧洲专利公约》既没有简单地规定临时保护以公布文本的权利要求为准，也没有简单地规定临时保护以授权文本的权利要求或者经过异议、限制、撤销程序修改后的权利要求为准，而是采用了公众利益优先的原则。其原因在于：一方面，由于在授予欧洲专利之前，公众只能看到公布文本，依照信赖保护原则，公众应当有权根据公布的权利要求书来决定采取何种实施行为，即使授权时扩大了保护范围，也不应当对临时保护的范围产生影响；另一方面，如果授权文本的权利要求保护范围或者经过异议、限制、撤销程序修改后的权利要求小于公布文本的权利要求保护范围，则表明欧洲专利局经审查认为授权前较大的保护范围不能成立，不能对其授予欧洲专利，而临时保护不能以不成立的保护范围为准，因此，在这种情况下当然应该以授权文本的权利要求保护范围或者以经过异议、限制、撤销程序修改后的权利要求为准。值得注意的是，《欧洲专利公约》的规定不仅考虑到被授权的欧洲专利对公布的欧洲专利申请的追溯效力，还考虑到经异议、限制、撤销程序修改后的欧洲专利对公布的欧洲专利申请的追溯效力，因为这些程序可以看作是授权程序的延伸和继续，通常只会缩小专利权的保护范围，而不会扩大专利权的保护范围，因此也有必要予以考虑。①

我国专利制度并没有赋予专利权人在专利侵权民事诉讼中对授权公告文本

① 尹新天：《中国专利法详解》，知识产权出版社 2011 年版，第 177 ~ 178 页。

进行修改的权利，仅允许发明专利申请人在实质审查程序、复审程序及无效程序中修改相应的文本。而且，根据《专利法》第三十三条的规定，发明专利权人可以对其专利申请文件进行修改，但是，对发明专利申请文件的修改不得超出原说明书和权利要求书记载的范围。也就是说，在发明专利申请人在上述行政程序中有效修改相应的文本后，专利公告授权时的专利权保护范围[①]相对于发明专利申请公布时申请人请求保护的范围，事实上可能存在保护范围相同、缩小、扩大或者交叉四种情形。

（二）临时保护的一般判断规则

实践中，权利要求的解释或保护范围的界定通常并不绝对清晰明确，甚至是个较为复杂且充斥争议的过程，故如果按照“先确定专利申请公布时与公告授权时的保护范围孰大孰小，再判断被诉技术方案是否落入其中相对更小的保护范围，进而确定是否应当获得临时保护”，并不具有现实操作意义。也正因为此，《解释（二）》确定了“被诉技术方案是否均落入上述两种范围”的判断方法，具体而言：

1. 当发明专利申请公布时申请人请求保护的范围与专利公告授权时的专利权保护范围一致时，被诉技术方案落入前述保护范围，就可以认定实施了该发明。是否落入前述保护范围的认定，应参考专利侵权判定中的全面覆盖原则和等同原则。（见图一所示情形1）

2. 当发明专利申请公布时申请人请求保护的范围与专利公告授权时的专利权保护范围不一致，即公布文本权利要求所确定的保护范围与授权文本权利要求[②]所确定的保护范围不一致时，则被诉技术方案存在以下两种情况：

第一种情况，被诉技术方案同时落入上述两个保护范围。此时包含三种情形，即当授权文本权利要求所确定的保护范围相对公布文本权利要求所确定的保护范围更小时，落入前者则必然落入后者；当前者相对后者保护范围更大时，落入后者则必然落入前者；当前者和后者保护范围有交叉时，同时落入则能够符合临时保护的性质和概念要求。上述三种情形，均应当认定被告在临时保护期内实施了该发明。（见图一所示情形2及情形3阴影部分）

第二种情况，被诉技术方案仅落入其中一个保护范围，则均应当认定未实

① 需要强调，对于《解释（二）》所述“发明专利公告授权时的专利权保护范围”，在存在无效宣告程序且专利权人对授权公告文本进行了有效修改的情况下，依自始无效的规定，上述保护范围应以发明专利经无效宣告请求审查决定最终确认有效的保护范围为准。

② 本文所述授权文本权利要求并非仅指授权公告文本所记载的权利要求，在专利权人在无效宣告程序中对公告文本进行过有效修改时，此时则是指修改后的有效的权利要求。

施该发明。理由是：首先，当授权文本权利要求所确定的保护范围相对公布文本权利要求所确定的保护范围更小时，如果落入后者但未落入前者，如前所述，获得临时保护应当以专利最终被授权为基础，无论专利申请人基于何种原因进行修改并客观上缩小了保护范围，那么被授予专利权的保护范围之外的部分，应当视为自始即不存在，也即是，被放弃的那部分技术方案应当视为自始被放弃，显然也不应该获得临时保护。实践中，缩小保护范围的修改一般都是因为相应的权利要求不符合专利法律法规的相关规定，属于专利申请人被迫放弃的部分，是典型的禁止权利人反悔的情形。其次，当授权文本权利要求所确定的保护范围相对公布文本权利要求所确定的保护范围更大时，如果落入前者但未落入后者，此时因社会公众只能通过公布文本中的权利要求来判断自己实施的技术方案是否落入该发明专利申请的临时保护范围，而不可能预判该专利申请被授权后的保护范围，公众应当有权根据公布文本的权利要求的内容来决定采取何种实施行为，故为维护社会公众的信赖利益，此时亦不应认定在临时保护期内实施了该发明。（见图一所示情形4）

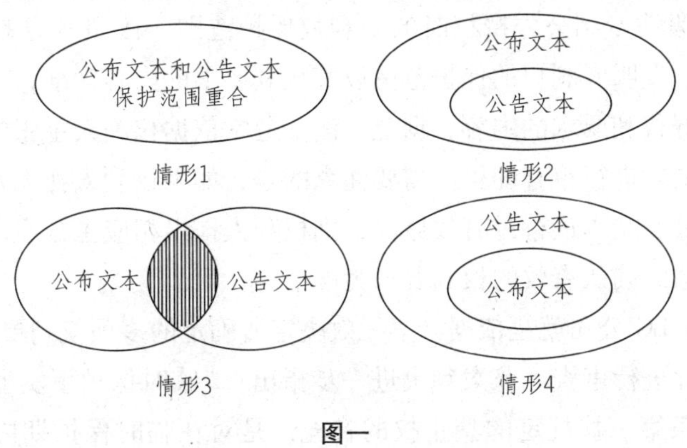


**图一**

（三）临时保护的实践判断规则

如上所述，对于是否在临时保护期内实施了涉案发明专利的认定，《解释（二）》第十八条第二款确定了“被诉技术方案是否均落入上述两种范围”的判断方法。此时，首先需要确定的是该条规定所述“发明专利申请公布时申请人请求保护的范围”和“发明专利公告授权时的专利权保护范围”。

1. 对于发明专利申请公布时申请人请求保护的范围，实践中，权利人通常仅提出对公布文本权利要求的主张，即仅就其认为与诉讼案件有关的公布文本中的权利要求提出审查请求。并且，根据临时保护的理论基础，需要确定的是公众避让注意义务的边界，因此，如果权利人同时主张独立权利要求及其从属权利要求，则仅需审查被诉技术方案是否落入申请公布文本的独立权利要求所限定的保护范围。

该案中，在审查日本电产公司是否在涉案专利临时保护期内实施涉案专利时，LG公司就仅主张涉案专利申请公布文本中的权利要求1、2、3、6、7、10、11、13、16、20，即认为被诉技术方案落入涉案专利申请公布时其请求保护的上述多项权利要求保护范围。但是，上述主张的权利要求中，权利要求1为独立权利要求，而其他权利要求均从属于独立权利要求1。对此，该案判决指出："由于独立权利要求通常限定了较大的保护范围，因此，在判断被诉技术方案是否落入发明专利申请公布时申请人请求保护的范围时，即使原告同时主张独立权利要求及其从属权利要求，也仅需审查被诉技术方案是否落入申请公布文本的独立权利要求所限定的保护范围，而无需分析是否落入其从属权利要求所限定的保护范围。"最终，法院在确定被诉技术方案是否落入涉案专利申请公布时请求人请求保护的范围时，仅针对独立权利要求1进行了审查，而未依原告主张对其他从属权利要求进行审查。

2. 对于发明专利公告授权时的专利权保护范围，按照《专利法》第五十九条的规定，发明专利权的保护范围以其权利要求的内容为准，说明书及附图可以用于解释权利要求的内容，据此，法院通常依据权利人主张的授权公告文本中的权利要求进行审查即可。需要注意的是，如果权利人在无效宣告程序中对专利授权公告文本进行过有效修改，则权利人提出相应主张应以无效宣告请求审查决定最终确认有效的权利要求为准。

该案中，LG公司就是依据涉案无效决定所确定的多项权利要求提出主张，法院也是依此进行审查。该案判决进一步指出："临时保护事实上是对《专利法》第十一条第一款规定的禁止权的补充，是对在临时保护期内实施专利行为的事后追责，因此，获得临时保护应当以专利最终被授权为基础。然而，根据《专利法》第四十七条的规定，宣告无效的专利权视为自始即不存在，故在获授权后被提出无效宣告请求时，则应以专利权最终的有效状态为基础。也就是说，在存在无效宣告程序时，只有在被诉技术方案均落入发明专利申请公布时申请人请求保护的范围，以及发明专利经无效宣告请求审查决定最终确认有效的保护范围的情况下，才能认定被告在临时保护期内实施了该发明。"

3. 被诉技术方案是否均落入上述两种范围的判断。在判断被诉技术是否均落入上述两种范围前，还应当确定权利人所主张的公布文本权利要求与授权公告文本权利要求的关联性，即上述两类权利要求是否存在对应关系。

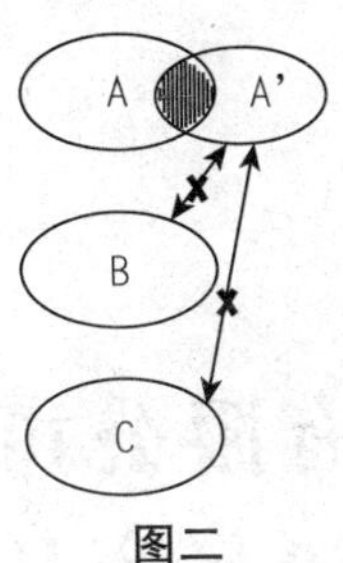

图二

如图二所示，A、B、C 为专利申请公布文本中分别由独立权利要求及其从属权利要求组成的三组权利要求的保护范围，A' 为专利授权公告文本中的一个权利要求的保护范围。（1）如果权利人主张具有关联或对应关系的 A、A'，且被诉技术方案均落入该两个保护范围，则可以认定在临时保护期内实施了专利。（2）如果权利人主张不具有关联或对应关系的 B、C 和 A'，则即使被诉技术方案分别同时落入 A'，以及 B 或 C，也不能认定在临时保护期内实施了专利。

该案中，涉案专利申请公布文本包括独立权利要求 1、21、37，其与相对应的从属权利要求分别构成三组权利要求（其保护范围如图二 A、B、C）。但是，由于该公布文本的权利要求 21－41 已被 LG 公司在有关授权程序中删除，也就是说，涉案专利的授权公告文本及后续在无效宣告程序中修改得到的全部权利要求，均系从公布文本的独立权利要求 1 或其从属权利要求分解而来，而 LG 公司分别主张的是公布文本中的独立权利要求 1 及其从属权利要求（如图二 A），以及经无效宣告程序确认有效的权利要求（如图 A'），因此，LG 公司对“两个范围”的主张已满足两者权利要求的关联性或对应性要求，对于 LG 公司主张日本电产公司在涉案专利临时保护期内制造、销售 J130 型号主轴电机是否属于实施涉案专利发明的问题，仅需判断该产品的技术方案是否包含涉案专利公布文本的权利要求 1 的技术特征，以及是否同时包含经涉案无效决定确认有效的 LG 公司主张的有关权利要求的技术特征。正是基于以上事实，该案才未再进一步审查 LG 公司所主张的申请公布文本的权利要求与授权公告文本的权利要求之间的对应关系。

（**一审法院合议庭成员** 宋鱼水 陈 勇 张晓丽
**二审法院合议庭成员** 刘晓军 樊 雪 陈 曦
**编写人** 北京知识产权法院 宋鱼水 陈 勇
**责任编辑** 丁文严
**审稿人** 林广海）

# 上海故事丝绸发展有限公司等诉上海兵利服饰有限公司擅自使用知名商品特有名称纠纷案

## ——临时保护期内商标的保护条件及救济路径

关键词：知识产权　商标临时保护期　保护条件　救济路径

### 【裁判要旨】

商标公告期满之日起至准予注册决定做出前的期限可以称为注册商标临时保护期。对于该期限内的他人使用商标的行为，商标权原则上不具有溯及力。但如果使用人为恶意，且相关商标在临时保护期内已经由权利人进行了实际使用，那么权利人有权要求恶意使用人赔偿由此造成的损失。但是对于临时保护期内的库存商品，权利人不得禁止该商品在商标核准注册后进一步销售。特殊情况下，如果临时保护期内，善意使用人经过使用使得该商标取得了较高的知名度或者驰名的程度，那么出于利益平衡的考虑，可以赋予使用人类似于日本商标法中的“中用权”，即可以在原有范围内继续使用，但应当附加区别性标识。

### 【相关法条】

**《中华人民共和国商标法》第三十六条第二款**　经审查异议不成立而准予注册的商标，商标注册申请人取得商标专用权的时间自初步审定公告三个月期满之日起计算。自该商标公告期满之日起至准予注册决定做出前，对他人在同一种或者类似商品上使用与该商标相同或者近似的标志的行为不具有追溯力；但是，因该使用人的恶意给商标注册人造成的损失，应当给予赔偿。

**《中华人民共和国反不正当竞争法》第六条**　经营者不得实施下列混淆行

为，引人误认为是他人商品或者与他人存在特定联系：

（一）擅自使用与他人有一定影响的商品名称、包装、装潢等相同或者近似的标识；

（二）擅自使用他人有一定影响的企业名称（包括简称、字号等）、社会组织名称（包括简称等）、姓名（包括笔名、艺名、译名等）；

（三）擅自使用他人有一定影响的域名主体部分、网站名称、网页等；

（四）其他足以引人误认为是他人商品或者与他人存在特定联系的混淆行为。

## 【案件索引】

一审：上海市浦东新区人民法院（2016）沪0115民初56477号（2017年5月25日）

二审：上海知识产权法院（2017）沪73民终237号（2017年10月31日）

## 【基本案情】

原告上海故事丝绸发展有限公司（以下简称上海故事公司）、上海紫绮服饰有限公司（以下简称紫绮公司）诉称：通过十余年的经营，“上海故事”围巾商品的销售范围已覆盖全国，并在各地广泛开设“上海故事”品牌实体店。“上海故事”围巾商品在市场上已为消费者所知悉，在相关公众中具有较高的知名度，已成为一种传达海派文化的情怀和意境的知名商品。“上海故事”已构成知名商品的特有名称。近期，原告发现被告在未经原告许可的情况下，使用“上海故事”作为商品与店铺名称，在其开设的实体店铺以及手机微信店铺内，销售与原告商品种类相同的产品；在其店铺装潢，产品包装如标签、吊牌、包装盒、包装袋上使用与原告设计完全相同的“上海故事”字样，其攀附原告商品名称知名度，意图导致消费者混淆的主观恶意非常明显。请求法院判令：(1) 被告立即停止侵犯原告知名商品特有名称“上海故事”的不正当竞争行为；(2) 被告立即销毁“上海故事”字样的商品包装（如标签、吊牌、包装盒、包装袋等）、宣传资料和店铺装潢等，更改其有关商品及店铺的名称；(3) 判令被告在《新民晚报》《解放日报》上刊登声明消除影响；(4) 判令被告赔偿上海故事公司经济损失人民币30万元；(5) 判令被告赔偿上海故事公司为制止侵权而支付的合理费用168902元。

被告上海兵利服饰有限公司辩称：首先，原告主张的权利基础是知名商品的特有名称，但就原告现有证据不能证明其产品的行业地位，不能证明其在全国范围内具有知名度。其次，即使“上海故事”围巾是知名商品，目前市场上有成百上千家该商品的经营者，该品牌是多家努力经营的结果，并不是原告一家的努力。再次，原告从2017年就获得了“上海故事”的商标权，该权利的专用期限从2015年8月28日开始，而原告主张被告的侵权事实发生在2016年8月，故原告若认为商标权受侵犯可另案起诉。根据相关法律法规，原告获得商标权后就不能再主张知名商品的特有名称，故原告没有资格就知名商品的请求权基础主张权利。最后，即使原告以商标权追溯公告期内被告的行为，由于被告是善意使用，故不构成侵权。

法院经审理查明：2016年5月20日，上海故事公司、紫绮公司签署《授权与确认函》，确认：“上海故事”品牌自2003年始即被紫绮公司、上海故事公司使用在围巾等商品上，自2006年起，上海故事公司、紫绮公司陆续在全国各地以加盟形式开设门店，销售范围遍及浙江、江苏、河南、黑龙江、江西、山西、云南、辽宁、内蒙古等。2011年10月20日，上海故事公司向国家工商行政管理总局商标局（以下简称商标局）申请注册第10087133号“上海故事”商标。2012年7月16日，商标局以该商标与已注册的其他商标构成使用在类似商品上的近似商标和“上海”作为县级以上行政区划名称，不得作为商标注册为由通知驳回了商标注册申请。后经过复审、行政诉讼一审、二审。2014年10月29日，北京市高级人民法院作出二审判决：撤销一审判决、撤销商评委驳回复审决定、要求商评委就复审申请重新作出决定。2015年5月27日，第10087133号“上海故事”商标经初步审定予以公告。公告期间案外人杭州绫绝顶服饰有限公司对该商标提出异议，2016年12月7日，商标局依据《商标法》第三十五条的规定决定第10087133号“上海故事”商标准予注册。注册公告日期为2017年2月13日，注册日期为2015年8月28日，有效期至2025年8月27日，核定使用范围为第25类的围巾；披肩；领带；手套（服装）；婴儿全套衣；游泳衣；婚纱；服装；T恤衫；鞋；帽；袜；腰带。

2016年5月24日，上海故事公司、紫绮公司委托代理人郭俊向上海市黄浦公证处申请保全证据公证。同日上午，在该处公证员顾侠君和工作人员林静华的现场监督下，郭俊来到上海市淮海中路1251弄1号“上海故事”店铺，此时店铺尚未营业，郭俊对该店铺外观、门牌号及店内部分陈列拍摄了照片9张；随后等至店铺营业，郭俊进入“上海故事”店铺内，对店内部分陈设及收银台处的展示牌拍摄了照片4张，并购买了围巾2条，当场取得收据1份；同时，郭俊操作其手机，进行了如下保全证据的行为：（1）进入手机主屏幕，点按微信，在所显示页面上点按“扫一扫”，扫描收银台处展示牌上的二维码，在所显示页面上点按“关注”，并弹出欢迎关注的页面，该微信名称为“上海故事直营店”，头像为标有“上海故事”文字的红底白字圆形图案，下方设有“企业文化”“围巾系法”“微店商城”三个栏目；（2）点按上述界面中的“企业文化”后，弹出“上海兵利服饰有限公司创立于2003年，旗下拥有知名品牌——‘上海故事’，目前主营产品分为丝巾围饰、时尚阳伞、时尚手袋三大类别……”；（3）再点按“微店商城”，该微店名称为“上海故事”，并标有“值得信赖　货真价实　实体店主”等字样，并陈列有多款丝巾商品，每款均配有图片并标有品名、价格等信息；（4）再点按“联系卖家”，返回“上海故事直营店”微信界面，并弹出“你好，欢迎光临［上海故事］。如果回复不及时，也可以加我微信：上海故事。并注明［微店］”的字样；（5）点按“上海故事”头像图标，此时页面显示的是“上海故事直营店”的微信主界面，显示有以下信息：微信号为shanghaigushi168、功能介绍为“本公司主经营各种真丝、羊毛羊绒围巾”、账号主体为兵利公司。点按“账号主体”，进入微信认证详情页面，该页面显示企业全称为上海兵利服饰有限公司、2016年4月25日完成微信认证，并有工商执照注册号、经营范围、企业类型、企业成立日期、企业营业期限等信息。郭俊对上述操作过程中显示的手机页面依次截屏。上述购买、操作手机和截图行为结束后，公证员及工作人员与郭俊返回公证处，郭俊对上述购买的围巾2条、收据1份等拍摄了照片。2016年5月25日，该公证处收到中通快递文件袋1份，郭俊于当日来到公证处，在公证员顾侠君和工作人员林静华的现场监督下，郭俊拆开上述文件袋，内有增值税普通发票1份，郭俊对快递单、发票拍摄了照片。2016年6月1日，该公证处出具（2016）沪黄证经字第8582号公证书，证明该公证书所附图片的打印件均为现场及实物拍摄、操作手机截图所得，照片内容与实际情况相符。所购买的围巾取其中1条以及《上海增值税普通发票发票联》经该处加贴封条后交由申请人保管。上海故事公司、紫绮公司为该公证支付了公证费3000元。

## 【裁判结果】

上海市浦东新区人民法院于2017年5月25日作出（2016）沪0115民初56477号民事判决：驳回原告的全部诉讼请求。

宣判后，原告不服，提起上诉。上海知识产权法院于2017年10月31日作出（2017）沪73民终237号民事判决：一、撤销上海市浦东新区人民法院（2016）沪0115民初56477号民事判决书；二、上海兵利服饰有限公司应于本判决生效之日起10日内在《新民晚报》刊登声明，消除因本案不正当竞争行为给上海故事丝绸发展有限公司、上海紫绮服饰有限公司造成的不良影响；三、上海兵利服饰有限公司应于本判决生效之日起10日内赔偿上海故事丝绸发展有限公司包括合理费用在内的经济损失人民币15万元；四、驳回上海故事丝绸发展有限公司的其余上诉请求。

## 【裁判理由】

法院生效裁判认为：原告有权主张2015年6月至2016年12月7日期间被告擅自使用"上海故事"的行为构成不正当竞争。综合考虑商品的销售时间、销售区域，进行任何宣传的持续时间、程度和地域范围，"上海故事"品牌丝巾、围巾在本案中构成知名商品。第一，上海故事公司提交的证据表明自2005年起至本案审理时，其在上海多个商业中心、机场等开设"上海故事"专卖店或专柜，并在全国各地以加盟形式开设门店。"上海故事"品牌丝巾、围巾的销售时间长、销售地域广。第二，2007年至2016年间，《北京服装学院学报》《中国包装工业》《天天商报》《新闻晨报》以及博思网、新浪博客等多家报纸、杂志、网络均对"上海故事"品牌丝巾、围巾进行了广泛的宣传报道。第三，上海故事公司、紫绮公司在上海时装商店、上海六百、豫园百货等商厦内部评比中的获奖证书等证明"上海故事"品牌丝巾、围巾在上海商业中心的商品销售中具有较强的竞争力和口碑。作为同属上海的经营者，兵利公司明知上海故事公司、紫绮公司已经在丝巾、围巾等商品上使用"上海故事"的情况下，仍然在店招等使用"上海故事"，明显具有攀附"上海故事"知名商品特有名称所承载商誉的故意，且客观上会造成相关消费者混淆和误认，故兵利公司的行为构成擅自使用知名商品特有名称的不正当竞争行为。

## 【案例注解】

《商标法》第三十六条第二款规定："经审查异议不成立而准予注册的商标，商标注册申请人取得商标专用权的时间自初步审定公告三个月期满之日起计算。自该商标公告期满之日起至准予注册决定做出前，对他人在同一种或者类似商品上使用与该商标相同或者近似的标志的行为不具有追溯力；但是，因该使用人的恶意给商标注册人造成的损失，应当给予赔偿。”本文将上述规定中“商标公告期满之日起至准予注册决定做出前”的期限称为注册商标临时保护期。对于商标临时保护期内发生的擅自使用行为，司法实践中的在先案例较少，理论探讨也不多见，但其中仍然存在诸多需要探讨和分析的问题。

## 一、临时保护期内权利人获得保护的条件

临时保护期内的商标本质上为未注册商标，根据《商标法》以及《反不正当竞争法》的规定，未注册商标要获得保护应当满足以下条件：第一，如果能够证明达到驰名的程度，可以作为未注册驰名商标受到保护，但仅能获得停止侵权的民事救济。《商标法》第十三条第二款规定：“就相同或者类似商品申请注册的商标是复制、模仿或者翻译他人未在中国注册的驰名商标，容易导致混淆的，不予注册并禁止使用。”《最高人民法院关于审理商标权民事纠纷案件适用法律若干问题的解释》第二条规定：“依据商标法第十三条第一款的规定，复制、模仿、翻译他人未在中国注册的驰名商标或其主要部分，在相同或者类似商品上作为商标使用，容易导致混淆的，应当承担停止侵害的民事法律责任。”① 第二，如果能够证明已经使用并有一定影响，在民事诉讼中可以依据《反不正当竞争法》关于有一定影响商品名称的规定获得救济。2017年11月4日修订的《反不正当竞争法》第六条第一项规定：“经营者不得实施下列混淆行为，引人误认为是他人商品或者与他人存在特定联系：（一）擅自使用与他人有一定影响的商品名称、包装、装潢等相同或者近似的标识；……”第三，如果未注册商标未实际使用，在民事诉讼中无法获得救济，只能在行政授权确权程序中获得一定的保护。例如，《商标法》第十五条规定：“未经授权，代理人或者代表人以自己的名义将被代理人或者被代表人的商标进行注册，被代理人或者被代表人提出异议的，不予注册并禁止使用。就同一种商品或者类似商品申请注册的商标与他人在先使用的未注册商标相同或者近似，申请人与该他人具有前款规定以外的合同、业务往来关系或者其他关

---

① 关于未注册驰名商标能否获得损害赔偿的救济，虽然司法解释规定的仅包括停止侵害，但实践中有的案件支持了未注册驰名商标权利人损害赔偿的诉讼请求。在原告拉菲罗斯柴尔德酒庄诉上海保醇实业发展有限公司等侵害商标权纠纷中，法院经审理认定原告主张的“拉菲”商标为未注册驰名商标，考虑到被告侵权恶意明显，判决被告赔偿原告经济损失200万元。参见上海知识产权法院（2015）沪知民初字第518号民事判决。

系而明知该他人商标存在，该他人提出异议的，不予注册。”因此，就未注册商标而言，其要获得民事诉讼中的救济，或者要求已经实际使用且取得一定影响，或者需要符合未注册驰名商标的保护条件，但均要求实际使用。

就临时保护期内的商标保护而言，商标权人要求恶意使用人赔偿损失，是否需要以实际使用或具有一定影响为前提。笔者认为，商标临时保护期内权利人获得救济的条件原则上应当满足已经实际使用的要求，如果未实际使用，应当证明使用人的使用行为给其造成其他损失。首先，未实际使用的商标仅仅是一种符号，并不是真正意义上的商标权。在此种意义上，商标临时保护期与专利法的相关规定不同。专利技术方案公开后，社会公众便已经可以知悉技术方案的价值，因此不论专利权人是否有无实施专利，其他使用人使用该技术方案均应支付相应的使用费。但商标不同，商标的价值在于实际使用，否则，其仅仅是一种符号，并不是真正意义上的商标权。其次，根据《商标法》第六十四条的规定，注册商标专用权人请求赔偿，被控侵权人以注册商标专用权人未使用注册商标提出抗辩的，人民法院可以要求注册商标专用权人提供此前三年内实际使用该注册商标的证据。注册商标专用权人不能证明此前三年内实际使用过该注册商标，也不能证明因侵权行为受到其他损失的，被控侵权人不承担赔偿责任。因此，如果注册商标未实际使用原则上都不予赔偿，按照举重以明轻的原则，商标权人如果要求恶意使用人赔偿在临时保护期内给自己造成的损失，也应该以其商标在此期间已经实际使用为前提。否则，他人在此期间内的使用行为很难给商标权人造成损失。第三，如果临时保护期内未实际使用，但权利人能够证明使用人的行为确实为其造成其他损失的，仍然可以获得赔偿。例如，临时保护期内未使用，但商标获准注册后已经投入使用或者为使用做好了准备，且擅自使用人生产的库存商品在商标授权后仍然存在销售行为，此时，商标权人可以要求使用人赔偿继续销售库存商品给其造成的损失。因此，在临时保护期内，权利人要获得保护，除了要证明使用人具有恶意外，原则上还应满足其已经实际使用的要求。

## 二、临时保护期内权利人的救济路径

如上文所述，临时保护期内的商标为未注册商标，关于未注册商标，如果达到有一定影响的要求，《反不正当竞争法》亦可以依据“有一定影响的商品名称”提供保护。那么在此情况下，权利人是否必须优先适用《商标法》，还是可以选择适用《反不正当竞争法》。这实际上涉及《商标法》和《反不正当竞争法》的关系问题。对此，理论及实践中一直存在争议。有观点认为，在法律适用上，知识产权法的规定优于《反不正当竞争法》，它们之间是特别法和普通法的关系。[①] 这也是司法实践中大多数案件坚持的观点。在再审申请人广州星河湾实业发展有限公司等与被申请人天津市宏兴房地产开发有限公司侵害商标权及不正当竞争纠纷案中，最高人民法院再审认为，由于本判决已经认定诉争楼盘名称的使用侵害商标权，对“星河湾”商标的合法权益已经予以了保护，根据《商标法》和《反不正当竞争法》专门法和特别法的关系，凡是知识产权专门法已经保护的领域，一般情况下，《反不正当竞争法》不再给予其重合保护。鉴此，本院对再审申请人请求保护其知名商品特有名称权利的诉讼请求不予支持。[②] 郑成思先生则认为，《反不正当竞争法》与知识产权法是交叉关系，“反不正当竞争，作为立法的范围，会从不同角度与一些其他法律发生交叉，以共同调整市场经济中人与人的关系，诚然，《反不正当竞争法》与这些不同法律各有自己的管辖区域，但却在各有侧重点的同时，也有交叉点，那种认为法律不可能或不应当交叉，非此即彼的观点，是不符合实际的。……但交叉并不意味着可以互相替代。《商标法》重在保护注册商标权人的权利、消费者权益保护法重在保护消费者的权利。它们与《反不正当竞争法》的侧重点是完全不同的。”[③] 于是，有观点提出，《商标法》与《反不正当竞争法》在商标权益保护上，呈并列或同位关系。二者之间并无主从关系或一般与特殊关系之别，它们分别有独立的保护对象、规制方式、效力范围和保护重点，各自平行地对商标权益提供不同层面的保护。[④] 在再审申请人苏国荣与被申请人荣华饼家有限公司等侵犯商标权及不正当竞争纠纷案中，一审法院认为，由于香港荣华公司主张的知名商品特有名称与其所主张的“荣华”未注册驰名商标名称相同，在已经认定“荣华”未注册商标为驰名商标，并判定构成商标侵权的情况下，没有必要再适用《反不正当竞争法》提供重复的司法救济。二审法院则认为，综合考虑本案的实际情况，无需认定“荣华”文字为未注册驰名商标，而应认定“荣华月饼”为知名商品特有名称。最高人民法院再审认为今明公司在被控侵权商品上使用“荣华月饼”文字的行为

---

① 参见韦之：《论不正当竞争法与知识产权法的关系》，载《北京大学学报》（哲学社会科学版）1999 年第 6 期。

② 参见最高人民法院（2013）民提字第 3 号民事判决。

③ 郑成思：《反不正当竞争与知识产权》，载《法学》1997 年第 6 期。

④ 郑友德、万志前：《论商标法和反不正当竞争法对商标权益的平行保护》，载《法商研究》2009 年第 6 期；钱玉文：《论商标法与反不正当竞争法的适用选择》，载《知识产权》2015 年第 9 期；刘丽娟：《论知识产权法与反不正当竞争法的适用关系》，载《知识产权》2012 年第 1 期。

具有正当性，并未侵犯知名商品特有名称权。[①] 该案中二审法院的裁判逻辑即认为《商标法》和《反不正当竞争法》并非特殊法和一般法的关系，而是可以选择的并行关系。最高人民法院亦未认为二审的观点不当，只是认定今明公司使用“荣华月饼”有正当理由，故不构成擅自使用知名商品特有名称的不正当竞争行为。

笔者认为，不应从整体上笼统地谈论《商标法》和《反不正当竞争法》之间的关系，而应该针对具体的法律规定和行为判断《商标法》和《反不正当竞争法》相应规定之间存在何种适用关系。首先，从整体上看，《商标法》与《反不正当竞争法》不存在特殊法和一般法的关系。一般而言，特殊法是指对于法律适用的主体、事项、地域以及时间作出了特殊规定的法律。例如，相对于民法，《合同法》是特殊法。因此，属于特殊法规定的行为一定可以由一般法调整。例如签订有效合同的行为一定属于民事法律行为。但就《商标法》和《反不正当竞争法》的关系而言，构成商标侵权的行为并不必然构成不正当竞争。因为二者的构成要件存在明显区别，侵害商标权行为并不需要主观上存在过错，但不正当竞争行为的成立应当以行为人主观上存在故意为前提。其次，《反不正当竞争法》在整体上并非对《商标法》的补充，只能说《反不正当竞争法》第二条的规定系对《商标法》的补充。法律之间的补充关系并不同于一般法和特殊法的关系。根据《立法法》第九十二条的规定，同一机关制定的特别规定与一般规定不一致的，适用特别规定。但补充关系主要是辅助规定和基本规定的关系，即在其他法律不能适用时，予以补充性地加以适用。因此，《反不正当竞争法》整体上并不是《商标法》的补充，只有《反不正当竞争法》第二条的原则性规定才可以构成对《商标法》的补充。例如，《商标法》第五十八条规定：“将他人注册商标、未注册的驰名商标作为企业名称中的字号使用，误导公众，构成不正当竞争行为的，依照《中华人民共和国反不正当竞争法》处理。”实践中，一般均适用《反不正当竞争法》第二条调整企业名称擅自使用他人商标的行为。再次，《反不正当竞争法》关于商品名称等商业标识的规定与《商标法》属于并行关系，权利人可以选择适用。《反不正当竞争法》关于商品名称等商业标识的保护与《商标法》关于注册商标的保护在构成要件方面存在明显不同，构成侵害商标权并不一定属于擅自使用商品名称的不正当竞争行为。因为商品名称的《反不正当竞争法》保护不仅需要使用人主观上具有恶意，还要求具有一定的影响，但侵害商标权并没有

① 参见最高人民法院（2012）民提字第38号民事判决。

相应的要求。因此，关于商业标识的保护，《商标法》和《反不正当竞争法》属于法条竞合，权利人可以选择适用。在不构成侵害商标权的情况下，权利人还可以主张构成擅自使用商品名称的不正当竞争行为。在原告动视出版公司与被告华夏电影发行有限责任公司等侵害商标权及不正当竞争纠纷案中，法院认为，原告注册了“使命召唤”商标，并不代表原告在电影名称上也获得了“使命召唤”的专有权，原告的注册商标权利范围不能延及电影名称的使用，故华夏公司使用“使命召唤”作为电影名称并未侵害原告享有的注册商标专用权。但是，“使命召唤”游戏名称可以被认定为知名商品的名称受到保护。被告华夏公司为吸引观众以获得高票房收入，未经原告许可，故意攀附原告游戏名称的知名度，擅自将“使命召唤”作为电影名称使用，并通过发布预告片、海报、微博等形式进行大量宣传，使相关公众产生混淆，构成擅自使用知名商品特有名称的不正当竞争。①

综上，就临时保护期内的擅自使用行为，如果相关商标已经实际使用且有一定影响，权利人应当有权选择适用《商标法》或者《反不正当竞争法》，不存在《商标法》优先适用的问题。如果相关商标达到了驰名商标的程度，也可以通过未注册驰名商标进行保护，不能因为《反不正当竞争法》已经有关于有一定影响商品名称的规定，而认为认定未注册驰名商标缺乏必要性。需要注意的是，在《商标法》的规定和《反不正当竞争法》关于商品名称的规定构成竞合时，原本应当要求权利人在《商标法》和《反不正当竞争法》之间作出选择，即只能二者选其一。② 但是选择并不意味着不能在一个诉讼中一并主张。由于上述竞合仅仅是形式上的或者请求权竞合，最终有可能仅构成商标侵权，或者仅构成不正当竞争，需要经过实体审理才能得出最终的结论。如果在起诉时就要求权利人必须选择《商标法》或者《反不正当竞争法》，那么在《商标法》不支持的情况下，权利人必须再另案起诉。故为了减少当事人的讼累，应当允许当事人在一个案件中一并解决，只不过应当采取预备合并之诉③

① 参见上海市浦东新区人民法院（2016）沪0115民初29964号民事判决。

② 例如《合同法》第一百二十二条即规定在违约责任和侵权责任竞合时，应当让当事人进行选择。该条规定：“因当事人一方的违约行为，侵害对方人身、财产权益的，受损害方有权选择依照本法要求其承担违约责任或者依照其他法律要求其承担侵权责任。”

③ 根据客观预备合并之诉，在请求权竞合时，原告可以同时主张实体法上规定的数个请求权，综合考量自己对各请求权所掌握的证据情况和熟悉情况，以及不同的请求权的构成要件、举证责任与赔偿范围，可以根据胜诉所获利益大小或胜诉几率的大小等将数个请求权排成顺位，请求法院按照先后顺位审判。参见李磊：《请求权竞和解决新论——以客观预备合并之诉为解决路径》，载《烟台大学学报》（哲学社会科学版）2016年第4期。

的方式，即原告可以在同一案件中先主张适用《商标法》的规定要求赔偿损失，如果《商标法》得不到支持，请求法院适用《反不正当竞争法》，认定使用人构成擅自使用商品名称的不正当竞争行为。司法实践中针对同一侵权或不正当竞争行为确立的“侵害商标权及不正当竞争纠纷”的案由，实际上都属于预备合并之诉，只不过规范的案由应当是“侵害商标权或不正当竞争纠纷”，否则有可能导致对同一行为进行重复评价。

## 三、临时保护期内库存商品能否继续销售

关于商标临时保护期内库存商品能否继续销售的问题，司法实践对该问题的探讨较少，专利临时保护期的相关探讨或许能够为该问题提供一些借鉴。在再审申请人浙江杭州鑫富药业股份有限公司与被申请人山东新发药业有限公司等发明专利临时保护期使用费纠纷再审案中，最高人民法院认为：“在发明专利临时保护期使用费纠纷中，除了权利人只能就使用费问题主张损害赔偿的民事责任而不能请求实施人承担停止侵权等其他民事责任以外，在其他问题上与一般意义上的侵犯专利权纠纷并无本质不同。”① 在再审申请人深圳市斯瑞曼精细化工有限公司与被申请人深圳市坑梓自来水有限公司、深圳市康泰蓝水处理设备有限公司侵害发明专利权纠纷再审案中，最高人民法院认为，在发明专利申请公布后至专利权授予前的临时保护期内制造、销售、进口的被诉专利侵权产品不为专利法禁止的情况下，其后续的使用、许诺销售、销售，即使未经专利权人许可，也不视为侵害专利权，但专利权人可以依法要求临时保护期内实施其发明的单位或者个人支付适当的费用。② 因此，最高人民法院在上述案件的观点认为，专利临时保护期内生产的库存商品在专利授权后仍然可以继续使用、销售，专利权人无权主张停止使用、销售等行为。但也有观点认为，专利法所规定的“制造、使用、许诺销售、销售、进口”是五种相互独立的行为，所以，如果实施申请人的发明创造（制造产品）发生在临时保护期内，而这些产品的使用或销售等行为发生在专利授权之后，应当按行为所处不同阶段承担相应的责任，即临时保护期内的使用行为承担支付临时保护期适当使用

① 参见最高人民法院（2008）民申字第81号民事裁定。

② 最高人民法院第20号指导性案例，参见最高人民法院（2011）民提字第259号民事判决。

费的责任，授权后的使用行为承担侵权责任。①

笔者认为最高人民法院的观点更具有合理性。不论使用人是否恶意，事后获准注册的商标权对于停止侵权或停止使用均不具有溯及力，即权利人无权禁止使用人销售临时保护期内生产的库存商品。首先，根据《商标法》第五十七条的规定，销售行为之所以构成侵权，是因为销售的系“侵犯注册商标专用权的商品”。但商标临时保护期内，权利人申请的商标尚未获得注册，不论使用人主观上是否善意，该期限内生产的商品均不属于“侵犯注册商标专用权的商品”，故在商标获得授权后继续销售的行为也不构成对注册商标的侵害。第二，从商标使用的角度看，在商标准予注册时，库存商品上的商标使用行为已经实施完毕，库存商品的销售并没有实施新的商标使用行为，而仅仅是临时保护期内商标使用行为的延续。在此意义上，生产行为和销售行为并非完全独立的两种行为，而是销售行为依附于生产行为，二者是源与流的关系。因此，在评价销售行为是否侵权时，不能与相应的生产行为割裂开来。只有特定商品的生产行为构成侵权时，销售该商品的行为才可能构成侵权。由于临时保护期内使用人的生产行为不构成侵权，后续的销售行为自然也不存在侵权的问题。

因此，商标临时保护期内生产的库存商品在商标注册后可以继续销售，权利人取得的注册商标专用权对此不具有溯及力。当然，由于服务商标的使用行为具有持续性，商标权人在获得授权后有权要求使用人停止使用。例如在店招上使用他人商标发生在临时保护期内，但由于该使用行为一直在持续，故在商标获得注册后，使用人不得继续在店招上使用该商标。此外，有的商标授权过程中异议程序后如果经过行政诉讼，可能会导致商标临时保护期较长，有的可能会长达十多年，那么如果此过程中，其他人对商标的使用已经产生了知名度，甚至达到驰名的程度，待商标授权后使用人是否仍应停止使用？笔者认为，此种情况下使用人并不符合商标法关于在先使用的规定，但如果使用人确为善意，在其使用行为已经取得较高知名度特别是驰名时，一概要求其停止使用，对于使用人过于严苛，对于社会也是一种资源的浪费。因此，可以借鉴日本商标法中的中用权制度，赋予此种情形中的使用人在原有范围内继续使用的权利，当

① 参见潘中毅：《论发明专利临时保护的法律效力——兼评最高人民法院（2011）民提字第259－262号判决》，载中华全国专利代理人协会编：《发展知识产权服务业，支撑创新型国家建设——2012年中华全国专利代理人协会年会第三届知识产权论坛论文选编》，知识产权出版社2012年版，第517页。

然使用人主观上必须为善意，而且商标权人有权要求其附加区别性标识。①

（**一审法院合议庭成员** 杜灵燕 张 毅 孙 闫

**二审法院合议庭成员** 何 渊 凌宗亮 唐 毅

**编写人** 上海知识产权法院 凌宗亮

**责任编辑** 丁文严

**审稿人** 林广海）

① 《日本商标法》第33条规定，在无效准司法审查请求登录之前，不知道注册商标无效事由的存在，注册商标已经在需要者之间被广泛认知的情况下，即使存在他人相抵触的注册商标，也可以排除注册商标的禁止权，继续使用其商标。

# 阮子清诉刘罕侵害外观设计专利权纠纷案

## ——抵触申请抗辩的成立条件和审查标准

关键词：知识产权　专利侵权　现有技术　现有设计　抵触申请

### 【裁判要旨】

被诉侵权人以其实施的技术方案或者外观设计属于抵触申请为由，主张未侵害涉案专利权的，应注意抵触申请与现有技术或者现有设计的含义和性质存在一定的差异，抵触申请抗辩的审查判断标准应与抵触申请的性质相适应。只有被诉侵权技术方案或设计已被抵触申请单独、完整公开的，才能认定抵触申请抗辩成立。

### 【相关法条】

**《中华人民共和国专利法》（2008 年修正）第二十二条第二款**　新颖性，是指该发明或者实用新型不属于现有技术；也没有任何单位或者个人就同样的发明或者实用新型在申请日以前向国务院专利行政部门提出过申请，并记载在申请日以后公布的专利申请文件或者公告的专利文件中。

**第二十三条第一款**　授予专利权的外观设计，应当不属于现有设计；也没有任何单位或者个人就同样的外观设计在申请日以前向国务院专利行政部门提出过申请，并记载在申请日以后公告的专利文件中。

**《中华人民共和国专利法》（2000 年修正）第二十三条**　授予专利权的外观设计，应当同申请日以前在国内外出版物上公开发表过或者国内公开使用过的外观设计不相同和不相近似，并不得与他人在先取得的合法权利相冲突。

## 【案件索引】

一审：广州知识产权法院（2015）粤知法专民初字第511号（2015年7月17日）

二审：广东省高级人民法院（2016）粤民终978号（2016年8月17日）

## 【基本案情】

原告（被上诉人）阮子清诉称：2006年1月12日，阮子清将自行构思设计的“桁架”向国家知识产权局申请外观设计专利，国家知识产权局于2007年2月14日授予专利权，专利号为ZL200630050257.4。由于该外观设计专利造型美观大方，结构设计合理，独具特色，实用性强，在舞台搭建、广告装饰等应用上起到重要作用，吸引了广大厂家大量进货，取得了较好的经济效益。然而，近期阮子清发现刘罕以营利为目的，在阮子清曾起诉刘罕侵权并由佛山市中级人民法院作出《民事调解书》的情况下，刘罕违背协议的约定，仍然恶意大量生产、销售与阮子清的上述外观设计专利相同、近似的产品，在市场上造成混淆，给阮子清的生产经营和声誉造成严重的影响。请求法院判令：（1）刘罕立即停止制造、销售侵权产品，并销毁生产侵权产品的模具、机器设备及库存侵权产品；（2）刘罕赔偿阮子清经济损失共计8万元；（3）本案的诉讼费用全部由刘罕承担。

被告（上诉人）刘罕辩称：（1）被诉侵权产品并未落入涉案专利的保护范围。涉案专利的上下两端立方体连接块占整个专利产品长度约四分之一至五分之一，而被诉产品的立方体连接块占比约六分之一到七分之一，因此，从整体视觉效果上看，被诉产品明显更为细长。而且，被诉产品的两端立方体连接块每条棱边上只有两个螺栓孔，而涉案专利每条棱边有三个螺栓孔，消费者对螺栓孔的数量和长度规格具有较高的辨认能力。（2）被诉侵权设计属于现有设计，因此被诉侵权设计不侵犯涉案专利权。

法院经审理查明：阮子清是专利号为ZL200630050257.4、名称为“桁架”的外观设计专利权人，该专利申请日是2006年1月12日，授权公告日是2007年2月14日。2014年12月5日，阮子清通过公证购买了被诉侵权产品。一审中，刘罕提交了“方塔型模板支撑架的研制与应用”文章来证明其使用的是现有设计，阮子清认为被诉侵权产品使用的不是现有设计。

阮子清同时以另一实用新型专利权起诉刘罕同一产品侵权，【（2015）粤知法专民初字第503号】。此外，阮子清曾以涉案外观设计专利权与上述实用新型专利权在广东省佛山市中级人民法院起诉刘罕，2013年12月20日双方达成调解，刘罕赔偿阮子清51000元，并承诺立即停止制造、销售被诉侵权产品，销毁生产被诉侵权产品的模具，如阮子清发现刘罕违反任何一项，有权另案起诉。

二审期间，刘罕提交一份专利号“ZL200520060757.6号”、名称为“一种积木式支撑架”、专利权人为阮子清的实用新型专利文件，该专利申请日为2005年6月27日，授权公告日为2007年2月28日。刘罕主张以该专利文件比照现有设计进行不侵权抗辩。

## 【裁判结果】

广州知识产权法院于2015年7月17日作出（2015）粤知法专民初字第511号民事判决：一、被告刘罕于本判决发生法律之日起立即停止生产、销售侵害原告阮子清专利号为ZL200630050257.4、名称为“桁架”的外观设计专利权的产品，并销毁库存侵权产品和生产模具；二、被告刘罕于判决发生法律效力之日起10日内赔偿原告阮子清经济损失4万元；三、驳回原告阮子清的其他诉讼请求。

宣判后，刘罕不服，向广东省高级人民法院提起上诉。广东省高级人民法院于2016年8月17日作出（2016）粤民终978号民事判决：驳回上诉，维持原判。

## 【裁判理由】

法院生效裁判认为：关于刘罕的不侵权抗辩能否成立的问题。《专利法》（2008年修正）第六十二条规定，在专利侵权纠纷中，被控侵权人有证据证明其实施的技术或者设计属于现有技术或者现有设计的，不构成侵犯专利权。《最高人民法院关于审理侵犯专利权纠纷案件应用法律若干问题的解释（二）》第二十二条规定，对于被诉侵权人主张的现有技术抗辩或者现有设计抗辩，人民法院应当依照专利申请日施行的专利法界定现有技术或者现有设计。涉案ZL200630050257.4号专利的申请日为2006年1月12日，2000年修正的《专利法》自2001年7月1日施行，故本案现有设计的界定应适用2000年修订的专利法。

《专利法》（2000 年修正）第二十三条规定："授予专利权的外观设计，应当同申请日以前在国内外出版物上公开发表过或者国内公开使用过的外观设计不相同和不相近似，并不得与他人在先取得的合法权利相冲突。"本案中，刘罕主张的对比文件是本案权利人阮子清的 ZL200520060757.6 号实用新型专利，该对比文件的申请日为 2005 年 6 月 27 日，授权公告日为 2007 年 2 月 28 日。由于实用新型的公告日为该专利的公开日，因此直至 2007 年 2 月 28 日，该专利才为公众所知悉，晚于本案专利的申请日，因此，该对比文件不属于现有设计。同时，虽然该对比文件的申请日早于本案专利的申请日，但是 2000 年修正的《专利法》并未规定外观设计的抵触申请，因此，该对比文件不构成涉案专利的抵触申请，而是涉案专利的在先申请。此外，涉案专利为外观设计专利，而对比文件为实用新型专利，且将被诉侵权设计与该对比文件进行比对，被诉侵权设计的加强筋呈单个折线型与相邻两立柱固定连接，而对比文件的加强筋呈连续折线形，两者不构成实质相同，不属于同样的外观设计。因此，刘罕的不侵权抗辩主张缺乏事实和法律依据，不予支持。

## 【案例注解】

我国《专利法》和《专利法实施细则》并未明确提出抵触申请的概念。根据 2008 年修正的《专利法》第二十二条第二款与第二十三条第一款的规定，抵触申请是指"任何单位或者个人就同样的发明或者实用新型在申请日以前向国务院专利行政部门提出过申请，并记载在申请日以后公布的专利申请文件或者公告的专利文件"中的技术方案以及"任何单位或者个人就同样的外观设计在申请日以前向国务院专利行政部门提出过申请，并记载在申请日以后公告的专利文件"的外观设计。

在专利侵权纠纷中是否允许被诉侵权人以抵触申请为由进行不侵权抗辩？目前司法实践中认为被诉侵权人以实施抵触申请中的技术方案或者外观设计主张其不构成专利侵权的，可以参照现有技术或者现有设计抗辩的审查判断标准予以评判。然而在司法实践中，抵触申请抗辩如何具体适用，仍存在诸多问题亟待进一步明确。

## 一、关于外观设计专利权侵权案件中抵触申请抗辩适用的时间点问题

在适用抵触申请作不侵权抗辩时，应注意其适用的时间点。《专利法》（2000年修正）第二十三条的规定："授予专利权的外观设计，应当同申请日以前在国内外出版物上公开发表过或者国内公开使用过的外观设计不相同和不相近似，并不得与他人在先取得的合法权利相冲突。"也就是说，2000年修正的《专利法》并没有规定外观设计的抵触申请。在这种情况下，即使存在"就同样的外观设计在申请日以前向国务院专利行政部门提出过申请，并记载在申请日以后公布的专利申请文件或者公告的专利文件"中的外观设计，也只是在先申请，而不是抵触申请。本案中，涉案ZL200630050257.4号专利的申请日为2006年1月12日，不适用2008年修正的《专利法》，而应适用2000年修正的《专利法》。虽然刘罕主张的对比文件的申请日为2005年6月27日，早于本案专利的申请日，但2000年修正的《专利法》并未规定外观设计的抵触申请，因此，该对比文件不构成涉案专利的抵触申请，而是涉案专利的在先申请。

有的观点认为，只要在时间要件上符合申请在先和公开在后的外观设计，均可构成"抵触设计"，"抵触设计抗辩"制度的目的是保护公众在面对"抵触申请"的专利权人之外的人时，使用该"抵触申请"文件中的外观设计的自由。因此，在2008年修正的《专利法》实施之前申请并获得授权的外观设计专利权，仍然可以适用"抵触设计抗辩"。[①] 笔者认为，司法实践中允许抵触申请抗辩，是因为如果被诉侵权技术方案或者设计已被抵触申请公开，则其相较于抵触申请不应被授予专利权，因此，也就不应纳入涉案专利权的保护范围。而2008年修正的《专利法》实施之前申请并获得授权的外观设计专利权只要不存在"同申请日以前在国内外出版物上公开发表过或者国内公开使用过的外观设计相同和相近似"或者"与他人在先取得的合法权利相冲突"的情形，实际上就不存在因"在先申请"而不应被授予专利权的情形。既然涉案专利是依法授权的专利，在授权期间，法院应保护其合法权利。因此，笔者认为不应允许在先申请参照抵触申请进行不侵权抗辩。

---

① 参见北京市高级人民法院知识产权审判庭编：《北京市高级人民法院〈专利侵权判定指南〉理解与适用》，中国法制出版社2014年版，第605~608页。

## 二、三种专利申请类型能否互为抵触申请

关于发明、实用新型与外观设计专利申请之间能否互为抵触申请的问题，实践中存在不同看法。有的观点认为，抵触申请采用全文比较制，对于发明和实用新型而言，将在后申请的权利要求书请求保护的技术方案与在先申请的权利要求书和说明书记载的所有技术方案对比；对于外观设计而言，将在后申请中要求保护的外观设计与在先申请的全部设计方案进行对比。实践中三种专利在保护客体上存在部分重叠，如有的产品的形状技术特征或设计特征既可以被记载于发明或实用新型专利的申请文件中，也可以被记载于外观设计专利申请的图片或照片中。在这种情况下，如果三种专利不能互为抵触申请，则可能会造成在后申请人获得授权后阻碍在先申请人实施其专利权的情形。另一种观点认为，外观设计与发明、实用新型专利的保护对象和保护范围是不同的，从《专利法》第二十二条第二款与第二十三条第一款的规定来看，外观设计与发明、实用新型不能互为抵触申请。

笔者认为，对于这一问题的判断，不能脱离专利法对抵触申请的规定。依据2008年修正的《专利法》第二十二条和第二十三条关于抵触申请的规定，发明和实用新型的抵触申请与外观设计的抵触申请是分开规定的。同样的发明创造只能存在于两件发明专利申请或者专利之间、两件实用新型专利申请或者专利之间、一件发明专利申请或者专利和一件实用新型专利申请或者专利之间、两件外观设计专利申请或者专利之间。由于发明和实用新型专利保护的是技术方案，其着眼点在于该技术方案所产生的技术功能，而外观设计专利保护的是产品的富有美感的外观设计方案，其着眼点在于该设计方案所能产生的外部视觉效果，两者截然不同。因此，一件发明或者实用新型专利申请或者专利与一件外观设计专利申请或者专利不可能涉及相同的发明创造，也不能互为抵触申请。①

## 三、抵触申请抗辩的审查标准

最高人民法院在《关于充分发挥知识产权审判职能作用推动社会主义文化大发展大繁荣和促进经济自主协调发展若干问题的意见》中，明确“被诉侵权人以实施抵触申请中的技术方案或者外观设计主张其不构成专利侵权的，可以参照现有技术或者现有设计抗辩的审查判断标准予以评判”。如何理解

① 参见尹新天：《中国专利法详解》（缩编版），知识产权出版社2012年版，第71～72页。

"参照现有技术或者现有设计抗辩的审查标准"？抵触申请抗辩与现有技术或者现有设计抗辩的审查标准是否有所区别？

2008年修正的《专利法》第六十二条规定："在专利侵权纠纷中，被控侵权人有证据证明其实施的技术或者设计属于现有技术或者现有设计的，不构成侵犯专利权。"关于现有技术和现有设计的含义，《专利法》第二十二条第五款和第二十三条四款分别予以明确，现有技术是指"申请日以前在国内外为公众所知的技术"，现有设计是指"在申请日以前在国内外为公众所知的设计"。根据《最高人民法院关于审理侵犯专利权纠纷案件应用法律若干问题的解释》第十四条的规定，审查判断现有技术和现有设计抗辩的标准是比对被诉侵权技术或设计与一个现有的技术方案或设计是否"相同或无实质性差异"。司法实践中，在等同侵权和相同侵权均可以适用现有技术抗辩规则，且允许以一份对比文献中记载的一项现有技术方案与公知常识的简单组合主张现有技术抗辩。同理，在判断现有设计抗辩是否成立时，允许被诉侵权产品是一项现有外观设计与该产品的惯常设计的简单组合的情况。

关于抵触申请的审查标准，《专利审查指南（2010）》第四部分第五章第5节规定："在涉案专利申请日以前任何单位或者个人向专利局提出并且在申请日以后（含申请日）公告的同样的外观设计专利申请，称为抵触申请。其中，同样的外观设计是指外观设计相同或者实质相同。"这里的"相同或者实质相同"的标准与最高人民法院司法解释中对现有设计抗辩的"相同或无实质性差异"的标准有所不同。

最高人民法院在慈溪市博生塑料制品有限公司与陈剑侵害实用新型专利权纠纷申请再审案一案①中认为："关于被诉侵权人能否以其实施的技术属于抵触申请为由，主张不构成侵犯专利权，我国专利法及相关司法解释中并未明确规定。与之相关，我国专利法第六十二条规定：'在专利侵权纠纷中，被控侵权人有证据证明其实施的技术或者设计属于现有技术或者现有设计的，不构成侵犯专利权。'……专利法第六十二条规定现有技术抗辩的主要理由，在于专利权的保护范围不应覆盖现有技术，既包括被诉侵权技术方案与现有技术相同的情形，也包括被诉侵权技术方案相对于现有技术无实质性差异的情形。在这两种情形下，被诉侵权技术方案相对于现有技术不具有新颖性或者创造性，不应被授予专利权，自然也不应被纳入涉案专利权的保护范围。由于抵触申请与现有技术均可以用于评价涉案专利的新颖性。因此，如果被诉侵权技术方案已

① 参见最高人民法院（2015）民申字第188号民事裁定。

被抵触申请公开，则相较于抵触申请亦不应被授予专利权，相应地也不应被纳入涉案专利权的保护范围。因此，被诉侵权人以其实施的技术属于抵触申请为由，主张未侵犯涉案专利权的，人民法院可以参照适用专利法第六十二条、侵犯专利司法解释第十四条等有关现有技术抗辩的规定，对抵触申请抗辩进行认定。需要指出的是，由于抵触申请与现有技术的含义和性质存在一定差异，故抵触申请抗辩的审查判断标准应与抵触申请的性质相适应，与现有技术抗辩的审查判断标准存在一定差异。根据专利法第二十二条第二款的规定，抵触申请的公开时间在涉案专利的申请日之后，不构成涉案专利的现有技术，故仅可以与涉案专利单独对比，评价其新颖性。与之不同的是，根据专利法第二十二条第二、三款的规定，现有技术既可以评价涉案专利权的新颖性，也可以与其他现有技术或者公知常识结合，评价涉案专利权的创造性。综上，抵触申请仅仅可以被用来单独评价涉案专利权的新颖性，既不可以与现有技术或者公知常识结合，更不可以用于评价涉案专利权的创造性。因此，只有在被诉侵权技术方案的各项技术特征均已被抵触申请单独、完整地公开，相对于抵触申请不具有新颖性时，才可以认定抵触申请抗辩成立。如果被诉侵权的技术方案相较于抵触申请存在差异并具有新颖性，或者被诉侵权人主张将抵触申请与现有技术或者公知常识结合后进行抗辩的，抵触申请抗辩均不能成立。”

笔者同意上述观点。按照目前《专利法》的相关规定，抵触申请与现有技术或者现有设计的含义不同，对抵触申请抗辩的审查标准应与《专利法》第二十二条和第二十三条关于抵触申请的规定一致，而与现有技术或者设计抗辩的标准存在一定差异。当抵触申请与被诉侵权产品为“同样”（相同或者实质相同）的技术方案或设计时，抵触申请抗辩成立。因此，只有被诉侵权技术方案或设计已被抵触申请单独、完整公开的，才能认定抵触申请抗辩成立。

（**一审法院合议庭成员**　谭海华　吴桄辉　陈　杰
**二审法院合议庭成员**　邓燕辉　欧丽华　张苏柳
**编写人**　广东省高级人民法院　张苏柳
**责任编辑**　丁文严
**审稿人**　林广海）

# 行政及国家赔偿

## 南京市栖霞区人民检察院诉南京市水务局长江水环境行政公益诉讼纠纷案

### ——人民法院可以裁定终结诉讼方式结束行政公益案件审理

关键词：行政　公益诉讼　诉讼目的　诉讼实施权　终结诉讼

【裁判要旨】

“探索建立检察机关提起公益诉讼制度”是十八届四中全会部署的改革任务，是一项崭新的法律制度，实践中没有先例可循。当提起行政公益诉讼的检察机关认为行政机关在诉讼过程中已经积极履行法定职责，行政公益诉讼的目的已基本实现，向人民法院申请终结案件审理的，人民法院经审查可以裁定终结。

【相关法条】

**《中华人民共和国行政诉讼法》第二十五条第四款**　人民检察院在履行职责中发现生态环境和资源保护、食品药品安全、国有财产保护、国有土地使用权出让等领域负有监督管理职责的行政机关违法行使职权或者不作为，致使国家利益或者社会公共利益受到侵害的，应当向行政机关提出检察建议，督促其依法履行职责。行政机关不依法履行职责的，人民检察院依法向人民法院提起诉讼。

**《最高人民法院、最高人民检察院关于检察公益诉讼案件适用法律若干问题的解释》第二条**　人民法院、人民检察院办理公益诉讼案件主要任务是充分发挥司法审判、法律监督职能作用，维护宪法法律权威，维护社会公平正义，维护国家利益和社会公共利益，督促适格主体依法行使公益诉权，促进依法行政、严格执法。

## 【案件索引】

一审：南京铁路运输法院（2017）苏8602行初2055号（2018年5月14日）

## 【基本案情】

南京市栖霞检察院诉称：2010年6月10日，兆翀公司以“八卦洲环洲路有一坑口需要填埋渣土，恢复平整地状”为由向南京市城市管理局渣土办申请设置渣土处置场。2010年6月18日，南京市城市管理局渣土办以201007号准予行政许可决定书批准兆翀公司在八卦洲下坝机站设置渣土处置场。随后，兆翀公司开始在属于长江防洪堤管理范围、法律禁止倾倒渣土的长江滩涂湿地上实施倾倒渣土作业，其中约有6万立方米渣土高出长江防洪子堤。2017年7月19日，南京市水务局向兆翀公司送达限期整改通知书，责令兆翀公司于2017年7月26日前清除渣土，截至起诉时，兆翀公司并未履行。南京市城市管理局于2017年10月9日注销了上述行政许可。栖霞检察院向南京市水务局发出检察建议，建议其对兆翀公司的违法行为依法履职，切实保障长江行洪安全和长江沿岸滩涂生态环境。2017年10月31日，南京市水务局作出宁水罚字〔2017〕13号水行政处罚决定书，责令兆翀公司停止水事违法行为，自行清除违法倾倒的渣土，恢复江滩地原状，并罚款人民币5万元整。

栖霞检察院认为，根据《江苏省湿地保护管理条例》第四十三条、《江苏省水行政处罚自由裁量权实施办法》第十二条的规定，行政机关在处罚时应当限定履行期限，但南京市水务局在行政处罚决定书中并未依法明确清除渣土、恢复江滩地原状的完成期限。截至起诉时，高出长江防洪子堤部分的约6万立方米渣土并未得到清运，国家和社会公共利益仍然处于受侵害状态。综上，请求法院依法判决：（1）确认南京市水务局长期未履行职责的行为违法；（2）部分撤销南京市水务局作出的宁水罚字〔2017〕13号水行政处罚决定书，并判决南京市水务局重新作出“责令限期恢复原状或者采取其他补救措施”的行政处罚决定；（3）判令南京市水务局依法及时履行河流湿地保护职责，积极采取措施恢复被破坏的生态环境资源。

被告南京市水务局辩称：我局已对兆翀公司的违法行为正式立案，多次调查，于2017年7月19日向兆翀公司送达《责令停止水事违法行为通知书》和《限期整改通知书》，2017年11月2日送达《水行政处罚决定书》，责令其停止水事违法行为，自行清除在河道管理范围内违法倾倒的渣土，恢复江滩地原状，并罚款人民币5万元。兆翀公司已于2018年1月11日缴纳5万元罚款。我局已牵头南京市城市管理局、栖霞区政府等多家行政主管单位召开专题会议，确定由栖霞区政府责成八卦洲街道办事处与兆翀公司清运弃土。我局协同八卦洲街道办事处制定《八卦洲街道大套口泵站外圩套闸西侧子堤加固实施方案》，清运高于长江防洪子堤6万立方米渣土用于八卦洲街道大套口泵站外圩套闸西侧子堤加固。南京市长江河道管理处安排专人十余人及时掌握清土情况，促进管理和执法工作到位，且已与南京市水利规划设计院股份有限公司和南京师范大学环境学院接洽研究生态恢复方案。我局作出宁水罚字〔2017〕13号水行政处罚决定书的主要证据充足，适用法律法规正确，履行了立案、调查、现场勘验等程序，并保障了兆翀公司的陈述、申辩、申请行政复议、提起行政诉讼的权利，符合法定程序，未超越、滥用职权，无明显不当，依法不应被判决部分撤销及被要求重新作出行政处罚决定。

案件审理过程中，栖霞检察院和南京市水务局多次召开会议，督促兆翀公司切实整改，推进渣土清运和生态修复工作。2018年3月9日，南京铁路运输法院组织栖霞检察院和南京市水务局召开庭前会议，双方协商明确了整改方案、履职要求和时间节点。2018年4月8日，南京铁路运输法院组织栖霞检察院和南京市水务局共赴八卦洲下坝机站外圩滩涂进行现场勘验，南京市人民检察院、南京市栖霞区水务局、南京市栖霞区城市管理局、南京市栖霞区农业局、南京市栖霞区人民政府八卦洲办事处等机关共同指派工作人员参加。截至裁定作出之日，兆翀公司已将高于长江防洪子堤部分的约6万立方米渣土基本清运完毕。南京市长江河道管理处先后于2017年7月19日、2018年1月22日、2018年4月4日和2018年4月18日对该区域进行了跟踪测量，第四次测量后的结论为“对洪水期行洪基本无影响”。

2018年5月11日，栖霞检察院向南京铁路运输法院提交终结行政公益诉讼案件申请，认为在本案立案后，南京市水务局积极行动，开展了以下整改工作：一是积极与辖区政府部门联系，由分管副区长多次召集相关部门召开整改落实协调推进会，明确责任单位与完成时间，水利部门全程参与落实相关工作。二是积极督促兆翀公司开展渣土清运工作，并将清运进展情况随时反馈该院。三是聘请湿地和水利专家进行现场查看，并制定切实可行的生态修复方案。四是按照庭前会议的要求，抓好渣土清运、湿地修复工作，按照时间节点要求完成相关整改工作。综上，该院提起行政公益诉讼的目的已基本实现，根据上级院的指示精神，特向人民法院申请终结案件审理。

## 【裁判结果】

南京铁路运输法院于2018年5月14日作出南京铁路运输法院（2017）苏8602行初2055号行政裁定：本案终结诉讼。

## 【裁判理由】

法院生效裁定认为：《最高人民法院、最高人民检察院关于检察公益诉讼案件适用法律若干问题的解释》第二条规定："人民法院、人民检察院办理公益诉讼案件主要任务是充分发挥司法审判、法律监督职能作用，维护宪法法律权威，维护社会公平正义，维护国家利益和社会公共利益，督促适格主体依法行使公益诉权，促进依法行政、严格执法。"本案中，现场勘验情况反映，在存在天气和道路等制约因素的情况下，整改工作有序推进。在南京市水务局和相关行政主管部门的督促下，兆翀公司已将高于长江防洪子堤部分的约6万立方米渣土基本清运完毕，消除了阻碍行洪和危害堤防活动的影响，土场相关区域栽植了乔木、灌木，撒播大量草籽，生态环境得到初步修复。此外，南京师范大学环境学院和南京市水利规划设计院股份有限公司共同设计了江滩生态修复方案，制定了重塑滩面地形恢复基本生态功能的工程目标，规划了建设地方特色生态公园的远期目标。通过本案诉讼，发挥了司法审判、法律监督职能，维护了社会公共利益，促进了依法行政，行政公益诉讼的目的已基本实现。行政公益诉讼起诉人栖霞检察院申请终结诉讼，应予准许。

## 【案例注解】

检察机关提起行政公益诉讼改革经历了顶层设计、法律授权、试点先行、立法保障、全面推进五个阶段。行政公益诉讼具有独特的诉讼结构，是一种全新的诉讼种类，在司法实践中还有很多值得进一步研究的问题。如在裁判方式方面，当行政机关积极履行法定职责，行政公益诉讼目的基本现实时，人民法院能否依检察机关的申请裁定终结诉讼？现行行政公益诉讼相关法律及司法解释并没有明确规定，也没有相应的司法裁判先例可循。最高人民法院副院长江必新2017年11月14日在全国法院推进检察公益诉讼审判工作视频会议上，指出"被诉行政机关在诉讼过程中依法积极履行职责，检察机关的诉讼请求全部实现的，可以裁定终结诉讼"。本案的审理，做到了最高人民法院要求的"三个准确把握"，实质性地化解了矛盾纠纷，而且还创新了终结案件审理的裁判方式，为类似案件审理提供了案例支撑。笔者从行政公益诉讼的制度设置、终结诉讼的适用条件以及诉讼实施权等角度进一步阐述法院依检察机关申请裁定终结诉讼的容许性和合理性。

## 一、从行政公益诉讼制度设置角度，检察机关可以向人民法院申请终结诉讼

2017年6月27日《行政诉讼法》修订，第二十五条增加一款作为第四款，检察机关提起行政公益诉讼制度被明确写入法律。立法机关并未制订行政公益诉讼法或者公益诉讼法，也没有在行政诉讼法中增加公益诉讼章节，而是在《行政诉讼法》第二十五条（起诉人条款）中增加了一款作为第四款的方式引入行政公益诉讼制度。因此，《行政诉讼法》不仅是人民法院审理行政公益诉讼案件的依据，也是检察机关提起行政公益诉讼的依据。当《行政诉讼法》规定不明确时，应当依据《行政诉讼法》第一百零一条和《最高人民法院、最高人民检察院关于检察公益诉讼案件适用法律若干问题的解释》（以下简称《公益诉讼解释》）第二十六条的规定，适用民事诉讼法的相关规定，而非刑事诉讼法。行政公益诉讼是指当行政主体行使职权的行为侵害或者有可能侵害国家利益或者社会公共利益时，由法律授予没有直接利害关系的特定主体向人民法院提起非自利性的行政诉讼。《最高人民法院关于适用〈中华人民共和国行政诉讼法〉的解释》第一百零一条规定："裁定适用于下列范围：……（四）终结诉讼；……"因此，检察机关在行政公益诉讼中，有权依据《行政诉讼法》和《民事诉讼法》的规定，向人民法院提出终结诉讼的申请。

本案检察机关提起行政公益诉讼的目的是避免长江水域遭到破坏，保障长江生态环境。虽然被告南京市水务局在检察机关提起行政公益诉讼前没有积极、彻底地履行职责，但是立案后法院组织召开庭前会议，栖霞检察院和南京市水务局协商明确了整改方案、履职要求和时间节点。南京市水务局积极开展了整改工作，在相关行政主管部门的督促下，兆翀公司已将高于长江防洪子堤部分的约6万立方米渣土基本清运完毕，消除了阻碍行洪和危害堤防活动的影

响，土场相关区域栽植了乔木、灌木，撒播大量草籽，生态环境得到初步修复。此外，南京师范大学环境学院和南京市水利规划设计院股份有限公司共同设计了江滩生态修复方案，制定了重塑滩面地形恢复基本生态功能的工程目标，规划了建设地方特色生态公园的远期目标。检察机关认为本案诉讼目的基本实现，有权向人民法院提出终结诉讼的申请。

## 二、从终结诉讼的适用条件角度，人民法院可以依申请裁定终结诉讼

终结诉讼是指在诉讼过程中，因出现特殊情形，使得诉讼无法进行或者没有必要继续进行，基于“不告不理”的原则，受诉法院不再对案件进行审判并以裁定诉讼终结的方式结束诉讼程序。从《民事诉讼法》第一百五十一条的规定看，民事诉讼中终结诉讼的情形，应当满足两个条件：一是诉讼一造当事人不再存在，二是没有继承诉讼权利义务资格的人或者有继承诉讼权利资格的人放弃继承的。诉讼一造消失，导致的必然结果是纠纷不再呈现于法院面前，自然使得诉讼无法进行或者没有必要继续进行。民事诉讼法不可能对行政诉讼甚至行政公益诉讼的终结条件直接作出明确规定，但是依据《行政诉讼法》第一百零一条和《公益诉讼解释》第二十六条的规定，当行政公益诉讼中出现满足上述两个条件的情形时，也应当裁定终结诉讼。《公益诉讼解释》第二十一条第二款规定：“行政机关应当在收到检察建议书之日起两个月内依法履行职责，并书面回复人民检察院。出现国家利益或者社会公共利益损害继续扩大等紧急情形的，行政机关应当在十五日内书面回复。”第三款规定：“行政机关不依法履行职责的，人民检察院依法向人民法院提起诉讼。”可以看到，当检察机关履行行政公益诉讼的前置程序，向行政机关发出检察建议书之后，可以选择起诉，也可以选择不起诉。因此，是否成为行政公益诉讼起诉人的决定权在检察机关，人民法院有权否认一般起诉人的原告主体资格，但无权否认检察机关的行政公益诉讼起诉人资格。《公益诉讼解释》第二十四条规定，人民检察院撤回起诉的，人民法院应当裁定准许。说明检察机关在个案中通过撤诉放弃其行政公益起诉人身份时，人民法院无权不予准许。所以，当检察机关向人民法院申请终结诉讼时，即代表其在个案中放弃行政公益起诉人身份，诉讼一造不再存在。而且，根据《行政诉讼法》和《公益诉讼解释》关于行政公益诉讼起诉人的规定，没有其他任何主体有资格继承诉讼权利义务。此时，终结诉讼的适用条件全部满足，人民法院可以依申请裁定终结诉讼。同时，从终结诉讼的法律效果角度，裁定终结诉讼与检察机关选择不起诉的法律

效果没有本质区别。本案检察机关申请终结诉讼放弃起诉人身份，则本案起诉主体已不存在，法院可以依法裁定终结诉讼。

### 三、从发起行政公益诉讼的诉讼实施权角度，以裁定终结诉讼方式结案更为适宜

行政公益诉讼是一种客观诉讼。根据《行政诉讼法》第二十五条第四款的规定，承担行政公益诉讼起诉人角色的是检察机关，但是检察机关不是公共利益的权利人。检察机关能够实施诉讼的权能基础，与一般起诉人有明显区别。《行政诉讼法》第二十五条共有四款，前三款所规定的起诉人都是权利人，或者利害关系人。前三款规定的起诉人都是因为自己的权益受到侵犯，从而依法获得诉权，通过请求人民法院解决行政争议的渠道，以挑战行政行为合法性的方式保护自身权益。而检察机关自己的权益并未直接受到行政行为的侵害，如果没有第四款的规定，其没有诉权，即便提起行政诉讼也属于主体不适格。但是，第二十五条第四款以法律授权方式直接赋予检察机关行使维护公共利益的权能。由此得出的结论是，检察机关提起行政公益诉讼的请求权，不是基于自然诉权，而是基于法律直接规定。检察机关没有（第二十五条前三款意义上的）诉权，自然也就没有权利处分诉权，其本质是检察机关没有权利处分公共利益。故在应然层面检察机关无权撤回起诉。但是，如前所述，检察机关却可以基于诉讼信托的受托者身份，在个案中选择放弃作为起诉人的身份，这实际上就相当于检察机关经过诉前程序后不起诉。当检察机关放弃起诉人身份，人民法院就无法与公共利益的权利人或者其他代表人取得联系，询问其对起诉的处理意见，此时构成起诉的意思表示瑕疵。根据前文分析，应当裁定终结诉讼。从这个角度分析，在行政公益诉讼中，当被诉行政机关在诉讼过程中依法积极履行职责，检察机关的诉讼请求全部实现时，裁定终结诉讼是比裁定准许撤诉更适宜的结案方式。《公益诉讼解释》规定了检察机关可以撤诉，而且人民法院应当准许。笔者认为，这是因为现阶段行政公益诉讼只有法律的一款作为依据，行政公益诉讼法体系尚不完善。将来修订《行政诉讼法》，或者单独颁布公益诉讼法时，可作出相应调整。

（**一审法院合议庭成员** 李 彬 潘 伟 夏文浩 吴建坦 窦 开
**编写人** 南京铁路运输法院 李 彬 夏文浩 李广娟
**责任编辑** 韩德强
**审稿人** 王振宇）

# 青岛丰泰海洋生物科技有限公司诉即墨市国土资源局、即墨市人民政府土地行政收回决定及行政复议案

## ——国土部门作出收回土地决定应调查核实土地闲置原因

关键词：行政　土地闲置　收回　处置方式

### 【裁判要旨】

在符合法定条件的情况下，国土部门可依法收回闲置的国有建设用地，但在作出收回决定前应尽调查核实义务。是否因当事人自身原因造成土地闲置所产生的法律后果不同，应根据《土地管理法》《城市房地产管理法》《闲置土地处置办法》等有关规定，履行调查核实义务并区分对待。如闲置土地的原因并非当事人自身原因，而是在于政府或有关部门，国土部门应当与国有建设用地使用权人协商，选择延长动工开发期限，调整土地用途、规划条件，由政府安排临时使用，置换土地等其他处置方式，不能仅依据表面违法现象迳行作出收回土地的处理决定，否则就会因处置不当而损害政府诚信，依法应被撤销。

### 【相关法条】

**《中华人民共和国土地管理法》（2004 年修正）第三十七条**　禁止任何单位和个人闲置、荒芜耕地。已经办理审批手续的非农业建设占用耕地，一年内不用而又可以耕种并收获的，应当由原耕种该幅耕地的集体或者个人恢复耕种，也可以由用地单位组织耕种；一年以上未动工建设的，应当按照省、自治区、直辖市的规定缴纳闲置费；连续二年未使用的，经原批准机关批准，由县

级以上人民政府无偿收回用地单位的土地使用权；该幅土地原为农民集体所有的，应当交由原农村集体经济组织恢复耕种。

在城市规划区范围内，以出让方式取得土地使用权进行房地产开发的闲置土地，依照《中华人民共和国城市房地产管理法》的有关规定办理。

承包经营耕地的单位或者个人连续二年弃耕抛荒的，原发包单位应当终止承包合同，收回发包的耕地。

**《中华人民共和国城市房地产管理法》第二十六条** 以出让方式取得土地使用权进行房地产开发的，必须按照土地使用权出让合同约定的土地用途、动工开发期限开发土地。超过出让合同约定的动工开发日期满一年未动工开发的，可以征收相当于土地使用权出让金百分之二十以下的土地闲置费；满二年未动工开发的，可以无偿收回土地使用权；但是，因不可抗力或者政府、政府有关部门的行为或者动工开发必需的前期工作造成动工开发迟延的除外。

**《闲置土地处置办法》第八条** 有下列情形之一，属于政府、政府有关部门的行为造成动工开发延迟的，国有建设用地使用权人应当向市、县国土资源主管部门提供土地闲置原因说明材料，经审核属实的，依照本办法第十二条和第十三条规定处置：

（一）因未按照国有建设用地使用权有偿使用合同或者划拨决定书约定、规定的期限、条件将土地交付给国有建设用地使用权人，致使项目不具备动工开发条件的；

（二）因土地利用总体规划、城乡规划依法修改，造成国有建设用地使用权人不能按照国有建设用地使用权有偿使用合同或者划拨决定书约定、规定的用途、规划和建设条件开发的；

（三）因国家出台相关政策，需要对约定、规定的规划和建设条件进行修改的；

（四）因处置土地上相关群众信访事项等无法动工开发的；

（五）因军事管制、文物保护等无法动工开发的；

（六）政府、政府有关部门的其他行为。

因自然灾害等不可抗力导致土地闲置的，依照前款规定办理。

**第十二条** 因本办法第八条规定情形造成土地闲置的，市、县国土资源主管部门应当与国有建设用地使用权人协商，选择下列方式处置：

（一）延长动工开发期限。签订补充协议，重新约定动工开发、竣工期限和违约责任。从补充协议约定的动工开发日期起，延长动工开发期限最长不得超过一年；

（二）调整土地用途、规划条件。按照新用途或者新规划条件重新办理相关用地手续，并按照新用途或者新规划条件核算、收缴或者退还土地价款。改变用途后的土地利用必须符合土地利用总体规划和城乡规划；

（三）由政府安排临时使用。待原项目具备开发建设条件，国有建设用地使用权人重新开发建设。从安排临时使用之日起，临时使用期限最长不得超过两年；

（四）协议有偿收回国有建设用地使用权；

（五）置换土地。对已缴清土地价款、落实项目资金，且因规划依法修改造成闲置的，可以为国有建设用地使用权人置换其他价值相当、用途相同的国有建设用地进行开发建设。涉及出让土地的，应当重新签订土地出让合同，并在合同中注明为置换土地；

（六）市、县国土资源主管部门还可以根据实际情况规定其他处置方式。除前款第四项规定外，动工开发时间按照新约定、规定的时间重新起算。

符合本办法第二条第二款规定情形的闲置土地，依照本条规定的方式处置。

**第十三条**　市、县国土资源主管部门与国有建设用地使用权人协商一致后，应当拟订闲置土地处置方案，报本级人民政府批准后实施。

闲置土地设有抵押权的，市、县国土资源主管部门在拟订闲置土地处置方案时，应当书面通知相关抵押权人。

**第十四条**　除本办法第八条规定情形外，闲置土地按照下列方式处理：

（一）未动工开发满一年的，由市、县国土资源主管部门报经本级人民政府批准后，向国有建设用地使用权人下达《征缴土地闲置费决定书》，按照土地出让或者划拨价款的百分之二十征缴土地闲置费。土地闲置费不得列入生产成本；

（二）未动工开发满两年的，由市、县国土资源主管部门按照《中华人民共和国土地管理法》第三十七条和《中华人民共和国城市房地产管理法》第二十六条的规定，报经有批准权的人民政府批准后，向国有建设用地使用权人下达《收回国有建设用地使用权决定书》，无偿收回国有建设用地使用权。闲置土地设有抵押权的，同时抄送相关土地抵押权人。

## 【案件索引】

一审：山东省即墨市人民法院（2016）鲁0282行初82号（2016年9月

30日）

二审：山东省青岛市中级人民法院（2017）鲁02行终59号（2017年2月24日）

## 【基本案情】

原告（上诉人）青岛丰泰海洋生物科技有限公司诉称：原告作为被告即墨市人民政府（以下简称即墨市政府）招商引资项目进驻其设立的高新技术产业开发区园区，原告与被告即墨市国土资源局（以下简称即墨市国土局）基于被告即墨市政府文件（即政地字〔2012〕50号）于2012年5月24日签订了《国有建设用地使用权出让合同》。原告拟在该土地上进行海洋生物科技新产品的生产和研发工作。合同签订后，因被告未能兑现外配套热源的承诺，并对原告为解决热源而自建锅炉房的规划也不批准，致使原告的项目无法按照原规划继续实施。在不得已的情况下，原告只得对生产工艺进行重新研发寻求替代工艺，致使项目建设不得不延迟，无法如约进行项目建设，给原告带来巨大的经济损失，原告也多次反映该问题，但一直没有得到关注和妥善解决。2015年12月28日，被告即墨市国土局在未经法定程序亦未听取原告意见的情况下，作出所谓即土收决字〔2015〕1号《收回国有建设用地使用权决定书》，原告不服，向被告即墨市政府申请行政复议，被告即墨市政府维持了被告即墨市国土局作出的错误决定。被告即墨市国土局无权作出收回国有建设用地使用权决定。收回用地单位土地使用权的主体只能是县级以上人民政府，而不是国土资源局。二被告作出的本案行政行为没有事实根据。被告即墨市国土局作出的收回土地使用权决定适用法律错误。造成原告建设延迟的原因是政府及有关部门的行为造成的动工延迟，对于该情形，应当适用《闲置土地处置办法》第十二条、第十三条的规定，与原告协商，选择适当方式进行处置，而不是单方收回土地使用权。被告的程序违法。被告在进行处理的过程中，完全依据单方意思，没有听取原告的意见，行政复议的过程中也没有进行相关听证，没有就原告提出的问题进行相关调查核实就迳行作出处理，不符合法律程序。请求：（1）撤销即墨市国土局2015年12月28日作出的即土收决字〔2015〕1号《收回国有建设用地使用权决定书》；（2）撤销即墨市政府作出的即复决字〔2016〕第21号《行政复议决定书》；（3）诉讼费由被告承担。

被告（被上诉人）即墨市国土局辩称：青岛丰泰海洋生物科技有限公司签订《国有建设用地使用权出让合同》约定开工时间为2012年8月23日之

前，竣工时间为2013年8月22日之前，在合同约定开工期限内，申请人未动工建设。2015年6月15日我机关下达即土闲调字〔2015〕23号《闲置土地调查通知书》，依法对涉案土地进行调查，后认定青岛丰泰海洋生物科技有限公司用地闲置为企业自身原因。在规定时间内青岛丰泰海洋生物科技有限公司未提出听证申请。2015年12月3日即墨市政府即政地字〔2015〕247号批复同意即土闲处字〔2015〕第22号《闲置土地处置方案》，无偿收回国有建设用地使用权。我机关依据《城镇国有土地使用权出让和转让暂行条例》第十七条、《闲置土地处置办法》等相关规定，于2015年12月28日下达《收回国有建设用地使用权决定书》。

被告（被上诉人）即墨市人民政府辩称：即复决字〔2016〕第21号《行政复议决定书》程序合法、认定事实清楚，适用法律法规准确，内容适当。该案涉及国有土地处于土地闲置状态，原告在行政复议申请书中已经予以自认，对该事实予以认可。因此，本案争议的焦点为该土地闲置，是否系因原告自身原因造成。原告称造成土地闲置系因不可抗力，非原告自身原因。按照《合同法》第一百一十七条之规定，不可抗力是指不能预见、不能避免并且不能克服的客观情况。但无论是原告主张的调整规划方案，还是新技术研发，亦或是设备工艺的制约，均不属于法律意义上的不可抗力范畴，属于原告自身原因。据此，请求法院依法驳回原告的诉讼请求，判决本案的诉讼费用由原告承担。

法院经审理查明：2012年5月24日，原告青岛丰泰海洋生物科技有限公司与被告即墨市国土局签订即墨01－2012－030《国有建设用地使用权出让合同》。双方约定，出让宗地编号为J44－241－186，面积5万平方米，位于即墨市高新技术产业区高新三路以南、高新四路以北，使用权出让期限为50年，自交付土地之日起算（2012年6月6日前交付）。合同第十六条约定，原告同意本合同项下宗地建设项目在2012年8月23日之前开工，在2013年8月22日之前竣工。原告不能按期开工，应提前30日向被告即墨市国土局提出延建申请，经同意延建的，其项目竣工时间相应顺延，但延建期限不得超过一年。第三十二条约定，原告造成土地闲置，闲置满一年不满两年的，应依法缴纳土地闲置费，土地闲置满两年且未开工建设的，被告即墨市国土局有权无偿收回国有建设用地使用权。合同签订后，被告即墨市国土局依约交付了土地，但原告没有按照约定时间开工建设。2015年6月15日，被告即墨市国土局向原告发出即土闲调字〔2015〕23号《闲置土地调查通知书》，要求原告接受调查，提交证据材料。2015年11月21日，被告即墨市国土局作出并送达即国土闲认字〔2015〕46号《闲置土地认定书》，认定涉案土地为闲置土地，闲置原因为企业自身原因。同时作出即国土闲听告字〔2015〕3号《闲置土地处置听证权利告知书》，告知原告有申请听证的权利。2015年12月3日，经即墨市政府即政地字〔2015〕247号《关于市国土资源局收回国有建设用地使用权的批复》，即墨市政府同意被告即墨市国土局收回原告对涉案国有建设用地的使用权。2015年12月28日，被告即墨市国土局作出即土收决字〔2015〕1号《收回国有建设用地使用权决定书》，决定收回涉案国有建设用地的使用权。原告不服，向被告即墨市政府申请行政复议。即墨市政府经复议，作出即复决字〔2016〕第21号《行政复议决定书》，维持了即土收决字〔2015〕1号《收回国有建设用地使用权决定书》。

## 【裁判结果】

山东省即墨市人民法院于2016年9月30日作出（2016）鲁0282行初82号行政判决：驳回原告青岛丰泰海洋生物科技有限公司的诉讼请求。

宣判后，青岛丰泰海洋生物科技有限公司不服原审判决，提起上诉。山东省青岛市中级人民法院于2017年2月24日作出（2017）鲁02行终59号行政判决：一、撤销即墨市人民法院作出的（2016）鲁0282行初82号行政判决；二、撤销即墨市国土资源局作出的即土收决字〔2015〕1号收回国有建设用地使用权决定；三、撤销即墨市人民政府作出的即复决字〔2016〕第21号行政复议决定。一、二审案件受理费共计100元由两被上诉人共同承担。

## 【裁判理由】

法院生效裁判认为：

1. 关于即墨市国土局作出《收回国有建设用地使用权决定书》的认定事实是否清楚的问题。《闲置土地处置办法》第五条规定："市、县国土资源主管部门发现有涉嫌构成本办法第二条规定的闲置土地的，应当在三十日内开展调查核实，向国有建设用地使用权人发出《闲置土地调查通知书》。……"第九条规定："经调查核实，符合本办法第二条规定条件，构成闲置土地的，市、县国土资源主管部门应当向国有建设用地使用权人下达《闲置土地认定书》。"以上规定国土资源主管部门向国有建设用地使用权人发送相关文书前，必须要"调查核实"。本案中，即墨市国土局无任何证据能够证明其在向青岛丰泰海洋生物科技有限公司送达《闲置土地调查通知书》和《闲置土地认定书》前履行了“调查核实”的义务。《闲置土地处置办法》第十六条规定：“《征缴土地闲置费决定书》和《收回国有建设用地使用权决定书》应当包括下列内容：……（二）违反法律、法规或者规章的事实和证据；……”本案中，被诉《收回国有建设用地使用权决定书》没有事实认定，即墨市国土局虽在前置的《闲置土地认定书》中认为是企业自身原因造成土地闲置，但其又无充分有效的证据支持这一事实。青岛丰泰海洋生物科技有限公司的一号证据《项目投资协议书》及九号证据即墨市环境保护局作出某环审［2014］103号文等证据，能够证明高新区管委会承诺的保证项目用地区域内工业用蒸汽配套完善未能实现，证明即墨市国土局认定是青岛丰泰海洋生物科技有限公司“自身原因”造成土地闲置的事实不成立。因此，即墨市国土局作出《收回国有建设用地使用权决定书》的认定事实不清。

2. 关于即墨市国土局作出《收回国有建设用地使用权决定书》适用法律是否正确的问题。即墨市国土局收回决定是“根据《土地管理法》《闲置土地处置办法》等规定”作出的，没有写明所适用法律规定的具体条款。在诉讼过程中，即墨市国土局明确其作出收回决定的法律依据是《土地管理法》第三十七条、《城镇国有土地使用权出让和转让暂行条例》第十七条和《闲置土地处置办法》第十四条。《土地管理法》第三十七条规定在第四章“耕地保护”中，该条第一款是针对耕地作出的规定。《土地管理法》第三十七条第二款是针对以出让方式取得土地使用权进行房地产开发的闲置土地的规定。即墨市国土局笼统地主张其适用土地管理法第三十七条规定，适用法律不明确。《闲置土地处置办法》第十四条规定：“除本办法第八条规定情形外，闲置土地按照下列方式处理：（一）……（二）未动工开发满两年的，由市、县国土资源主管部门按照《中华人民共和国土地管理法》第三十七条和《中华人民共和国城市房地产管理法》第二十六条的规定，报经有批准权的人民政府批准后，向国有建设用地使用权人下达《收回国有建设用地使用权决定书》，无偿收回国有建设用地使用权。闲置土地设有抵押权的，同时抄送相关土地抵押权人。”该条规定有两种不同的处理方式，被上诉人即墨市国土局虽主张适用该条规定，但未指明适用哪一项规定，适用法律不明确。

3. 涉案土地使用权出让金高达1000多万元人民币，青岛丰泰海洋生物科技有限公司主张其已全部支出该款且即墨市国土局、即墨市人民政府未予否认。《闲置土地处置办法》第八条规定：“有下列情形之一，属于政府、政府有关部门的行为造成动工开发延迟的，国有建设用地使用权人应当向市、县国土资源主管部门提供土地闲置原因说明材料，经审核属实的，依照本办法第十二条和第十三条规定处置：……”结合该办法第十四条的规定来看，因政府或政府部门造成土地闲置，还是因权利人的原因造成土地闲置的处置方式不一样，法律后果差别巨大。青岛丰泰海洋生物科技有限公司已交纳土地出让金，现由于公共配套的原因致使项目延期，不能把土地闲置的责任全归结为青岛丰泰海洋生物科技有限公司。即墨市国土局未能全面考虑事情起因，简单以行政处罚方式一罚了之，行政权力使用明显不当，对上诉人的合法权益造成了损害，又违背了政府招商引资的初衷，对当地的经济发展存在潜在不利影响。

4. 即墨市国土局作出《收回国有建设用地使用权决定书》认定事实不清，适用法律错误，依法应予撤销。即墨市政府作出的行政复议决定不当，依法应予纠正。

## 【案例注解】

当前，在我国土地资源稀缺、供需矛盾突出的严峻形势下，中央加大了对土地的宏观调控，土地使用实行了严而又严的审批制度，土地也成了一些地方制约经济发展的重要瓶颈。然而，在有些地方，部分土地征而未用，土地荒芜、土地闲置的现象却大量存在，造成资源浪费，阻碍了经济社会的可持续发展。因此，加快促进土地有效使用，对于经济社会发展有重要影响，但同时，促进土地的有效使用运转，还需依法进行。

### 一、何为闲置土地

闲置土地是指土地使用者依法取得土地使用权后，未经原批准用地的行政机关同意，超过规定期限未动工开发建设的建设用地。在《闲置土地处置办法》中，闲置土地具体被定义为国有建设用地使用权人超过国有建设用地使用权有偿使用合同或者划拨决定书约定、规定的动工开发日期满一年未动工开发的国有建设用地，这类土地简称为闲置土地。

### 二、为何要对闲置土地进行限制和依法处置

一些地方土地供需矛盾突出，粗放浪费现象严重，批而未供和土地闲置问题大量存在，影响了用地效率提高和用地方式转变。推进节约集约用地是转方式、调结构、创新宏观调控的重要内容。为有效处置和充分利用闲置土地，规范土地市场行为，促进节约集约用地，因此要对闲置土地进行限制，并依法进

行处置。

## 三、依法处置闲置土地应正确区分闲置土地的原因

当事人闲置土地是现象，但不同闲置土地的原因所导致的法律后果却不同。而且，行政机关作出处理决定的前提应当是违法事实清楚，证据充分。国土部门认为该公司涉嫌企业自身原因造成闲置土地，故而收回其国有建设用地使用权，就应当提供证据证明其履行了调查核实义务，并已查明闲置土地的原因。《闲置土地处置办法》第八条规定："有下列情形之一，属于政府、政府有关部门的行为造成动工开发延迟的，国有建设用地使用权人应当向市、县国土资源主管部门提供土地闲置原因说明材料，经审核属实的，依照本办法第十二条和第十三条规定处置：……"第十二条规定："因本办法第八条规定情形造成土地闲置的，市、县国土资源主管部门应当与国有建设用地使用权人协商，选择下列方式处置：（一）延长动工开发期限。签订补充协议，重新约定动工开发、竣工期限和违约责任。从补充协议约定的动工开发日期起，延长动工开发期限最长不得超过一年；（二）调整土地用途、规划条件。按照新用途或者新规划条件重新办理相关用地手续，并按照新用途或者新规划条件核算、收缴或者退还土地价款。改变用途后的土地利用必须符合土地利用总体规划和城乡规划；（三）由政府安排临时使用。待原项目具备开发建设条件，国有建设用地使用权人重新开发建设。从安排临时使用之日起，临时使用期限最长不得超过两年；（四）协议有偿收回国有建设用地使用权；（五）置换土地。对已缴清土地价款、落实项目资金，且因规划依法修改造成闲置的，可以为国有建设用地使用权人置换其他价值相当、用途相同的国有建设用地进行开发建设。涉及出让土地的，应当重新签订土地出让合同，并在合同中注明为置换土地；（六）市、县国土资源主管部门还可以根据实际情况规定其他处置方式。除前款第四项规定外，动工开发时间按照新约定、规定的时间重新起算。符合本办法第二条第二款规定情形的闲置土地，依照本条规定的方式处置。"第十三条规定："市、县国土资源主管部门与国有建设用地使用权人协商一致后，应当拟订闲置土地处置方案，报本级人民政府批准后实施。闲置土地设有抵押权的，市、县国土资源主管部门在拟订闲置土地处置方案时，应当书面通知相关抵押权人。"同时，《闲置土地处置办法》第十四条规定："除本办法第八条规定情形外，闲置土地按照下列方式处理：（一）……（二）未动工开发满两年的，由市、县国土资源主管部门按照《中华人民共和国土地管理法》第三十七条和《中华人民共和国城市房地产管理法》第二十六条的规定，报经有

批准权的人民政府批准后，向国有建设用地使用权人下达《收回国有建设用地使用权决定书》，无偿收回国有建设用地使用权。闲置土地设有抵押权的，同时抄送相关土地抵押权人。”

由此可见，因政府或政府部门造成土地闲置，还是因权利人的原因造成土地闲置，处置方式并不相同，法律后果差别巨大。以本案为例，从青岛丰泰海洋生物科技有限公司提供的项目投资协议书、环评文件等可以证实，涉案土地使用权出让金高达1000多万元，上诉人交纳该款项后，高新区管委会承诺的保证项目用地区域内工业用蒸汽配套完善未能实现。由于企业利用土地的前置条件，也即政府承诺的配套设施不全，致使项目延期，该种闲置土地的责任不应认定为企业自身原因。国土部门未能全面考虑事情起因，简单以行政处罚方式一罚了之，行政权力使用明显不当，对上诉人的合法权益造成了损害，这种做法同时也违背了政府招商引资的初衷，对当地的经济发展造成长期潜在的不利影响。

本案的指导意义在于明确了行政机关行使权力应当适当，对于一些表面看来当事人可能存在违法之处的情形，不能简单机械一罚了之，而是应严格依照法律法规的规定，正确区分现状背后的原因，否则其作出的处理意见就可能影响政府诚信，进而影响当地经济的长远发展。

（**一审法院合议庭成员**　李新峰　黄桂花　邹先叶
**二审法院合议庭成员**　蒋金龙　赵文静　林　桦
**编写人**　山东省青岛市中级人民法院　蒋金龙　刘力铭
**责任编辑**　韩德强
**审稿人**　王振宇）

# 海事海商

## 葡萄牙忠诚保险有限公司诉史带财产保险股份有限公司海上保险合同纠纷案

——《海商法》第二百二十五条“重复保险分摊”概括性规定的理解与适用

关键词：海事海商　重复保险　第一赔付保险人　分摊保险人

### 【裁判要旨】

1. 重复保险分摊请求权的构成要件包括：一是第一赔付保险人向被保险人作出的赔付是合理和谨慎的；二是分摊保险人对被保险人负有赔偿责任；三是第一赔付保险人支付的赔偿金额超过其在重复保险法律关系下应当承担的赔偿责任。

2. 重复保险分摊不以向责任人主张代位求偿为前提，分摊保险人不得以第一赔付保险人未行使代位求偿权为由拒绝分摊请求。

### 【相关法条】

**《中华人民共和国海商法》第二百二十五条**　被保险人对同一保险标的就同一保险事故向几个保险人重复订立合同，而使该保险标的的保险金额总和超过保险标的的价值的，除合同另有约定外，被保险人可以向任何保险人提出赔偿请求。被保险人获得的赔偿金额总和不得超过保险标的的受损价值。各保险人按照其承保的保险金额同保险金额总和的比例承担赔偿责任。任何一个保险人支付的赔偿金额超过其应当承担的赔偿责任的，有权向未按照其应当承担赔偿责任支付赔偿金额的保险人追偿。

## 【案件索引】

一审：上海海事法院（2015）沪海法商初字第3049号（2017年6月29日）

## 【基本案情】

原告葡萄牙忠诚保险有限公司（以下简称原告）诉称：2013年2月12日，被告签发了AAAB0000SHB2013B000032号保单，承保中国新港运至安哥拉罗安达港的一批螺旋焊管，货物数量为39件，保险金额为97451.64美元，承运船舶为“南远宝石（NASCO GEM）”轮1302航次，被保险人为阿萨伊实业公司（ACAIL INDUSTRIA E COMERCIO DE FERRO E ACOS S. A.，以下简称阿萨伊公司）。就同一保险标的，被保险人阿萨伊公司向原告再次投保，保险金额亦为97451.64美元，原告签发保险凭证予以承保。涉案货物在承保航次下出险，原告已向被保险人阿萨伊公司赔付42973.22欧元，并承担检验费2536.47欧元。原告认为，依据《海商法》和《保险法》的相关规定，涉案货物系重复投保，被告应与原告按比例分摊保险赔偿金和检验费，因此诉请判令被告：（1）赔偿保险金21486.61欧元及其利息（按照2013年11月19日的汇率折合人民币177947.81元计算利息，利息按照中国人民银行企业同期存款利率自2013年11月19日起计算至判决生效之日止）；（2）支付检验费1268.24欧元及其利息（按照2013年7月24日的汇率折合人民币10343.50元计算利息，利息按照中国人民银行企业同期存款利率自2013年7月24日起计算至判决生效之日止）；（3）承担本案案件受理费。

被告史带财产保险股份有限公司（以下简称被告）辩称：应当驳回原告的全部诉讼请求。理由如下：（1）投保人及被保险人故意隐瞒重复保险的行为，未如实履行法律所规定的“通知”义务，属于“恶意的重复保险”，违反了《保险法》及《海商法》所规定的如实告知义务及诚实信用原则，造成极大的“道德风险”，因此被告拒绝支付保险金以及原告的分摊要求；（2）投保人及被保险人未按照法律规定及被告的要求，向被告提供保险事故有关的证明和资料，依据《保险法》《海商法》等相关法律规定，被告有权拒赔并拒绝原告的分摊要求；（3）原告并没有证据来支撑其诉讼请求，且其诉讼请求不符合法律规定和法理。①原告的主要证据是证明原告依据其与被保险人之间的保险合同及葡萄牙当地法律作出了赔付，但未证明该赔付行为的合法性、有效性、公正性和正当性，且无法证明被告有义务进行分摊，不能要求被告无条件按照原告的合同和审核程序以及葡萄牙法律支付保险金；②根据《保险法》和《海商法》的相关规定，重复保险承担的是比例责任而非连带责任，因此原告在赔付时应按比例赔偿，而非支付全部金额；③重复保险人数量不明，原告未证明其所主张的分摊比例与金额；④原告应当证明其是否已经行使了代位求偿权，如原告已经从责任人处获得赔偿，则不能要求被告分摊；如原告未行使代位求偿权，则是由于其故意或过失而未行使，并导致所有重复保险人都丧失了代位求偿权，故无权要求被告分摊。此外，如果原告在获得分摊以后再行使代位求偿权，会在本次保险事故中获利；⑤原告有关分摊检验（公估）费、支付保险金利息的诉讼请求，没有法律依据。

法院经审理查明：原告与被保险人阿萨伊公司之间存在预约保险合同关系。2013 年 4 月，原告承保阿萨伊公司从中国新港港运至安哥拉罗安达港的 70200 千克焊管，承保条件包括“货物保险——A 条款（C. E. 01）”，保险金额为 97451. 64 美元。同年 2 月被告承保同一批货物的运输风险，被保险人、保险标的和保险金额与原告签发的保险凭证记载一致。承保险别为中国人保海洋货物运输一切险及战争险条款（1/1/1981）。此外，原、被告各自的保险合同中均无“禁止他保条款”“无分摊条款”或“按比例条款”，也未对违反重复保险通知义务的后果进行约定。

涉案货物于 2013 年 4 月 12 日开始在罗安达港卸载，阿萨伊公司发现货物受损，并于当日向船东提出索赔。被保险人及时向原、被告告知了货物出险情况。受原告委托的公估公司检验后认为货损原因为积载不当，定损金额为 53876. 40 美元，约合 42973. 22 欧元。原告分别于 2013 年 7 月和 11 月对外支付了 2536. 47 欧元的检验费用和 42973. 22 欧元的保险赔偿金。2014 年 2 月 27 日开始，被告代理人开始向被保险人催要租船合同以及被保险人出具的允许被告代理人处理向承运人追偿事宜的授权书。2014 年 6 月，被告代理人通知被保险人：“如没有授权书，索赔已被拒绝。”2014 年 4 月 3 日，原告委托律师通知被告涉案货物存在重复保险情况，要求被告分摊 50% 的保险赔偿金即 21486. 61 欧元。原告诉请法院判令被告分摊保险赔偿金 21486. 61 欧元和检验费用 1268. 24 欧元并支付相应利息。被告提出投保人及被保险人未向被告提供保险事故有关的证明和资料已导致被告拒赔、原告未证明其是否已经行使了代位求偿权、原告有关分摊检验（公估）费和支付保险金利息的诉讼请求没有法律依据等抗辩意见，要求驳回原告的诉讼请求。

【裁判结果】

上海海事法院于2017年6月29日作出（2015）沪海法商初字第3049号民事判决：一、被告史带财产保险股份有限公民公司于本判决生效之日起10日内向原告葡萄牙忠诚保险有限公司支付保险赔偿金21486.61欧元及其利息；二、驳回原告葡萄牙忠诚保险有限公司的其他诉讼请求。

宣判后，原、被告均服判息诉，被告自觉履行了判决确定的支付义务。本案判决现已生效。

【裁判理由】

法院生效裁判认为：原、被告之间存在法定的重复保险法律关系。原告向被保险人已经作出的赔付是合理和谨慎的、被告在其保险合同项下对被保险人也负有赔偿责任且原告向被保险人作出的赔付解除了被告的赔偿责任。因此，原告的分摊请求权成立。分摊保险人可以行使针对被保险人的合同抗辩，但与被保险人向其他保险人自由求偿的权利冲突的抗辩除外。重复保险分摊请求权的行使不以行使过代位求偿权为前提。因此，对被告的相关抗辩不予采纳。关于原告提出的分摊检验（公估）费用的诉讼请求，法院认为缺乏法律依据，不予支持。

【案例注解】

## 一、我国有关重复保险的法律规定

目前，中国有关重复保险的直接法律规定仅有两条——《海商法》第二百二十五条[①]和《保险法》第五十六条。[②] 两条法律规定存在以下不同点：

1.《海商法》没有规定重复保险通知义务，而《保险法》第五十六条第一款规定："重复保险的投保人应当将重复保险的有关情况通知各保险人。"笔者认为，重复保险不应属于《保险法》第十六条规定的影响保险人决定是否同意承保或者提高保险费率的重要情况，因为它并不会造成保险标的的风险增加，反而使重复保险法律关系中的各保险人在全额收取保险费对价的情况下仅需分摊损失风险，降低了经营成本，因此并不能使保险人产生相应的合同解除权。

2.《海商法》没有规定"同一保险利益"。通常认为，重复保险在投保人与两个或两个以上的保险人订立了多份保险合同的情况下发生，并且还需符合下列构成要件：（1）同一保险标的（Same subject matter）。（2）同一被保险人（Same assured）。但并不要求投保人相同。（3）同一保险利益（Same interest）。同一保险标的上可能存在不同的保险利益，代表着不同的损害，对不同损害进行补偿并不违反损失补偿原则。只有在保险标的的可保利益为相同或共同的情况下，才能在保单之间进行合法分摊。[③]（4）同一承保风险（Same risk）。保险利益相同但承保风险不同的，也不构成重复保险。（5）重合的保险期间（Same period of cover）。即保险事故发生时，两份及以上保险合同均在有效期间。因此，"同一保险利益"应当是重复保险的题中应有之义，《海商法》的规定似有疏漏，建议在修订时加以完善。

3.《海商法》中的分摊方法与《保险法》略有区别。从法律效果上看，如果被保险人向其中一个保险人进行全额索赔时，在该保险人知道有其他保险人存在的情况下，依照《保险法》规定似乎有权仅按比例进行赔付，而依照《海商法》规定，其应当先行予以全额赔付。

---

① 《海商法》第二百二十五条规定：被保险人对同一保险标的就同一保险事故向几个保险人重复订立合同，而使该保险标的的保险金额总和超过保险标的的价值的，除合同有约定外，被保险人可以向任何保险人提出赔偿请求。被保险人获得的赔偿金额总和不得超过保险标的的受损价值。各保险人按照其承保的保险金额同保险金额总和的比例承担赔偿责任。任何一个保险人支付的赔偿金额超过其应当承担的赔偿责任的，有权向未按照其应当承担的赔偿责任支付赔偿金额的保险人追偿。

② 《保险法》第五十六条规定：重复保险的投保人应当将重复保险的有关情况通知各保险人。重复保险的各保险人赔偿保险金的总和不得超过保险价值。除合同另有约定外，各保险人按照其保险金额与保险金额总和的比例承担赔偿保险金的责任。重复保险的投保人可以就保险金额总和超过保险价值的部分，请求各保险人按比例返还保险费。重复保险是指投保人对同一保险标的、同一保险利益、同一保险事故分别与两个以上保险人订立保险合同，且保险金额总和超过保险价值的保险。

③ 这一原则为英国1877年的North British Mcrcatile v. Livepool London GIobe（1877）LR3 App Cas 279所确立。

此外，《海商法》和《保险法》都采用了狭义的重复保险概念，要求保险金额总和超过保险价值。因此两部法律关于重复保险的规定基本一致，细节上略有差异。根据“特别法优于一般法”以及“用尽海商法”的法律适用原则，在海上保险中的重复保险纠纷中，应当优先适用《海商法》第二百二十五条的规定。

对该条规定的研究资料很少，一是立法资料不多；二是没有相关的司法解释和执法意见；三是没有公开的相关案例。通常认为，《海商法》的“海上保险合同”一章移植于《1906年英国海上保险法》，并且海上保险实践具有显著的国际一体化特点，而长久以来英国海上保险的立法与司法实践在世界范围内被广泛借鉴。另外，英联邦独立成员国澳大利亚的法院与英国法院的裁判历来有相互借鉴的传统。因此，英国与澳大利亚两国作出的司法判例以及对它们研究所形成的权威资料，对理解与适用《海商法》第二百二十五条具有很强的借鉴作用，也是本案评析主要的研究资料。

## 二、关于第一赔付保险人的分摊请求权（Right of contribution）

重复保险的分摊原则在250多年前已经确立，① 曼斯菲尔德勋爵在1758年的Godin v. London Ass Co. ②中提出，保险人（即第一赔付保险人）承担了超过其应负比例部分的赔偿的，其有权从其他承担少于应付比例的保险人（即分摊保险人）处追偿。

### （一）分摊请求权的法律基础

第一赔付保险人和分摊保险人之间并没有合同或侵权法律关系，但依据法律的特别规定，双方之间产生了重复保险法律关系，因此分摊请求权是法定权利。第一赔付保险人向被保险人支付了全额的保险赔偿金，从而解除了重复保险法律关系中其他保险人的赔偿责任，因此，从公平角度而言，负担应当分摊。在英国法概念中，被称为衡平分摊原则（equitable doctrine of contribution）。

### （二）分摊请求权的成立要件

解读《海商法》第二百二十五条，在保险事故发生时存在重复保险的前提下，分摊请求权的构成要件还包括：一是第一赔付保险人向被保险人已经作出的赔付是合理、谨慎的；二是分摊保险人在其保险合同项下对被保险人也负

① MERKIN R. Colinvauxs law of insurance. 10th ed. LONDON：Sweet&Maxwell，2014：675.

② Godin v. London Ass Co（1758），IBurr. 489. p. 492.

有赔偿责任；三是第一赔付保险人支付的赔偿金额超过其在重复保险法律关系下应当承担的赔偿责任。因此，在重复保险分摊之诉中，第一赔付保险人对此负有证明责任。①

（三）分摊范围

关于第一赔付保险人是否有权要求分摊其支付的施救费用、公估费、检验费等其他因保险理赔发生的费用，法律对此没有明确规定。依据《保险法》第五十七条第二款的规定，被保险人为防止或者减少保险标的的损失所支付的必要的、合理的费用，由保险人承担并在保险标的损失赔偿金额以外另行计算，因此，这部分在保险赔偿之外依据法律规定向被保险人另行赔付的施救费等合理费用，也可以被认为是"赔偿金额"。争议可能会发生在第一赔付保险人自行产生的公估费、检验费等成本。支持分摊者认为，检验费用是为确定保险事故的性质及损失金额而发生的费用，系为维护重复保险中不同保险人的共同利益而发生，且如果当初被保险人选择向分摊保险人主张理赔的，分摊保险人也必然会发生此项费用，因此要求分摊公估费的法律基础和保险赔偿金并无不同，并且如不支持分摊，可能导致各保险人为避免承担检验费而互相推诿、不积极理赔的后果。但笔者倾向于认为该部分费用不应进入分摊。首先，《海商法》规定第一赔付保险人可以主张分摊的是其向被保险人支付的赔偿金额，因此分摊检验费用的诉讼请求缺乏法律依据。其次，在重复保险情况下，原告全额收取了保险费，公估费用或检验费用是在发生保险事故情况下，原告应当承担的正常经营成本。再次，考虑到在有些重复保险情形下，分摊保险人同样也会发生此项费用，对整个行业而言，保险人都可能成为第一赔付保险人或分摊保险人，这一规则对各个保险人都一视同仁，会达到动态平衡，并且如果允许分摊，可能还会产生该部分费用是否合理的新争议。

## 三、关于分摊保险人的常见抗辩

（一）可能构成有效抗辩的特别约定

分摊请求权可以通过事先的合同约定进行修正或者排除。需要注意的特殊合同约定包括：(1)"禁止他保"条款（prohibition of other Insurance clause）。在保险合同中有"禁止他保"条款的情况下，若保险人发现被保险人有重复保险而未告知，有权宣布解除保险合同，不承担保险责任，进而退出了重复保险法律关系。(2)"无分摊条款"（non－contribution clause）或"按比例条

① 参见 MERKIN R. Colinvauxs law of insurance. 10th ed. LONDON：Sweet&Maxwell，2014：678.

款”（ratable proportion clause）。在保险合同中订有“无分摊条款”或“按比例条款”时，被保险人不能选择任何一位保险人索赔全部损失。[①]（3）几种特殊情形。如果两份保险合同中都有“无分摊条款”，英国法目前的看法是两个条款相互抵消，两个保险人对被保险人的损失负有连带赔偿责任。如果一份保险合同中有“无分摊条款”而另一份保险合同有“按比例条款”，先例[②]认为该两个条款无本质区别，两个保险人都要按比例负责。背后的原则就是既不应该让被保险人在重复保险中获利，也不能使其无法获得赔偿。

（二）判断分摊保险人对被保险人是否负有赔偿责任的时间点

判断分摊保险人对被保险人是否负有赔偿责任的时间点，历史上存在两派观点：一是保险事故发生时；二是第一赔付保险人向被保险人进行赔付时。澳大利亚法院的立场是认为基于衡平法立场，分摊权利在损失发生时即已产生，任何产生于损失发生后和第一保险人作出赔付前的抗辩都是不能成立的。但是英国法院的观点不太一致，代表性的案例分别是 Legal and General Insurance Society Ltd v. Drake Insurance Co Ltd[③] 和 Eagle Star Insurance Co v. Provincial Insurance Plc。[④] 此后一些案例中，不同法官分别表达了不同立场，未能有所统一。但在英国2005年的判例 O' Kane v. Jones（The Martin P）[⑤] 中，高等法院

---

① “无分摊条款”的先例有 Steelclad Ltd v. Iron Trader Mutual Insurance Co Ltd（1977）1 Lloyd's Rep 1，这种条文是说明先要向其他的保险人索赔损失，只在其他保险人赔不足的情况下（例如另一份双重保险有一个赔偿限额），才会去作出赔付。“按比例条款”，一种常见的版本在先例 Commercial Union Assurance Co Ltd v. Hayden（1984）SLT 304 中可见，约定存在重复保险情况下，保险人不承担超过其承保比例的责任。如果该保险人超出比例赔付的，应当视为自愿赔付，对超出比例的赔付金额不得要求其他保险人分摊。参见 MERKIN R. Colinvauxs law of insurance. 10th ed. LONDON：Sweet&Maxwell，2014：681；杨良宜：《海上货物保险》，法律出版社2010年版，第511页。

② Austin v. Zurich General Accident and Liability Insurance Companies（1994）2 All ER 243.

③ 参见（1992）1 All E. R. 283。原被告均向被保险人提供机动车保险；被保险人在一起第三人造成的事故中受伤；原告支付保险赔款后向被告主张50%分摊；被告称被保险人未向其发送过损失通知，导致保单失效；鉴于被告本来就不需要向被保险人承担保险责任，被告更无分摊责任。上诉法院驳回了被告的抗辩，判定被告不得基于自己的保单条款对抗分摊索赔。

④ 参见（1993）3 All E. R. 1。原被告均向被保险人提供机动车责任险；被保险人遭受损失后向原告提起索赔；被保险人未向被告索赔，这意味着被告可以基于其保单出险通知条款对抗被保险人的索赔（但依据立法则不可）。枢密院司法委员会的裁判质疑了 Legal and General Insurance Society Ltd v Drake Insurance Co Ltd 的判决，转而认为确定分摊索赔的日期应当是分摊提起的日期。但枢密院司法委员会不是英国法院系统的一部分，所作判决对英国法院不具有约束力。

⑤ 参见（2005）Lloyd's Rep. I. R. 174。原告向“Martin P”轮提供船壳险，被保险人应付原告的保费逾期未交，保险经纪人威胁取消保单，被保险人害怕原告提供的保单真被取消，又向被告购买一份保险；出险后，被保险人取消第二份保单，原告仍然支付了全额保险赔款，并向被告提起分摊之诉。高等法院对《1906年海上保险法》第80（2）条的解释是，分摊的权利产生于损失之日，而不是支付之日。在损失之后解除一个保险合同不影响另一个保险合同保险人主张分摊的权利。

认为，由于分摊请求权在损失发生时即可行使，在损失发生后，如果被保险人与其中一个保险人达成取消合同的协议，另一个保险人的分摊权利也不会受到影响。上述结论采纳了 Legal and General Ins 案的观点。此外，权威参考书 Arnould's Law of Marine Insurance Average 第 17 版支持了 The Martin P 和 Legal and General Ins 两案判决。① 笔者赞同判断分摊保险人在其保险合同项下是否对被保险人负有赔偿责任的时间点应当为保险事故发生时，因为此时重复保险中的各保险人已经有了预期分摊义务。分摊保险人可以援引其保险合同下对抗被保险人的抗辩以兼顾合同自由，但因决定向第一赔付保险人索赔而未向分摊共保人提交索赔材料、在保险事故发生后与分摊保险人协议解除第二份保险合同等抗辩与被保险人向其他保险人自由求偿的权利冲突，应当除外。

（三）分摊请求权与代位求偿权的关系

2009 年的澳大利亚判例 Speno Rail Maintenance Australia Pty Ltd v. Metals & Minerals Insurance Pte Ltd② 确立了这一法律规则：事后被第一个要求作出分摊的保险人是没有代位求偿权的，向第三人索赔的代位求偿权只属于第一个支付保险赔偿金的保险人所有。该案上诉判决中，法官称：在重复保险的情形下，第一保险人向被保险人支付赔款后，第二保险人（也称分摊共保人，Contributing insurers）向该第一保险人支付分摊额。迄今为止未有任何案例支持第二保险人的代位求偿权，而案例缺失这一事实本身似可说明该等代位求偿权并不存在。另外，笔者翻阅的所有著作也未有一字提及该等权利的存在。任一保险人支付保险赔款的行为解除了全部保险人的责任……这就导致向被保险人支付赔款的保险人对其他保险人享有要求分摊的权利。对于同样负有向被保险人支付保险赔偿金义务的双方而言，分摊权实际是对双方权益的调整。也可以说，分摊额参考或者因保险赔偿金而产生，但却不是保险赔偿。而代位求偿权概念系

① GILMAN J，MERKIN R. Arnould's law of marine insurance and average. 17th ed. London：Sweet&Maxwell，2008：1552.

② 参见（2009）253 A. L. R. 364。原告与一家名为 Hamersley 的铁轨打磨承包商订立合同。合同约定由 Hamersley 向原告提供服务，而原告向 Hamersley 承诺，如果 Hamersley 对原告的雇员造成任何普通法下的人身伤害，则补偿 Hamersley。此外，一份苏黎世保险的保单向原告承保责任险（但不含人身伤害），并且扩展至 Hamersley，作为共同被保险人。有两名雇员向 Hamersley 提起索赔并且得到赔偿。苏黎世保险向 Hamersley 支付赔款，并向被告要求分摊。被告进而针对原告启动代位求偿程序，试图代位行使 Hamersley 针对原告的补偿请求权。上诉法院西澳大利亚最高法院判决认为：被告仅作为分摊中的保险人，并不享有代位求偿权。后来本案上诉至澳大利亚高等法院。澳高等法院驳回了上诉，但却是基于另一个理由：本案中并不存在重复保险，Hamersley 在苏黎世保单下仅仅是受益人（而非被保险人）。

保险赔偿的必然后果，这就解释了保险人在行使代位求偿权之前须支付保险赔偿金这一必要条件。这并不支持扩展赋予第二保险人代位求偿权的结论。

笔者认为，这一法律规则有其逻辑自恰性，背后的司法导向是促进保险市场的积极发展，被保险人会优先向理赔更加便捷的保险人索赔，同时也鼓励各保险人积极参与理赔以取得相应的代位求偿权。然笔者在调研中发现，分摊保险人在分摊以后也无法取得代位求偿权的这一制度设计在国内很难被普遍接受，多数意见认为，分摊保险人进行分摊也属于承担保险责任，因此，重复保险的各保险人在其自身承担保险赔偿责任范围内都应有代位求偿权。但依据《海商法》规定，应当理解为分摊请求权的行使不以行使过代位求偿权为前提，且在分摊保险人未向第一赔付保险人支付保险赔偿金前，代位求偿权应当仅属于第一赔付保险人。①

此外，有观点认为要对第一赔付保险人与被保险人的保险合同关系进行深入细致的实体审查。笔者认为，借鉴海上保险代位求偿权纠纷中对保险合同关系的审查标准，重复保险分摊之诉的审查范围也应当有其合理的边界，不应对主张分摊权利的诚信理赔的保险人设置过高的法律门槛、课加过高的证明负担，以致《海商法》所规定的重复保险分摊请求权形同虚设。

经过前述调研和思考，最终明确了该案的裁判思路，对《海商法》第二百二十五条“重复保险分摊”的概括规定阐明了裁判方法，明确重复保险分摊请求权的构成要件为：（1）第一赔付保险人向被保险人作出的赔付是合理和谨慎的；（2）分摊保险人在其保险合同项下对被保险人负有赔偿责任；（3）第一赔付保险人支付的赔偿金额超过其在重复保险法律关系下应当承担的赔偿责任。针对该案争议最大的两项抗辩，即被保险人未提供保险事故有关的证明资料导致被告拒赔以及原告未行使代位求偿权是否影响原告分摊请求权的问题，判决明确了以下观点：分摊保险人可以行使合同项下对被保险人的抗辩，以保险事故发生时作为判断分摊保险人在其保险合同项下对被保险人是否负有赔偿责任进而负有分摊义务的时间点，但被保险人未向其提供保险事故证明资料的抗辩与被保险人向其他保险人自由求偿的权利冲突，不能成立。重复保险分摊不以向责任人主张代位求偿为前提。分摊保险人不得以第一赔付保险

---

① 英国法中的 The Commonwealth（1907）P216（CA）先例值得注意，即一旦第一赔付保险人通过代位求偿获得任何损失赔偿，都应当在货物利益方之间按比例分配。这一法律原则可避免第一赔付保险人在获得分摊后又从第三人处获得超出其分摊比例的赔偿从而额外获利，在设计中国的重复保险分摊制度时值得借鉴。

人未行使代位求偿权为由拒绝分摊请求。

该案系全国首例海上重复保险分摊之诉，被评为“2017 年度上海法院 100 个精品案例”。

（**一审法院合议庭成员** 张 亮 杨 婵 杨 帆
**编写人** 上海海事法院 杨 婵
**责任编辑** 杨 奕
**审稿人** 曹守晔）

# 《人民法院案例选》通讯编辑

北京市高级人民法院　刘书星　刘晓虹　赵　彤
天津市高级人民法院　王　婧　孙　伟
河北省高级人民法院　王　佳
山西省高级人民法院　马云跃
内蒙古自治区高级人民法院　梁　宏　焦日清
辽宁省高级人民法院　周文政
吉林省高级人民法院　刘国春　刘洪颖
黑龙江省高级人民法院　刘芳百
上海市高级人民法院　牛晨光
江苏省高级人民法院　吕　娜　孙烁犇
浙江省高级人民法院　杨　治
安徽省高级人民法院　吴　婧
福建省高级人民法院　刘　光
江西省高级人民法院　郭　嘉
山东省高级人民法院　徐清霜　芦　强
河南省高级人民法院　郭宇凌
湖北省高级人民法院　宋森军
湖南省高级人民法院　童飞霜
广东省高级人民法院　文靖之
广西壮族自治区高级人民法院　赵元松
海南省高级人民法院　李周伟
重庆市高级人民法院　游中川　吴雨亭
四川省高级人民法院　杜玉兰　金　晶

贵州省高级人民法院　尤　媛
云南省高级人民法院　郑天柱
西藏自治区高级人民法院　杨庭轶
陕西省高级人民法院　常媛媛　杨新斌
甘肃省高级人民法院　刘吉旭
青海省高级人民法院　孙启英
宁夏回族自治区高级人民法院　吴培渊　杨　莹
新疆维吾尔自治区高级人民法院　马小菊
解放军军事法院　徐占峰
新疆维吾尔自治区高级人民法院生产建设兵团分院　王　琼
石家庄市中级人民法院　王红岩
太原市中级人民法院　张玉森
沈阳市中级人民法院　田　震
大连市中级人民法院　侯德强
长春市中级人民法院　赵　璐
哈尔滨市中级人民法院　周　磊
南京市中级人民法院　王　静
南通市中级人民法院　沈　扬
无锡市中级人民法院　周耀明
徐州市中级人民法院　葛　文
杭州市中级人民法院　邓兴广
宁波市中级人民法院　袁玮玮
合肥市中级人民法院　张小春
福州市中级人民法院　陈学凯
厦门市中级人民法院　陈荣炜
南昌市中级人民法院　陈　健
济南市中级人民法院　赵　雯
青岛市中级人民法院　傅庆涛
东营市中级人民法院　延　颜
郑州市中级人民法院　朱世鹏
武汉市中级人民法院　柯昌洁
宜昌市中级人民法院　黄金波
长沙市中级人民法院　胡冬华

（各法院通讯编辑若有变动，请及时告知中国应用法学研究所，电话：010－67555922　龙菲　邮箱：rmfyalx@126. com）